¿Innovar para adaptarse?
o
¿Innovar para mejorar?

INSTITUCIONES SOCIOEDUCATIVAS SOSTENIBLES QUE APRENDEN A APRENDER EMPRENDIENDO

¿Innovar para adaptarse?
o
¿Innovar para mejorar?
INSTITUCIONES SOCIOEDUCATIVAS SOSTENIBLES QUE APRENDEN A APRENDER EMPRENDIENDO

Emilio Álvarez-Arregui
Alejandro Rodríguez-Martín
Covadonga Rodríguez-Fernández

2024

Ediciones de la Universidad de Oviedo
ISNI:0000 0004 8513 7929
Servicio de Publicaciones de la Universidad de Oviedo
Campus de Humanidades. Edificio de Servicios. 33011 Oviedo (Asturias)
Tel. 985 10 95 03
http: www.publicaciones.uniovi.es
servipub@uniovi.es

Esta obra ha sido avalada por el Departamento de Ciencias de la Educación de acuerdo con lo establecido en el artículo 8f, del Reglamento del Servicio de Publicaciones de la Universidad de Oviedo.

Esta editorial es miembro de la UNE, lo que garantiza la difusión y comercialización de sus publicaciones a nivel nacional e internacional.

I.S.B.N.: 978-84-18324-87-1
DL AS 1486-2024

Imprime: Servicio de Publicaciones. Universidad de Oviedo

Índice

Módulo

1

Las organizaciones como ecosistemas complejos. Una mirada panorámica a las bases de conocimiento

1.1. PRESENTACIÓN

Objetivo de aprendizaje

El objetivo de aprendizaje de este capítulo es analizar la organización y gestión de las instituciones socioeducativas para entender su evolución a partir de las respuestas que se han ido dando a lo largo del tiempo en base a las expectativas, necesidades y demandas que están emergiendo en la sociedad. Para ello, proporcionaremos una doble perspectiva, analítica y holística, con la intención de destacar su complejidad y la importancia de tener en cuenta los enfoques teóricos, sociales, normativos, ideológicos y funcionales para ir adentrándonos en el conocimiento de estas organizaciones.

Durante el capítulo exploraremos diversos paradigmas, modelos y metáforas para comprender el comportamiento, las interacciones entre los diferentes departamentos, los niveles jerárquicos dentro de la institución, y cómo las conexiones influyen en su propio desarrollo y evolución. La rápida evolución de las Tecnologías de la Información y la Comunicación, y la emergencia de utilizar espacios vinculados al Tercer Sector (asociaciones, las fundaciones y las organizaciones no gubernamentales) han hecho aflorar un amplio abanico de servicios sociales a medida, y que el Estado se ha ido desentendiendo de ellos. En definitiva, trataremos de mostrar la interdependencia entre las variables concurrentes en una institución que nos obliga a repensar su papel desde el pensamiento complejo. Todo ello nos exige adoptar visiones ecosistémicas que permitan transitar desde una sociedad de la información, altamente competitiva e individualista, hacia una sociedad del conocimiento, fundamentada en la colaboración.

Preguntas orientadoras

A lo largo de este capítulo trataremos de responder alguna cuestión como:

- ¿Qué implica para una organización el hecho de que su entorno sea altamente dinámico y competitivo?
- ¿Cómo puede influir este hecho en las decisiones que adopte el equipo directivo de una entidad?
- ¿Qué ventajas y desventajas podemos encontrar en las organizaciones cuando se gestionan con estructuras jerárquicas?
- ¿Qué cambios se producen en la gestión de las organizaciones cuando se asume que son ecosistemas complejos?

1.2. APROXIMACIÓN CONCEPTUAL

En general, una organización es un sistema social, integrado por personas que trabajan juntas ejerciendo uno o varios roles y comparten valores con el fin de lograr un objetivo común. Esta entidad puede ser una empresa, una institución gubernamental, una organización sin fines de lucro o una institución educativa. La Real Academia Española distingue entre "institución" y "organización", el primer término lo asocia *a un organismo que desempeña una función de interés público, especialmente benéfico o docente* mientras que el segundo lo vincula *a una asociación de personas reguladas por un conjunto de normas en función de determinados fines. Estas entidades, pueden ser tanto públicas como privadas, y tener entre sus fines la promoción y el desarrollo de actividades que beneficien al desarrollo de la comunidad; abarcando temas como la educación, la investigación, así como la asistencia social y cultural.*

Con una visión más empresarial Drucker (1985) considera que una organización tiene como objetivo maximizar el potencial de los recursos humanos y materiales para aumentar su productividad, rentabilidad y competitividad. Esta teoría se basa en la idea de que todas las compañías / empresas están compuestas por personas, recursos y procesos, los cuales deben interactuar de manera eficaz para obtener resultados positivos. Este autor considera que las empresas deben establecer objetivos claros, establecer una estructura organizacional adecuada y construir una cultura organizacional que fomente el trabajo en equipo. La mejora continua de los procesos, la formación continua de los empleados, el desarrollo de líderes efectivos y el fortalecimiento del sistema de comunicación interno, junto con una buena utilización de los recursos son elementos claves para proporcionar una alta productividad y alcanzar el éxito organizacional.

Ahora bien, según como se articulen los elementos se generará una u otra estructura funcional de la organización. Ciscar y Uría (1986) definen la estructura como "el esquema formal de relaciones, comunicaciones, procesos de decisión, procedimientos y sistemas dentro de un conjunto de personas, unidades, factores materiales y funciones con vistas a la consecución de objetivos". En esta línea Gairín (1996) ratifica que los objetivos, la estructura y el sistema relacional son los tres componentes principales de las organizaciones y, como tales, aparecen en el centro de la organización. Atendiendo a estas aclaraciones conceptuales conviene retomar otro término íntimamente vinculado a las organizaciones y es el de sistema, ya que por definición se define como un conjunto ordenado de partes, diferentes entre sí, que se interrelacionan, con la finalidad de lograr un objetivo en común, pero como las organizaciones están formadas por personas el concepto de sistema queda matizado con el adjetivo de social (Álvarez-Arregui, 2017). Como cierre de esta breve introducción sobre las organizaciones queremos resaltar la importancia de los valores que se comparten en la organización, caso de la responsabilidad, la honestidad, el esfuerzo...dado que cuando se comparten por los miembros de la organización se facilita el desarrollo de sinergias compartidas lo que favorece alcanzar los objetivos.

1.3. ENFOQUE SISTÉMICO: GLOBAL

La Sociedad reinterpreta sus relaciones con la educación y los servicios sociales que proporciona desde sus instituciones en cada momento histórico según las variables concurrentes por lo que las misiones varían en función de las necesidades, las demandas, las posibilidades y las prioridades que se determinan en cada caso. A este respecto no puede obviarse que estas instituciones se vienen conformando como una realidad que ha respondido a intereses sociopolíticos, culturales y económicos de cada situación concreta. Las decisiones que se han tomado no han sido ni ideológica ni políticamente neutras, pero resultaron válidas al ser socialmente aceptadas.

Actualmente las situaciones que tienen que afrontar las organizaciones son de múltiple naturaleza, muchas pueden resultar exclusivas de contextos particulares, pero la tendencia general a la que nos enfrentaremos en los próximos años se asocian con la tecnología, el entorno laboral, la reestructuración del empleo, las desigualdades demográficas, el cambio climático, la salud de la población y la consolidación de una ciudadanía democrática y solidaria (UNESCO, 2022). Debido a que el sistema organizativo es importante para dar respuesta a muchos problemas sociales, como el medio ambiente, el trabajo, la justicia, la cultura, etc., se encuentra en una posición clave para dar solución a las situaciones que emergen si se reconoce cómo se interconectan entre sí. Al igual que los Objetivos de Desarrollo Sostenible establecidos en la Agenda 2030 están entrelazados y comparten causas subyacentes, como la pobreza, la desigualdad, el cambio climático y la degradación ambiental. Al entender estas interconexiones, se puede visualizar cómo los problemas no pueden abordarse de forma aislada, sino que requieren soluciones integrales, colaborativas y globales. Por tanto, comprender estas conexiones es clave para lograr un desarrollo sostenible.

El caso de la Escuela es paradigmático porque, a pesar de que se ha presentado ante los ojos de la Sociedad como la institución de socialización y de educación por excelencia, siempre ha estado sometida a crítica. Muchos autores han venido denunciando que su implementación estandarizada a lo largo del tiempo no ha eliminado las desigualdades de acceso ya que los códigos lingüísticos utilizados en los sistemas de comunicación benefician a unos colectivos más que a otros (Bernstein, 1993). En otros casos se ha insistido en su carácter utilitarista al servicio de los grupos de poder cuando se ha orientado a estas organizaciones como mecanismo reproductor de las clases sociales (Bourdieu y Passerón, 2001). En este contexto también se ha denunciado que estas instituciones se acomodan y priorizan los requerimientos de la sociedad capitalista (Bowles y Gintis, 1986). Estas argumentaciones han adquirido posiciones extremas cuando han planteado *la muerte de la escuela* (Reimer, 1974) o la necesidad de *desescolarización* de la sociedad (Goodman, 1973; Illich, 1974).

Estos autores han influido en la creación de corrientes de opinión que respaldan la idea de que las instituciones socioeducativas funcionan como lugares de custodia para niños y niñas. En estos espacios, se imparten los valores predominantes, y se mantiene alejados de las calles a diversos segmentos de la población hasta que se integran al ámbito laboral o reciben un currículum oculto. Este último se refiere a los aspectos no formales e implícitos del proceso educativo, los cuales influyen en la formación de los estudiantes. Dicho currículum surge de manera espontánea a partir de las interacciones, valores, normas y expectativas que se transmiten en el entorno escolar, variando entre distintos centros pero teniendo impacto en la interiorización de las personas sobre su posición en la estructura social. Desde esta perspectiva, se plantea una clara distinción con el currículum explícito u oficial, en el cual los objetivos y contenidos educativos son definidos y establecidos por las autoridades educativas con la intención de que sean enseñados y aprendidos de manera deliberada y regulada en el aula.

La paradoja actual es que la sociedad se ha vuelto tan compleja y dinámica que permite dar respuestas a muchos de estos supuestos. Las argumentaciones de Illich (ob. cit.) son un ejemplo de ello ya que ahora es posible el acceso a los recursos educativos a todas las personas que lo requieran, sea la que fuese su edad, se pueden almacenar las informaciones para que cualquiera pueda consultarlas, se diseñan itinerarios curriculares a medida de las necesidades o intereses de las personas cursando materias en una o varias universidades, se accede a material multimedia en cualquier parte del mundo por parte de los usuarios de Internet y se puede aprender fuera de los programas de estudios normalizados compartiendo informaciones, experiencias y conocimientos con otras personas en cualquier parte del planeta (Álvarez-Arregui, 2017).

En la figura 1.1 se han querido representar las cuatro macrotendencias que están marcando las reglas de juego en la Sociedad actual en las últimas décadas, a saber, el neoliberalismo (Bell, 1991; Gimeno Sacristán, 2001), la tecnología (Dosi, Freeman, Richard, Silverberg and Soete, 1990), la globalización (Castells, 1999) y el conocimiento (Drucker, 1969; Böhme y Stehr, 1986; Morin, 2001). Este marco incide diferencialmente sobre los ejes básicos que guían nuestras vidas, véanse, zonas geográficas, sistemas de socialización, entorno laboral, cultura, subjetividad personal y entorno político. Además, estos constructos se retroalimentan constantemente desde lo que se denominan "dinámicas no lineales" provocando una aceleración superior a la que les sería propia al estar impregnadas por un desarrollo tecnológico que evoluciona exponencialmente.

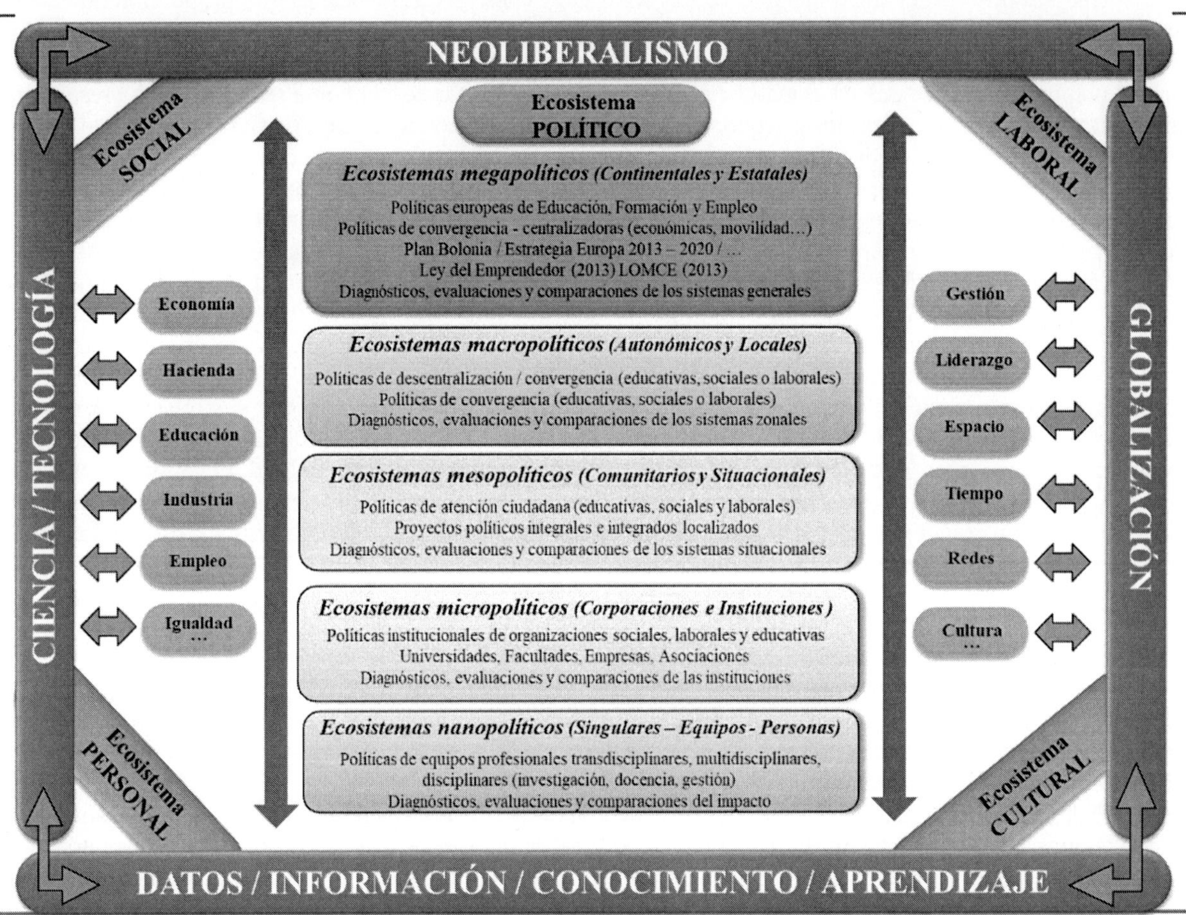

Figura 1.1. Representación de las macrotendencias y ejes que afectan a las personas físicas y jurídicas (Adaptado de Álvarez-Arregui, 2017)

En este escenario, el eje político arbitra soluciones entre las partes implicadas, adoptando un enfoque sistémico como una alternativa viable para dar respuestas a las demandas de una sociedad compleja y global. Bajo este planteamiento, (I) los organismos internacionales desarrollan análisis y estudios situacionales generales para ser utilizadas por los gobiernos como guías de referencia, y así articular sus políticas ministeriales, autonómicas, regionales y locales; atendiendo al mayor o menor grado de descentralización de los países. El siguiente paso implica (II) concretar las visiones en un contexto específico a cargo de las instituciones encargadas de llevarlas a efecto. Esto requiere considerar las particularidades geográficas, organizativas, funcionales y sociolaborales que requiere cada situación. Al final, (III) nos encontramos con un escenario complejo al entrecruzarse intereses y demandas de distintas agencias, (planes, cursos, másteres, acreditaciones, financiación…) y de diversa naturaleza. Por lo que se genera una tensión constante que limita la capacidad de reacción de las personas y las instituciones debido a la interacción de múltiples actores y entidades que concurren en el tiempo con diversos objetivos, prioridades, problemas y urgencias.

Las corrientes de opinión críticas hace tiempo que ponen en entredicho la capacidad de las organizaciones socioeducativas para facilitar el tránsito de las personas hacia el mundo laboral o su influencia para formar a las personas como ciudadanos críticos y responsables. Cuando estos discursos pasan a formar parte de las tertulias en la vida cotidiana de las personas acaban provocando desconcierto, desconfianza, rechazo y discrepancias entre los mensajes político-institucionales asociados a los servicios socioeducativos que se proporcionan y las demandas de las familias, el alumnado y el entorno empresarial. Esto sucede más frecuentemente cuando no se considera que uno de los problemas básicos reside en la imposibilidad de abordar, simultáneamente, todos los requerimientos que se le hacen a las instituciones socioeducativas. Por lo que deberán adoptar compromisos entre las partes implicadas, y establecer prioridades desde las que abordar las muchas y variadas contradicciones y paradojas que se producen.

Desde nuestra perspectiva, consideramos que las situaciones complejas deben abordarse desde visiones ecosistémicas amplias; combinando los enfoques, prioridades y demandas globales con las visiones locales de las distintas zonas geográficas y el carácter singular de las comunidades locales, de sus instituciones, de los profesionales que trabajan en ellas y de los servicios que prestan. Esto implica que se deben de realizar procesos de acomodación entre lo global, lo local, lo institucional, lo personal o viceversa. Es decir, tendrán que construirse visiones ecosistemas dinámicas donde concurran iniciativas de arriba-abajo, de abajo-arriba, en horizontal y de manera transversal. Asimismo, deberán conjugarse los planteamientos políticos a nivel marco, con las demandas empresariales, los proyectos comunitarios, los programas institucionales, el desarrollo profesional, la capacidad de decisión y las necesidades individuales.

La tarea se complica medida que emergen las controversias y polémicas que origina el orden económico, tecnológico, informacional y neoliberal actual. Si se adopta una perspectiva amplia, los datos nos indican que son muchas las mejoras a las que ha accedido una gran parte de la población mundial pero también se detecta que este reparto ha sido selectivo. Los datos globales revelan que el acceso a los bienes (Castells 1999) no es uniforme porque aparecen asimetrías en el crecimiento de los países y emergen movimientos centrípetos que acogen agujeros negros en los países capitalistas dando lugar a lo que se ha denominado Cuarto Mundo donde se producen conexiones perversas que no siempre son visibles. El problema es grave porque en estas zonas desfavorecidas aparece siempre una correlación entre educación, servicios sociales, pobreza, analfabetismo funcional y explotación. Es en estos entornos donde se generan círculos viciosos que incapacitan a las personas para mantenerse en los mercados laborales, a las empresas para generar un tejido productivo coherente, a los políticos para proporcionar unas redes de servicios generalizados y a las comunidades locales para proporcionar unas redes de apoyo socioeducativas desde el tejido asociativo.

Además, aunque se venga anunciando que el acceso a la información y al conocimiento se haya generalizado en el ciberespacio. La realidad muestra como muchos colectivos quedan marginados por la edad, la diferente capacitación o los recursos disponibles. Y, no podemos olvidarnos que los contextos vitales de las personas se vuelven cada vez más exigentes por el desarrollo tecnológico continuado y la competitividad lo que nos exige posicionarnos ideológicamente y formarnos continuamente. Al final, se adoptan mecánicamente un gran número de decisiones bajo la influencia de los grupos de referencia y las convicciones personales quedan diluidas en un ciberespacio que "gana" adeptos día a día. La desconsideración de estas cuestiones es importante porque puede llevar a la construcción de enfoques políticos, teóricos y prácticos desarraigados. De ahí que haya que estar atentos a la orientación de las políticas recaudatorias, inversoras y redistributivas porque son determinantes para generalizar entre la población los efectos beneficiosos que la tecnología proporciona a la economía, a los servicios sociales, a la educación, a la investigación, a la protección del medio ambiente, a la información que se transmite desde los medios de comunicación y para actuar diferencialmente sobre zonas deprimidas o colectivos vulnerables.

Al final, una Sociedad de la Información con aspiraciones a convertirse en una Sociedad de Conocimiento deberá apoyar a sus instituciones para que puedan refinanciarse, reestructurarse, reculturizarse y generalizar programas y servicios de calidad para todas las personas. La construcción de ecosistemas inclusivos será difícil porque se tendrán que compartir significados donde se promocionen espacios de enseñanza, de aprendizaje, de colaboración y de intervención que reviertan en las personas, en los profesionales, en las organizaciones, en las comunidades y, por extensión, en la Sociedad. Adoptar este planteamiento será posible si se generalizan los ecosistemas inclusivos en las organizaciones, pero para ello (Álvarez-Arregui, 2022):

- *deberán esforzarse en buscar nuevos enfoques pensando en la diversidad sociocultural* para lo que tendrán que abrirse a su comunidad para conocer las necesidades, las demandas, las expectativas, las posibles interacciones, los recursos que puede aportar y el uso que puede hacerse con los que se le ofrecen y se ofertan.

- *deberán eliminar los obstáculos que impidan el aprendizaje* para lo que tendrán que abrir cauces para una educación inclusiva implementando fórmulas organizativas desde las que se rediseñen los tiempos y los espacios adecuándolos a las necesidades que se detecten, a las materias que se impartan, a las tareas que se proyecten, a los itinerarios que se establezcan, a las relaciones que se construyan y a los servicios que se presten.

- *deberán entender la educación como un proceso continuo* que afecta a todas las personas, por lo que se tendrán que articular oportunidades institucionales y sociocomunitarias compatibles con el trabajo, el paro y el ocio.

- *deberán prestar más atención a las transiciones* entre hogar y escuela, entre las etapas educativas, entre las instituciones socioeducativas y el entorno sociolaboral para lo que serán de gran ayuda los diagnósticos periódicos.

- *deberán ser plurales, inclusivas, compensadoras de desigualdades y estar atentas a la diversidad* para lo que se facilitarán itinerarios individualizados en base a las capacidades, intereses, posibilidades y necesidades de las personas.

- *deberán desarrollar propuestas institucionales integrales* donde se preste atención a la educación escolar, extraescolar e informal.

- *deberán integrar a las familias de manera más activa, flexible, creativa y corresponsable* promoviendo una cultura participativa, colaborativa e integradora.

- *deberán preocuparse de la alfabetización tecnológica* reconociendo que todas las personas son aprendices y las exclusiones no son asumibles por lo que se deberán tomarse medidas compensatorias y establecer prioridades siempre que sea necesario

- *deberán preocuparse de los aprendizajes básicos* retomándolos de las TIC, la búsqueda de información, su análisis, comparación, combinación, resolución de problemas y desarrollo de tareas creativas.

- *deberán tener un control sobre las entradas, los procesos y los resultados alcanzados* para desarrollar estrategias asentadas en unos parámetros de calidad de carácter integral y multidisciplinar.

- *deberán entender los procesos de enseñanza-aprendizaje* como un medio más para afrontar los problemas socioeducativos.

- *deberán ser creativas, con vocación innovadora, con espíritu emprendedor, con capacidad de construir conocimiento* y entenderse como espacio de reflexión y de acción.

- *deberán promover la capacidad de aprender a aprender,* como resultado de consolidación de un nivel superior de aprendizaje que deberán afectar a todos los miembros de la comunidad, a la propia institución y, por extensión, a la sociedad.

- *deberán ser más compleja y demandará un liderazgo directivo* más competente, extensivo, democrático, educativo, transformacional e inclusivo.

- *deberán multiplicar la colaboración interinstitucional* articulando redes de colaboración con las administraciones - estatales, autonómicas y locales-, con asociaciones, con fundaciones, con empresas, y con universidades, para promover *proyectos socioeducativos singulares, creativos y sostenibles que conjuguen la calidad, la eficacia, la eficiencia y la equidad.*

Como consecuencia las instituciones socioeducativas deberán ser más heterogéneas y coexistirán diferentes enfoques organizativos. Los sistemas de relaciones se extenderán dentro y fuera de las organizaciones a través de redes internas (grupos/equipos de trabajo presenciales intra e interdisciplinares, foros, chats, salas de debate, videoconferencias...), interinstitucionales (organizaciones de distintos niveles caso de escuelas con asociaciones y universidades...) e interagencias (equipos interdisciplinares, donde se profundiza en los estudios desde la cooperación de diferentes disciplinas, multidisciplinares donde se abordan temáticas desde diferentes disciplinas y transdisciplinares donde se va un paso más allá de las fronteras disciplinares tradicionales al concurrir expertos de diferentes áreas como científicos, economistas, sociólogos, filósofos, profesores, políticos y activistas, entre otros, que desarrollan investigaciones o proyectos conjuntamente para abordar y solucionar los desafíos a los que nos enfrentamos como sociedad global.

En resumen, estos enfoques cuando se trasladan al ámbito socioeducativo permiten una comprensión más profunda y sistémica de los temas, lo que repercute positivamente en la capacidad de las personas para abordar y actuar sobre los problemas desde una visión compartida. Como cierre de este apartado queremos resaltar que a pesar de que existen muchas razones para la inquietud, pensamos en la escasa correspondencia existente entre los avances económico-tecnológicos y la sensibilidad moral y social que se viene demostrando por lo que habrá que afrontar el futuro con optimismo, y pensar que el valor de la educación consiste en despertar el apetito de más educación, de nuevos aprendizajes y enseñanzas.

> *"El bien educado sabe que nunca lo está del todo pero que lo está lo suficiente como para querer estarlo más; quién cree que la educación como tal concluye en la escuela o en la universidad no ha sido realmente encendido por el ardor educativo sino sólo barnizado o decorado por sus tintes menores"* (Savater, 2000: 182).

1.4. ENFOQUE TEÓRICO: PARADIGMAS

Los paradigmas, como plataformas conceptuales, establecen en cada momento histórico aquello que debe ser observado, la clase de interrogantes que deben desarrollarse en torno al objeto de estudio, la estructura que deben adoptar y las pautas para interpretar los resultados obtenidos desde la investigación. Por tanto, el paradigma es entendido como una estructura de valores y creencias compartidas que interpretan un área específica de conocimiento.

A manera de ejemplo, cabe destacar que el surgimiento y desarrollo de Internet se considera un cambio de paradigma en la historia moderna dado que ha revolucionado la forma en que las personas se comunican, acceden a la información y realizan actividades en muchos ámbitos de la sociedad. Internet ha roto barreras geográficas y temporales que han traído nuevos desafíos y oportunidades en áreas como la privacidad, la seguridad cibernética, la desinformación y el acceso equitativo a la tecnología.

En este contexto desarrollamos hacemos una revisión de los paradigmas que se han ido desplegando en las organizaciones educativas ya que son instrumentos útiles para acceder a la realidad desde diferentes vías lo que permite adentrarse en distintos procesos de racionalización para abordar estas instituciones desde diferentes ángulos.

Paradigma Técnico

Este paradigma ha constituido la propuesta teórica dominante en Organización Educativa (Gairín, 1996; Tyler, 1991) y se sustenta en los siguientes referentes:

- Las organizaciones son entidades reales, objetivas, uniformes y ordenadas de las que interesan sus manifestaciones concretas.
- El concepto clave es *eficacia* o capacidad para lograr sus fines.
- Las organizaciones persiguen metas explícitas y se desarrollan técnicas más eficaces para su logro. Las prácticas son neutras y objetivas.
- Los procesos y las estructuras pueden ser predichos, medidos y manipulados.

- Organizar es controlar lo técnico y la gestión.
- El conflicto es negativo y debe evitarse.
- El cambio y la innovación se producen desde fuera: cambio planificado.
- La decisión es un problema técnico no el resultado de un debate valorativo.
- Los responsables son "ingenieros" de sistemas sociales.
- Genera una ética autoritaria.

Estos presupuestos para la gestión de las organizaciones suponen que:

- La ciencia es aséptica. Los administradores hacen deducciones, interpretaciones y aplicaciones a partir de las aportaciones científico – teóricas.
- La realidad se describe y se verifica, pero no se interviene para cambiarla.
- La investigación surge y se guía por la propia teoría y se consolida a partir de sus propios elementos de juicio que actúan retroalimentándola.
- Los modelos matemáticos y cuantificables se enuncian en afirmaciones hipotético-deductivas y los resultados pueden generalizarse.

Este paradigma tiene limitaciones para comprender y explicar el entramado de situaciones de las organizaciones por ser reduccionista, por desplazar la dimensión informal, por su débil articulación, por no disponer de metas claramente definidas, por la ambigüedad de los medios, por su vulnerabilidad cuando se abren al entorno y por sobrevalorar la estructura funcional jerárquica.

Paradigma Interpretativo

Los planteamientos difieren del paradigma anterior al centrarse en la dimensión personal, en los contextos y en la reflexión sobre los procesos. Se presta atención a las categorías personales y sociales con las que los sujetos dan sentido a su vida y a los procesos de negociación por los cuales los individuos valoran las situaciones, los motivos y las razones que subyacen a las conductas de los sujetos (González, 1989). La realidad es subjetiva ya que el conocimiento de los hechos se produce a partir de las interpretaciones que hace las personas de lo que sucede en el entorno. Las organizaciones son los significados que encontramos para ellas en nuestras vidas independientemente de cómo esos significados llegan a estar ahí por lo que el Yo no puede separarse de la organización (Greenfield, 1985).

La síntesis proporcionada por Bolman y Deal (1982) sobre este paradigma es muy clarificadora:

- Lo importante de un suceso no es lo que pasó sino lo que significa. Las personas valoran los acontecimientos de manera diferente puesto que cada una lo interpreta desde su propia experiencia.
- Los sucesos son ambiguos e inciertos de ahí que sea difícil saber lo que ha ocurrido, las razones y las consecuencias que se derivarán de ello.
- A medida que aumenta la ambigüedad resulta más difícil desarrollar análisis racionales, solucionar problemas y tomar decisiones adecuadas.
- Las personas crean símbolos para aclarar la confusión y encontrar salidas independientemente de que los sucesos fuesen ilógicos, azarosos y sin sentido.
- Los símbolos ejercen funciones en la organización: *económica*, al responder a las necesidades en el procesamiento de la información; de *elaboración*, dado que resuelven la ambigüedad y dan significado a los sucesos; de *evaluación*, puesto que sugieren como experimentar e interpretar los sucesos y las actividades; y de *profecía*, al proveer propósitos, creencias y mitos positivos.

- Los acontecimientos son más importantes por lo que expresan que por lo que producen ya que alrededor de ellos se desarrolla una simbología que ayuda a la gente a ordenar y dar significado a su experiencia.
- Las instituciones sólo podrán ser estudiadas y comprendidas desde su interior a partir del análisis de los procesos internos que en ellas tienen lugar y de las atribuciones que los propios protagonistas conceden a sus actuaciones.
- Descubre otra cara más irracional de la organización y sus elementos quedan supeditados a las interpretaciones que realicen las personas.
- La organización crea y difunde una cultura específica por lo que será ella misma la que tendrá que incrementarla o cambiarla.
- Se resalta la importancia de ritos, ceremonias, convenciones y actos que se desarrollan como reforzamiento y difusión de los valores compartidos además de servir como medio de comunicación e información.
- La innovación es un proceso interno resultado de intercambios, negociaciones y consenso sobre nuevos proyectos y significados.

Paradigma Sociopolítico

A diferencia de los argumentos más académicos que proponían objetivos claros, concretos y establecidos por la autoridad ahora se presentan las organizaciones como coaliciones donde existen distintos intereses y recursos que afectan a los individuos y a los grupos, de forma que la influencia sobre los objetivos y los procesos de decisión se produce a través de la negociación.

Las organizaciones se presentan como constructos sociales mediatizados por macroestructuras de dominación que inciden sobre los ejes sociales, culturales, sociológicos y educativos supeditándolos a sus intereses. Así se considera necesaria la comprensión de los mecanismos que rigen los procesos institucionales para, a partir de ellos, emprender acciones de cambio y de transformación. El discurso no será, por tanto, explicar (positivismo) o entender (fenomenológico) sino abogar por la emancipación o concienciación y, desde esta posición propiciar el cambio educacional.

Las críticas apuntan hacia su reduccionismo por presentarse como paradigma exclusivo; a nivel metodológico, las investigaciones de estudios de casos se muestran insuficientes; deben diferenciarse los análisis micro y macropolíticos y prestar atención a los procesos internos de las instituciones; se olvida de la vida cotidiana y se centra en exceso en el poder; no tiene muy en cuenta los planteamientos institucionales; enfatiza la fragmentación de las organizaciones en grupos de interés; se olvida de las posibilidades de colaboración y se centra en exceso en el conflicto.

Paradigma Sistémico

Ni los teóricos, ni los políticos, ni los profesionales pueden seguir polarizando sus discursos de manera continuada en sus intereses o pretender imponer perspectivas unitarias en el enfoque de estudio de las organizaciones ya que supone nadar contra corriente cuando no se toman decisiones sobre las disfunciones y las contradicciones que van apareciendo.

El relativismo que conlleva pensar que todo vale también resulta ridículo al desdeñar los múltiples avances que se han producido en la organización y gestión de las instituciones socioeducativas en las últimas décadas. Las guías que aportan son necesarias para no seguir repitiendo errores pasados a no ser que la intención sea priorizar los intereses ideológicos por encima de las necesidades que se plantean en los entornos inmediatos de actuación.

La divergencia de posicionamiento entre los enfoques no debe llevar a un enfrentamiento ya que las limitaciones de unos se suplen con las aportaciones de los otros, por lo que cabe hablar más de complementariedad. En la tabla 1.1 se presentan distintos indicadores asociados a la organización de las instituciones socioeducativas y su interpretación desde diferentes plataformas conceptuales.

Tabla 1.1. Perspectivas comparadas en la organización y gestión de las instituciones educativas (A partir de Álvarez-Arregui, 2017)

INDICADORES	ENFOQUES PARADIGMÁTICOS			
	TECNOLÓGICO	INTERPRETATIVO	SOCIOCRÍTICO	COMPLEJO
Referentes de Calidad	Resultados	Procesos	Problemas	Crecimiento interior
Clave Gravitatoria	Eficacia	Significación	Emancipación	Complejidad
Carácter Metodológico	Cuantitativo	Cualitativo	Cualitativo / transformador	Funcional
Organización Estructurante	Leyes y principios	Principios flexibles	Negociación	Convergencia
Organización Condicionante	Normatividad	Subjetividad	Contextos e intereses sociales	Universalidad
Asiento de razón	Teórica	Práctica	Crítica	Dialéctica
Proceso básico	Aplicación	Acción	Comprensión	Transformación
Modelos de Enseñanza	Lineales, secuenciales y analíticos	Circulares y activos	Espirales y emancipatorios	Espirales y noogenéticos
Carácter del currículo	Cultura envasada, predeterminada	Conjuntos de experiencias	Ámbito a construir	No – parcialidad
Aprendizaje Fundamental	Receptivo	Descubrimiento interactivo	Toma de conciencia	Crecimiento para todas las personas
Visión de la organización	Realidad observable	Realidad cultural	Realidad política	Realidad compleja y contingente
Evaluación	Estandarizada	Valorativa y autovalorativa	Negociada	Consciente
Elementos curriculares	Objetivos y contenidos	Actividades y experiencias	Evaluación de elementos y contextos	Didáctica de la complejidad
Liderazgo directivo	Formal / técnico / pragmático	Personal / situacional	Ideológico / político	Inclusivo / comunitario

Los sucesivos enfoques avalan la hipótesis de que la realidad organizativa es una realidad multidimensional que debe ser analizada e interpretada desde un pensamiento complejo donde se tengan en cuenta los enfoques parciales y los generales, el todo y las partes, el orden y el desorden, lo unitario y lo múltiple, lo simple y lo complejo, lo singular y lo genérico.

En nuestro caso abogamos por el desarrollo de propuestas sistémicas a la hora de plantear la organización y la gestión de las instituciones socioeducativas. A este respecto respaldamos (Rodríguez-Martín, Álvarez-Arregui y otros 2015) la Educación para Todos (1990-2000-2015) como un compromiso y una responsabilidad mundial de ofrecer educación básica de calidad durante toda la vida.

Esta iniciativa se puso en marcha en la Conferencia Mundial sobre Educación para Todos celebrada en Jomtien (Tailandia), en 1990, bajo los auspicios de la UNESCO, el Programa de Naciones Unidas para el Desarrollo (PNUD), el Fondo de Población para Naciones Unidas (FNUAP), UNICEF y el Banco Mundial. Los participantes respaldaron una "visión ampliada del aprendizaje" y acordaron universalizar la educación primaria y reducir masivamente el analfabetismo hacia finales del decenio. Diez años después muchos países estaban aún lejos de alcanzar ese objetivo. La comunidad internacional se reunió de nuevo el año 2000 en Dakar, Senegal, y ratificó su compromiso de lograr la Educación para Todos.

Los numerosos informes de seguimiento realizados evidencian claramente la gran influencia que hoy ejercen otras instancias de la sociedad, diferentes al sistema escolar formal, en el proceso de educación integral de niños, jóvenes y adultos. Es necesario mencionar también el papel que juega –el sector productivo en la educación de las personas, tanto en lo que se refiere a saberes concretos y específicos requeridos por los trabajadores, como en lo que concierne a la "cultura empresarial" que establece formas de comportamiento, disciplina, observación de normas, relaciones jerárquicas y expectativas de vida. También en este campo la crisis es muy fuerte, pues más allá de los enormes problemas de pobreza, deterioro de la calidad de vida, desempleo, trabajo informal y desinstitucionalización del trabajo profesional, el entorno laboral ejerce un indudable impacto educativo que se refleja en la organización social y en el acceso a oportunidades educativas vinculadas con la sociedad.

La responsabilidad sobre la educación de las personas en una cultura, en un país o en un municipio recae sobre el conjunto social, y esta responsabilidad debe ser asumida de manera explícita y consciente a fin de garantizar una mejor calidad de vida para niños, jóvenes y adultos, cuyo bienestar y desarrollo humano están íntimamente ligados a su posibilidad de educación permanente, de educación a lo largo del ciclo vital. Esto es lo que hace que la educación y los servicios sociales sean, por excelencia, temas que deben resolverse en el ámbito de lo público, con el apoyo del sector privado y con un fortalecimiento del tercer sector. Atendiendo a estas y otras cuestiones la ONU aprobó la Agenda 2030 sobre el Desarrollo Sostenible desde la se aportan directrices para que los países y sus sociedades emprendan un nuevo camino con el que mejorar la vida de todos, sin dejar a nadie atrás. La Agenda establece 17 Objetivos de Desarrollo Sostenible, que incluyen desde la eliminación de la pobreza hasta el combate al cambio climático, la educación, la igualdad de la mujer, la defensa del medio ambiente o el diseño de nuestras ciudades.

1.5. ENFOQUE EVOLUTIVO: MODELOS

Actualmente resulta imposible encontrar unas estructuras organizativas y unos sistemas de gestión válidos para todas las situaciones. Las respuestas deben ser diferentes en función de los contextos específicos de actuación. Por tanto, parece necesario que las organizaciones orienten su esfuerzo hacia la construcción de proyectos socioeducativos singulares; donde se implementarán unas estrategias de intervención u otras en función de las demandas, las necesidades y las inquietudes. La propuesta planteada se fundamenta en distintos autores (Borrell, 1989; Álvarez-Arregui, 2017). Para ello, conviene conocer aquellos modelos que se han ido y se están implementando. El agrupamiento modular es una clasificación circunstancial porque podría variar en función de los ejes y las perspectivas de análisis utilizados.

En este caso, hemos optado por establecer este marco clasificatorio para destacar sus características distintivas y resaltar una visión inclusiva emergente en los últimos años. Las líneas punteadas que separan los bloques en la Figura 1.2 indican la permeabilidad de los modelos ya que no pueden ser encajados bajo unos límites estrictos puesto que existen solapamientos. Los modelos se agrupan en ocho bloques a partir de tres ejes, el sentido sistémico (abierto o cerrado), las estructuras de racionalidad (científica, socio crítica, fenomenológica y compleja) y el momento histórico (1900 /...).

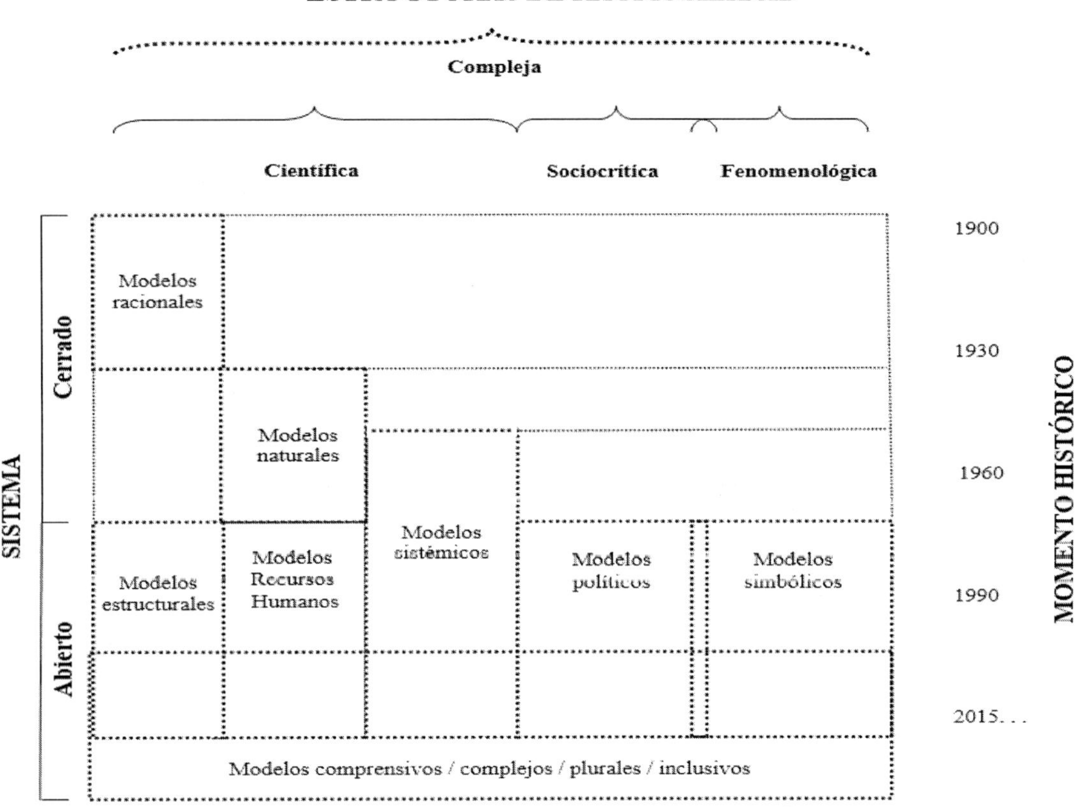

Figura 1.2. Modelos de Organización (Adaptado de Borrell, 1989; Álvarez-Arregui, 2017)

Borrell (1989) sigue la propuesta de Scott (1981). Este referente le permite enmarcar el paso de los sistemas cerrados a los sistemas abiertos, situando entre los primeros el modelo racional y el modelo natural mientras que en los cinco bloques siguientes: estructural, de recursos humanos, el enfoque de sistemas, el político y el simbólico (1960 a 1990) sigue la propuesta clasificatoria de Bolman y Deal (1984).

Los modelos integrales-complejos e inclusivos se presentan como propuesta emergente para abordar una realidad que destaca por su carácter temporal, dinámico, irreversible, entrópico, inabarcable, – no descriptible – caótico por lo que, si las organizaciones educativas participan de las situaciones que envuelven a la realidades naturales y sociales se requiere de una razón compleja para su construcción teórica (Morín, Roger Ciurana y Motta, 2003) y práctica (Álvarez-Arregui, 2017).

Modelos asociados al Paradigma Científico Tecnológico

Este enfoque explica la realidad a través de leyes y principios generales utilizando el método empírico que se han traducido en la práctica en diferentes modelos que han contribuido de una manera u otra al desarrollo organizativo y de los que presentamos sumariamente algunas de sus aportaciones.

a) Modelos racionales – gerencia científica

Taylor (1856-1915) será el impulsor de la corriente denominada movimiento de la organización científica (*management* científico). Este autor y sus seguidores parten de la base de que la clave, para desarrollar una dirección eficaz y unas relaciones laborales satisfactorias, consiste en analizar los trabajos que desarrollan los trabajadores y descubrir aquellos pasos disfuncionales o antieconómicos para actuar en consecuencia. Su objetivo es el potenciar una dirección que planifique, ordene lo que hay que hacer, supervise los resultados y reflexione sobre los errores cometidos para actuar. Un ejemplo de organización educativa para este autor estaría vinculado a una institución que implementa un enfoque de enseñanza estandarizado, donde cada maestro sigue un plan de estudios específico y se busca maximizar la eficiencia en el aprendizaje mediante la división de tareas de enseñanza en pasos secuenciales y medibles para asegurar que todos los estudiantes reciban la misma instrucción.

Fayol (1841-1925) orientará su esfuerzo a identificar las claves de una administración efectiva, desarrollando una teoría de la organización fundamentada en unos principios universales sobre las funciones directivas que siguen estando vigentes en muchas organizaciones y que son: unidad de mando, autoridad, unidad de dirección, centralización, subordinación del interés particular al general, disciplina, división del trabajo, orden, jerarquía, justa remuneración, equidad, estabilidad, iniciativa y trabajo en equipo. Para este autor una organización educativa estaría asociada a una institución donde se establecen diferentes departamentos académicos (por ejemplo, Matemáticas, Ciencias, Lengua) con funciones y responsabilidades específicas para una mejor organización del proceso educativo. Se aplican principios de coordinación y comunicación para asegurar un buen funcionamiento y una gestión eficiente de recursos.

Las propuestas de Taylor y Fayol culminan con el trabajo de Max Weber (1864-1920) que presentó la burocracia como la fórmula ideal de organización. En el ámbito educativo, este enfoque ha constituido la propuesta teórica dominante hasta hace pocos años y sus proposiciones se han derivado hacia las instituciones educativas concibiéndolas como una realidad controlable, susceptible de ser investigada y de intervenir sobre ella de manera objetiva y aséptica. Un ejemplo desde esta perspectiva sería una institución donde se establecen reglas y procedimientos formales para la contratación y asignación de tareas al profesorado. Se aplican sistemas de evaluación objetiva para medir el desempeño y se busca una estructura burocrática para garantizar la eficiencia y la equidad en la administración escolar.

b) Modelos naturales

Estos enfoques consideran que las personas y los grupos no podían programarse de manera tan sistemática como se planteaba desde los modelos racionales por lo que insistirán en la necesidad de potenciar la vertiente humana de las organizaciones. Como respaldo destacaron distintas investigaciones sobre grupos humanos como las de Hawthorne en Wester Electric realizadas por Roethlisberg y Dickson (1939) o los trabajos realizados por Lewin (1951) donde se mostraba que el clima de trabajo y el liderazgo tenían consecuencias en las actitudes, las conductas y el rendimiento.

Las aportaciones de este enfoque, en el ámbito educativo, suponen que los objetivos ya no podrán limitarse a las funciones, sino que ahora las expectativas y las aspiraciones de las personas que conviven en ella deben ser consideradas. En este sentido se plantea que las condiciones laborales deben ser satisfactorias por sus repercusiones en las motivaciones, las capacidades y las habilidades. El sociograma y organigrama son términos relacionados con la representación gráfica de las relaciones dentro de un grupo; el primero se refiere a las relaciones sociales y afectivas entre los miembros de un grupo mientras que el segundo representa la estructura jerárquica y funcional de ese grupo. En el caso de un modelo natural, el *sociograma*, como referente de las relaciones informales, desplazará al organigrama que solo representa la estructura formal y funcional en las organizaciones. La gestión democrática en educación fue abordada, desde estos referentes y ha dado lugar a una extensa literatura.

c) Modelos estructurales

Los antecedentes de este movimiento hay que buscarlos en los autores más representativos del modelo racional porque recogen sus planteamientos. Sin embargo, ahora se tendrá presente el entorno de las organizaciones al igual que las personas, pero las supeditarán a la estructura. Entre otras características se destaca que:

- Se centra en las dimensiones objetivas de la organización.
- Se concibe la organización desde una perspectiva integral.
- Clarifica las relaciones entre objetivos, trabajos, tecnología y estructura organizacional.
- La especialización funcional se orienta a los objetivos desde unas normas.
- La estructura es jerárquica y las decisiones se toman de arriba – abajo.
- La dirección por objetivos distingue entre los de la institución y los de los departamentos.
- La descentralización por el desplazamiento de responsabilidades hacia niveles inferiores.
- El asesoramiento y el apoyo se proporciona en los diferentes niveles organizativos.
- Si las unidades no alcanzan los resultados se interviene (dirección por excepción).

d) Relaciones Humanas

Una continuación del movimiento natural fue el modelo de los Recursos Humanos pero enmarcado en un sistema abierto al tenerse en cuenta el entorno. Cuando las organizaciones educativas adoptan este enfoque se orientarán al desarrollo de estrategias donde se respalda la vertiente humana en detrimento de la estructura, las funciones y el rendimiento. Así se demandan tiempos y espacios para la coordinación, el trabajo en equipo, decisiones abiertas a la participación y una potenciación del liderazgo.

Un buen gestor se preocupará por desarrollar un buen clima de trabajo de ahí que la formación de las personas que dirijan estas organizaciones tendrá que adquirir estrategias para promover una participación efectiva de los miembros de la comunidad. De este modo, se quiebra el principio de que sea la dirección la que decida unilateralmente sobre lo que se debe hacer, cuándo y cómo ya que ahora se pretende incorporar el potencial intelectual y creativo del resto de profesionales implicados. A este respecto cabe destacar que, en los últimos años, las organizaciones están cambiando el nombre de sus departamentos de Recursos Humanos por términos como: *Gestión del Talento-Capital Humano-Desarrollo Organizacional-Gestión del talento y Cultura.* La elección del nombre ya refleja la filosofía, la cultura y el enfoque de la entidad en cuanto a la gestión de las personas que trabajan en ella.

El objetivo es ofrecer una visión más enfocada en el desarrollo y bienestar de las personas que forman parte de la organización; poniendo énfasis en la gestión y desarrollo integral de las personas de la organización, desde su incorporación hasta el desarrollo y la retención.

Asimismo, el recurso humano pasa a considerarse como un activo estratégico para el éxito porque se considera que, si existe identificación de las personas con los objetivos de la organización, la motivación será más fácil de conseguir.

e) Enfoques sistémicos

Los modelos presentados - racionales, naturales, estructurales y de recursos humanos - priorizan el aspecto humano o estructural según los casos, mientras que el enfoque sistémico concederá importancia a ambos resaltando así la necesidad de analizar las interrelaciones e influencias, internas y ambientales, por lo que cabe conceptualizarlo como una perspectiva abierta e integrada.

La Teoría General de Sistemas (TGS), formulada por el biólogo alemán Bertalanffy, busca explicar la realidad como conjunto de interrelaciones entre los elementos constitutivos y como proceso de funcionamiento ordenado al logro de metas. Sus aportaciones se revelaron como una herramienta general valiosa para enmarcar la realidad y para la investigación científica.

Este autor (1982) considera que un sistema es el conjunto de unidades o de elementos entre los que existen relaciones pluriformes lo que da lugar a que la organización no pueda entenderse como una construcción sistemática, racional y libremente estructurada para conseguir unos objetivos, sino que el sistema organizativo está conectado a un medio que va a actuar como factor posibilitante o condicionante para conseguir sus objetivos.

Como limitaciones se destacan (Santos Guerra, 1997) el carácter abstracto de sus planteamientos, la imprevisibilidad de los mecanismos de entrada, salida y retroalimentación del sistema, la naturaleza estática de algunas organizaciones en contraposición a la naturaleza esencialmente dinámica del ambiente y la identificación de la organización con los sistemas abiertos. Todo ello induce a errores de perspectiva ya que la realidad social es más compleja que lo que no cabe representar con modelos de células o unidades orgánicas.

Finalizamos este apartado reseñando que el enfoque sistémico ha sido bien acogido en las teorías organizativas por su enfoque holístico, por su apertura a la interdisciplinariedad y su capacidad para entender las organizaciones como sistemas abiertos y adaptables. Esto ha permitido enriquecer la comprensión del funcionamiento de las organizaciones en su contexto.

1.6. ENFOQUE INTERPRETATIVO: METÁFORAS

La perspectiva interpretativa es una corriente dentro de las ciencias sociales, centrada en el estudio de los significados que las personas tienen de la realidad social. Este enfoque se asocia con las que se consideran como herramientas lingüísticas que permiten comprender conceptos complejos o abstractos, estableciendo una conexión de semejanza entre dos términos o conceptos diferentes (ejemplo: "las emociones son olas"). La metáfora podemos considerarla como un proceso de comprensión humana a través del cual relacionamos dos objetos de forma tal que para referirnos a uno de ellos se nombra al otro. Han sido utilizadas como recurso explicativo de las instituciones educativas por muchos autores (Cohen, 1972; Ciscar y Uría, 1988; Lorenzo Delgado, 1993; Martín-Moreno Cerrillo, 2006) adoptando una posición simbólica.

Las instituciones educativas se han asociado con una máquina u organismo, una fábrica, una jaula de hierro, un partido anárquico de fútbol, un teatro, un hospital, una familia, un ejército, un campo de batalla, un mercado, un cubo de basura, un tejado con goteras… Actualmente se pueden identificar muchas más metáforas organizativas cuando pretenden describir con una imagen el contenido innovador y diferenciado de las organizaciones. En cualquier caso, vamos a profundizar en aspectos de aquellas metáforas que consideramos como más significativas:

Centro educativo como máquina u organismo

Esta es una metáfora vinculada al enfoque científico racional de la escuela y es la primera que se utiliza para caracterizar esta institución. Desde esta perspectiva la escuela es vista como un organismo en el que todos sus elementos, los miembros, deben de cumplir un cometido para que el organismo, considerado globalmente, funcione. Hay un presupuesto sistémico al considerar que todos los elementos tienen que estar coherentemente ordenados y se puede predecir la actuación del organismo a partir del funcionamiento de sus miembros. No son necesarios los elementos externos ajenos al organismo para su correcto desarrollo (Lorenzo Delgado, 1996).

Centro educativo como fábrica

Esta metáfora se asocia al enfoque científico racional pero no se aplicará hasta finales del siglo XIX y principios del XX cuando se produjo una especialización de la enseñanza. Anteriormente se seguía un modelo de aula única donde los estudiantes estaban a cargo de un profesor considerado autosuficiente (Martín-Moreno Cerrillo, 2006). Esta visión de la escuela fue respaldada en España con la Ley General de Educación de 1970 que, inspirada en una filosofía tecnocrática, se emparejó con el autoritarismo franquista dotándose de una racionalidad científica y justificando la ideología subyacente.

Centro educativo como burocracia

Esta metáfora está vinculada al enfoque científico – racional y se desarrolló en la primera mitad del siglo XX coincidiendo con el gran auge que tuvieron en ese momento las corporaciones, las empresas y los centros educativos. Establece la analogía entre las escuelas y las organizaciones empresariales, desde un punto de vista weberiano, cuando considera a las primeras como entidades racionalmente articuladas con afinidades respecto a otras instituciones 'procesadoras' de personas (Tyler 1991). También se ha denominado a esta metáfora como la jaula de hierro ya que la rigidez de las organizaciones podría derivar en una sociedad de voluntades esclavas (Martín-Moreno Cerrillo, 2006).

Centro educativo como teatro

La escuela se presenta como un escenario donde los docentes actúan en base al perfil funcional que tengan asignado en la organización dado que varía de unas personas a otras por los matices singulares que incorpora. De este modo se acaba mezclando la identidad propia de las personas fuera de la institución con los papeles que desempeñan y acaba resultando difícil deslindar hasta qué punto la vertiente nomotética – organizativa – domina a la ideográfica - individual. Las interacciones acaban teniendo significado para los protagonistas gracias a los procesos de negociación, a las discusiones y a los acuerdos que se logran.

Centro educativo como anarquía organizada

> *"Imagínate que eres el árbitro, el entrenador, un jugador o un espectador de un partido de fútbol poco convencional: el campo es redondo; hay varias porterías situadas al azar en torno al campo; la gente puede entrar a jugar y dejar el juego cuando quiera; se pueden lanzar balones desde cualquier dirección; pueden decir 'he metido gol' siempre que lo deseen, tantas veces, y por tanto goles, como quieran; todo el juego se desarrolla en un campo inclinado; y se juega como si tuviese sentido"* (Weick, 1976)

Weick (1976) otorga la categoría de *loosely coupled systems* (sistemas desacoplados) a las organizaciones educativas desde estos referentes.

No se quiere indicar que estas fórmulas sean inadecuadas, sino que se producen como resultado del proceso de acomodación que tienen las personas para enfrentarse con éxito a un entorno cambiante.

Cubo de basura

En esta metáfora se plantea que, en organizaciones con múltiples metas, se establecen prioridades cuando se toman decisiones que encajan más por casualidad que por su selección coherente ya que no se conocen todas las alternativas, ni se concretan, ni se comparan las consecuencias de cada una de ellas, lo que da lugar a que se apliquen soluciones donde no están verdaderamente los problemas. Como manifiestan March y Simón (1961), se acabará seleccionando la alternativa que resulta más satisfactoria pero no por ello tiene que ser la óptima. La teoría del cubo de basura incorpora el azar en los procesos decisionales lo que impide predecir lo que va a ocurrir en base a una planificación a largo plazo. Bajo estos planteamientos habrá que entender la organización como una realidad cultural.

Selección Natural

Cantón (2004), a partir de Bronfenbrenner explica la dependencia de las organizaciones del entorno quedando situada esta metáfora en el enfoque racional donde cabe diferenciar dos vertientes. La primera, más moderada, presenta a las organizaciones como instituciones que se adaptan al entorno transformándose, pero se sabe que las posibilidades están limitadas a la normativa vigente en cuanto a su capacidad de desarrollo. La segunda, más radical, la defienden aquellos autores más partidarios de los procesos selectivos en estado puro. La competencia es el mecanismo para realizar la selección y más cuando hay pocos alumnos, los centros no tienen aceptación por parte de la comunidad educativa o hay una posibilidad de elección por parte de los padres para la educación de sus hijos. Desde estos indicadores las organizaciones que no sean capaces de ofrecer lo que se les demande por parte de los padres, el entorno, las administraciones... terminarán por desaparecer.

Ecología Conceptual

Esta metáfora explica cómo el marco conceptual previo está relacionado con los nuevos conocimientos que se adquieren. Este planteamiento parte de que los conceptos están interrelacionados y los conocimientos compiten por acomodarse en esas redes. De este modo, cuando se incorporan aprendizajes, se activan contenidos que quieren formar parte de esas redes y tendrán más probabilidad de hacerlo en base a los objetivos que se planteen y al grado de motivación (Martín-Moreno, 2006). Atendiendo a estas propuestas se plantea que los procesos de enseñanza que se desarrollan deben completar el modelo clínico – conocimiento psicológico de base – con el modelo comunitario – conocimiento del entorno del centro educativo – ampliando las posibilidades de intervención docente. De este modo hay que revisar los objetivos y los métodos de enseñanza con relación al entorno del centro educativo por lo que la familia, el barrio y la localidad adquieren mayor relevancia.

1.7.ENFOQUE PRÁCTICO: EFICACIA, MEJORA Y REESTRUCTURACIÓN

En las últimas décadas han aparecido dos grandes corrientes que han pretendido promover innovaciones y mejoras en las instituciones socioeducativas aportando numerosas evidencias sobre distintos factores que deben tenerse en cuenta en estos procesos de cambio.

La primera corriente se asocia al ámbito organizativo. Los estudios se han centrado, en un principio, en las escuelas eficaces, en los círculos de calidad y en los logros académicos. En un segundo momento, el problema de la mejora se va reconduciendo desde la perspectiva técnica hacia la cultural aportando una visión holística de la organización al promover la integración de la comunidad educativa. La otra línea de trabajo ha girado más en torno al profesor, entendiéndolo como investigador, otorgando una gran importancia a la participación y la formación para generar un substrato apropiado desde el que proporcionar respuestas a las necesidades educativas que se planteen, orientándose a la práctica; por esto ha sido liderada por docentes y directivos. Sus propuestas han ido evolucionando al ir contrastándolas con evidencias empíricas, lo que avala la necesidad de orientar más esfuerzos hacia la búsqueda de puntos de encuentro.

Escuelas eficaces

Este movimiento que nació en el mundo anglosajón, a pesar de que su desarrollo ha sido más amplio en el Reino Unido y EEUU, se ha ido extendiéndose a otros países como Israel, Holanda, Australia, Nueva Zelanda y los países nórdicos. La diversidad de enfoques comparte la búsqueda de la eficacia entendida como la capacidad de la propia organización para lograr sus fines mediante la competencia profesional y técnica de sus miembros.

Las contribuciones apuntan hacia:

- Una dirección sólida y competente.
- Focalización de la atención en la calidad de la enseñanza.
- Clima apropiado y sistemático para incitar a la enseñanza y el aprendizaje.
- Centrarse en los buenos resultados en las materias de enseñanza.

- Actitud positiva del directivo y los docentes hacia los estudiantes.
- Objetivos y normas elevados.
- Uso de medidas de resultados de alumnos para evaluar el programa.
- Feed – back sobre los resultados escolares.
- Personal docente fuertemente motivado.
- Formación continuada y visión compartida sobre la misión institucional.
- Entre otras divergencias encontradas cabe desatacar:
- El tamaño de los centros. No aparecen conclusiones definitivas si bien la mayoría de las investigaciones ligan las diferencias de resultados entre los centros a las variaciones del nivel de las clases y no al tamaño de los centros.
- El control de los resultados del alumnado. Es importante en EE.UU., pero no aparece como un factor relevante en los trabajos realizados en Gran Bretaña.
- La importancia del rol pedagógico del director. Aparece en los estudios de EEUU, en Gran Bretaña e Israel, pero su significación no es tan alta en Holanda.
- En los países del tercer mundo los factores que tienen mayor relevancia sobre los resultados de los centros son, por orden de prioridad: la calidad docente, la dirección y las prácticas de enseñanza, mientras que el papel del directivo es más relevante en los países occidentales.
- La eficacia varía según las zonas. En los países industrializados se centra en el proceso del centro y de la clase mientras que en el tercer mundo se explica por los elementos que conforman el centro (material, equipo, bagaje escolar del alumnado, recursos, etc.).

Este movimiento ha sido respaldado desde la OCDE[1] (1991) constando en su informe sobre Escuelas y Calidad de la Enseñanza que la cultura específica de los centros incide en la motivación y en los beneficios que obtienen los estudiantes. Este hecho fue tenido en cuenta por el MEC[2] (1994) en el documento titulado Centros Educativos y Calidad de la Enseñanza, será retomado desde la LOPEGCD[3] (1995), tuvo su aplicación práctica desde del año 1997 a través de los Planes Anuales de Mejora (PAM) y del Modelo Europeo de Gestión de Calidad (EFQM) y se tiene en cuenta en la LOCE[4] (2002), en la LOE[5] (2006) y en la LOMCE[6] (2013).

Mejora en la escuela

Este movimiento cuestiona las imágenes de éxito que presentan las escuelas eficaces porque no habían profundizado en los procesos que eran necesarios para mejorar los centros ineficaces. Atendiendo a estos supuestos se planteó la necesidad de conocer aquellas estrategias internas que podría poner en marcha un centro para mejorar porque se desconfiaba de las políticas educativas que pretendían introducir el cambio desde prescripciones externas, ya que sus efectos no estaban incidiendo en la mejora de la práctica docente ni en los aprendizajes del alumnado. Estos antecedentes sirvieron de revulsivo para trabajar en esa línea desde la Mejora en la Escuela. Los profesionales que han trabajado estos temas han ido variando sus planteamientos, de ahí que recordemos algunos acontecimientos (Hopkins y Lagerweig, 1997):

Primera fase. Adopción de materiales didácticos. Este periodo se inicia a mediados de los sesenta y se caracteriza por la pretensión de los gobiernos de que los centros utilizasen unos materiales específicos ya que de ese modo se pensaba que las reformas curriculares llegarían al alumnado. El problema no fue que los materiales

1 Organización para la Cooperación y el Desarrollo Europeo.
2 Ministerio de Educación y Ciencia.
3 Ley Orgánica 9/1995, de 20 de noviembre, de la Participación, la Evaluación y el Gobierno de los Centros Docentes.
4 Ley Orgánica 10/2002, de 23 de diciembre, de Calidad de la Educación.
5 Ley Orgánica 2/2006, de 3 de mayo, de Educación.
6 Anteproyecto de Ley Orgánica para la Mejora de la Calidad de la Educación (LOMCE) del 17 de mayo de 2013

fuesen inadecuados para los fines perseguidos, ya que su calidad estaba contrastada, sino que se olvidaron de los docentes a la hora de elaborarlos y no se les formó suficientemente sobre su aplicación. La consecuencia fue una adecuación, a sus métodos de trabajo, de aquello que consideraron más interesante y no tuvieron en consideración los supuestos desde los que se habían elaborado con lo que su utilidad quedó minimizada.

Segunda fase. Documentación y reflexión sobre el fracaso reformista. Este periodo abarca la década de los setenta. Los trabajos realizados tuvieron por objeto recoger información sobre los errores cometidos en la implementación práctica del currículum del período anterior. La aportación más relevante se asoció a las disfunciones que se producían cuando se pretendían imponer propuestas "de arriba–abajo" puesto que las evidencias demostraron que el profesorado necesitaba una formación permanente para adaptarse. La normativa se presentaba entonces inoperante en la práctica por lo que se demandaba una planificación contextualizada, un aprendizaje individual y un compromiso con el cambio.

Tercera fase. Éxito en los proyectos desarrollados. Abarca desde finales de los setenta hasta mediados de los ochenta cuando se puso en marcha el Proyecto Internacional para la Mejora de la Escuela (ISIP). En este estadio, los estudios se centraron en el desarrollo de proyectos y en la recopilación de información sobre los resultados que se obtenían lo que permitió ampliar los conocimientos sobre la dinámica del cambio.

Cuarta fase. Integración de conocimientos. Este período viene desarrollándose en la década de los noventa. Los trabajos están integrando los conocimientos y las estrategias desarrolladas desde posiciones pragmáticas, sistemáticas y racionales donde hay una participación e implicación activa en el estudio del cambio.

La tercera y cuarta fase, de 1980 en adelante, promovió el acercamiento a la mejora escolar de abajo–arriba, los profesionales aportaban sus conocimientos, existían colaboradores externos que apoyaban y asesoraban, se centraba en el cambio de los procesos más que en la gestión y la organización, se cuestionaban las metas y resultados de los programas, se prefería la evaluación cualitativa y se proyectaba a nivel global en la escuela.

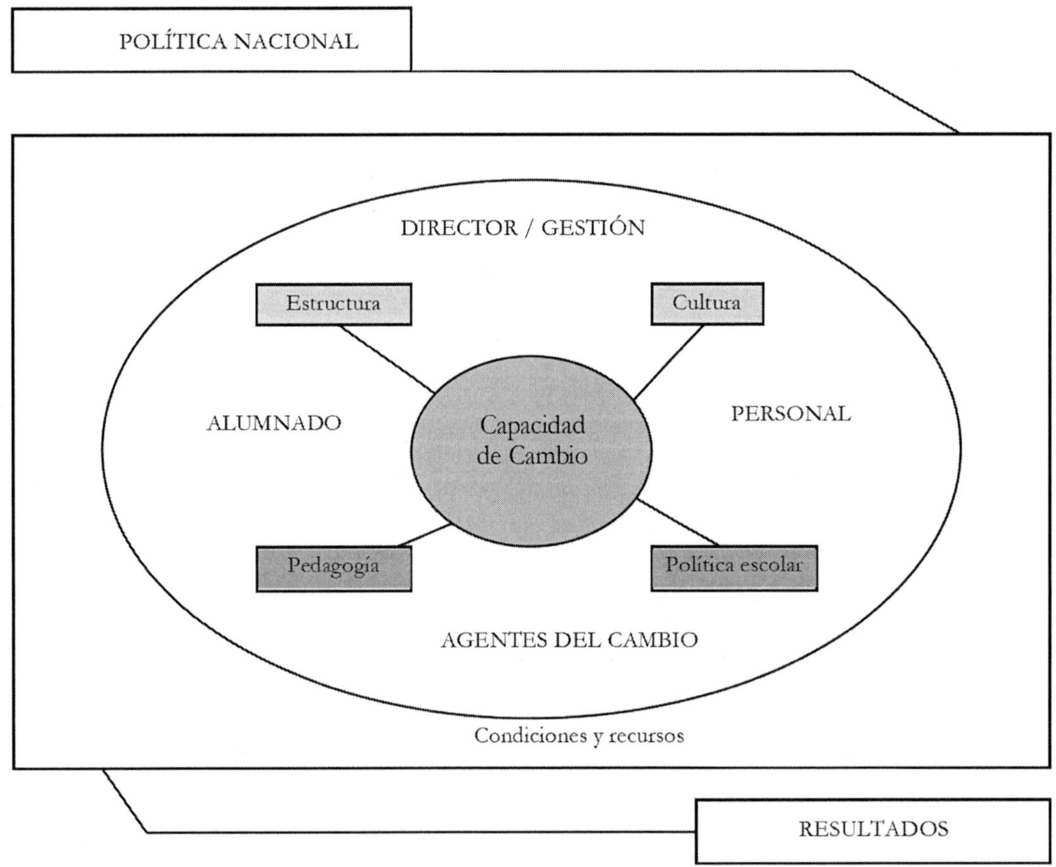

Figura 1.3. Un marco para el análisis de la mejora (Hopkins y Lagerweig, 1997, p. 84)

Al igual que el resto de los modelos, las decisiones políticas no parecen muy proclives a considerar las recomendaciones que se vienen haciendo desde las aportaciones teóricas y prácticas. Cuando esta actitud persiste de manera continuada da lugar a que las propuestas de intervención vayan a remolque de los intereses partidistas. A pesar de las críticas no puede negarse una evolución en las propuestas para mejorar la escuela, lo que ha permitido ir consolidando un conocimiento fundamentado sobre los elementos y los procesos de cambio y se han abierto en los últimos años nuevas vías para seguir investigando.

La capacidad de la escuela para aprender, ver figura, la sitúa en el centro de la intervención y el marco se articula en torno a unos factores que interaccionan de manera dinámica destacando: los líderes escolares por su relevancia en la comunicación y la toma de decisiones; la planificación y evaluación del proceso; la coordinación institucional; la visión sobre el futuro donde se ponga de relieve la política educativa que se va a seguir; y el aprendizaje, entendido como aquel mecanismo que permite a la organización y al personal implicado capacitarse para afrontar los retos de manera colaborativa.

Otro movimiento emergente que se desarrolla paralelamente a los modelos mencionados en países como Estados Unidos, Australia y Canadá está asociado a la incorporación de modificaciones en los centros educativos con el objetivo de dar respuestas a las demandas educativas. Esta alternativa se ha ido integrando en los discursos político-educativos de algunos países occidentales abogando por una gestión basada en la escuela desde la reorganización de los centros convencionales. Este enfoque requerirá el desarrollo de nuevas estrategias de intervención, la necesidad de una mayor autonomía, la planificación corporativa, el ejercicio de un nuevo liderazgo y la ampliación de los roles docentes a partir de una formación continua que tenga como referente el centro educativo.

Un ejemplo ilustrativo, visual y conceptualmente, es el modelo presentado por Murphy (Murillo y otros, 1999). En su enfoque sistémico se avala el apoyo de la comunidad en sentido amplio ya que no afectará exclusivamente al entorno más cercano, sino que tiene repercusiones sobre las administraciones, las instituciones y las empresas. La propuesta se desarrolla a partir del análisis de la práctica, donde destacan los siguientes elementos, símbolos y caracteres:

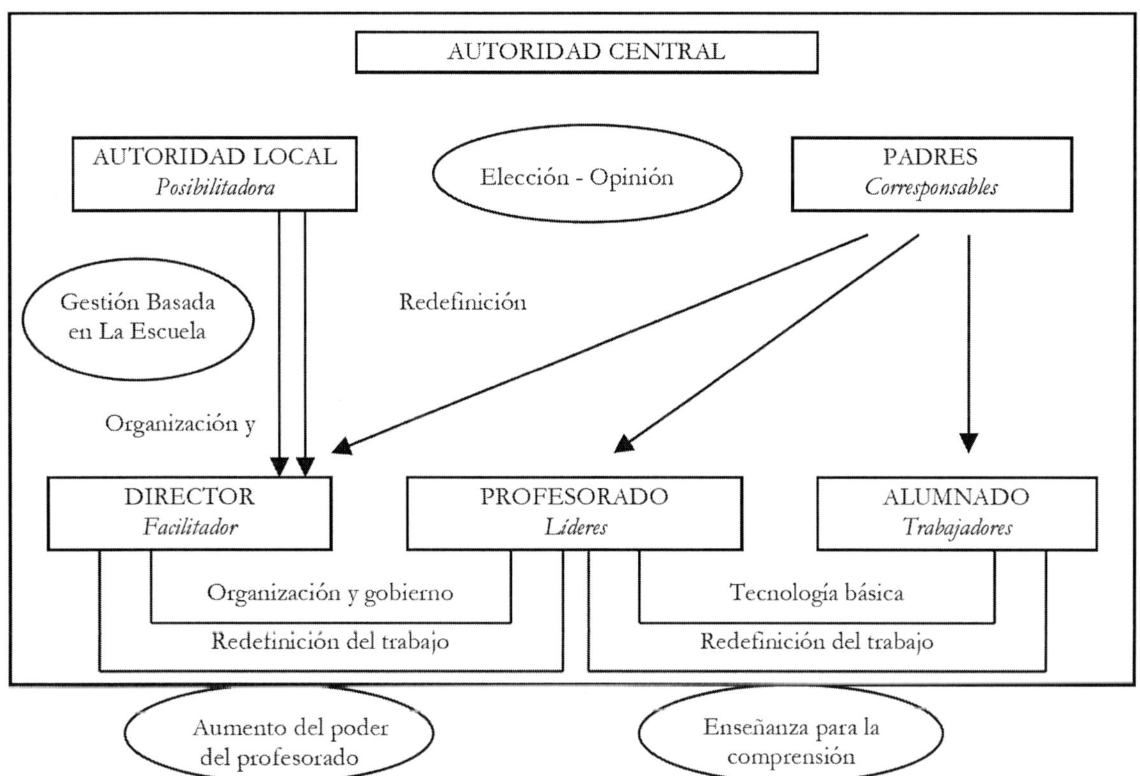

Figura 1.4. Reestructuración Escolar. Murphy (Adaptado de Murillo y otros, 1999, p. 93)

- Rectángulos. Representan agentes con papeles relevantes en el proceso, presentando en letra cursiva el rol que desempeñan.

- Círculos. Indican las estrategias desarrolladas en el proceso.
- Flechas y líneas. Ponen de relieve los cambios que caracterizan al modelo.

La privatización de la educación y la redefinición de roles son aspectos importantes, pero si algo cobra especial relevancia es el liderazgo directivo que ahora se enfoca desde una perspectiva transformacional donde su capacidad, actitudes y estrategias son determinantes para involucrar a otras personas como líderes de la organización. La descentralización de toma de decisiones se viene demandando desde otra estrategia iniciada en los años ochenta, la denominada Gestión Basada en la Escuela (School Based Management – SBM).

La mayor autonomía que se reclama desde esta estrategia de intervención hace inevitable la transferencia de los medios necesarios desde la Administración Educativa si se quiere llevar a la práctica realmente. Las claves son dos, facilitar (a administraciones y equipos de dirección) y profesionalizar las acciones de los agentes directamente implicados. Los directivos deberán desarrollar un liderazgo efectivo puesto que gran parte del éxito del modelo depende de la calidad de los procesos decisionales, de la delegación de poder, del grado de implicación que se esté dispuesto a asumir -padres y docentes-, del tipo de estrategias, de la utilización de los recursos del entorno, del grado de apoyo que reciban de las autoridades, de los mecanismos de retroalimentación que se implementen y de las razones para su implementación en el centro.

Las propuestas desarrolladas bajo estos supuestos se relacionan con las organizaciones que aprenden desde el momento en que existe un ajuste entre unas funciones y demandas, internas y externas, cuyo objetivo es la facilitación y no la imposición de lo que debe hacerse. Ni que decir tiene que la dirección vuelve a aparecer como un elemento fundamental.

Las dificultades surgen en el mundo educativo ante la disparidad de formulaciones que pueden adoptarse ya que cuando se aplica bajo presupuestos economicistas relegando la mejora educativa, así como la búsqueda de la implicación y corresponsabilidad de los agentes vinculados al centro tendrá pocas posibilidades de implementarse con éxito.

El proceso de descentralización ha dotado de mayores responsabilidades a las Administraciones Regionales y Locales lo que ha provocado una derivación de responsabilidades que, según la fórmula política que se adopte, va a generar más o menos implicación de unas instituciones u otras, así como de las comunidades educativas con relación a los centros. Lo que parece estar cuestionándose actualmente es el modelo existente al ir modificándose progresivamente las relaciones entre Estado – Escuela y Escuela – Entorno, así como las fórmulas de gestión, el papel de los docentes y las modalidades de formación.

1.8. ENFOQUE POLÍTICO - NORMATIVO: REFERENTES LEGALES

El enfoque político-normativo se basa en el análisis y comprensión de los referentes legales que regulan la educación de un país, y cómo influyen en la organización, desarrollo y funcionamiento de la entidad. A partir de las leyes de educación que se han ido promulgando en las últimas décadas[7], se han ido estableciendo unos referentes básicos para la organización de los centros educativos que deben ser objeto de consideración y reflexión por parte de las comunidades en sus propuestas de intervención. Entre los factores que han apoyado esta situación cabe destacar el cambio detectado en los últimos años en:

- La estructura de poblamiento dado que se ha pasado de una sociedad rural a una sociedad urbana rápidamente.
- Las estructuras económicas donde el autoabastecimiento y autoconsumo ha dejado paso a una economía globalizada orientada al consumo y al mercado.
- Las estructuras familiares han quebrado las formas tradicionales de socialización temprana pasando a unas estructuras monoparentales y monofiliares que distan de las familias patriarcales o matriarcales

7 *Ley Orgánica 8/1985, de 3 de julio, reguladora del Derecho a la Educación (LODE). Ley Orgánica 1/1990, de 3 de octubre de 1990, de Ordenación General del Sistema Educativo (LOGSE).* Ley Orgánica 9/1995, de 20 de noviembre, de la Participación, la Evaluación y el Gobierno de los Centros Docentes (LOPEGCE). Ley Orgánica 10/2002, de 23 de diciembre, de Calidad de la Educación (LOCE). Ley Orgánica 2/2006, de 3 de mayo, de Educación (LOE). Ley Orgánica 3/2020, de 29 de diciembre, de Educación (LOMLOE)

donde convivían distintas generaciones y un número elevado de hijos, lo que conlleva cambios en los valores morales y éticos.

- La estructura laboral se diversifica y se complejiza pasando de una estructura de autoconsumo a una estructura de heteroconsumo.

- Las estructuras sociales han cambiado; sólo tenemos que ver el propio modelo de estado que se ha descentralizado, las estructuras de poder social y político se han multiplicado, las políticas de inmigración son una constante, las relaciones supranacionales y los problemas de toda índole – multiculturales, étnicos… influyen y condicionan la educación y la organización de los centros.

- Las estructuras de escolarización han variado ya que ahora se hace más extensa la escolarización, el tiempo se flexibiliza, los criterios curriculares varían, los individuos tienen múltiples formas de informarse, aprender y educarse…

- Las estructuras de comunicación social han cambiado ante la ruptura que se ha producido, ya que ahora no hay fronteras geográficas gracias a las redes de comunicación o las tecnologías audiovisuales, sino que la movilidad de las personas por el ocio o por el trabajo se ha convertido en una realidad…

Estas cuestiones no han sido ajenas a las normas políticas cuando y, aunque su grado de bondad pueda cuestionarse, llevan asociados valores esenciales con relación a la sociedad y a las personas que deben ser considerados desde los centros educativos.

Participación de la Comunidad Educativa

La participación se viene considerando como un aspecto fundamental en el desarrollo de las personas y de los centros educativos en las diferentes leyes que se vienen formulando, de tal forma que el principio de participación de los miembros de la comunidad educativa debe inspirar las actividades educativas, la organización, el funcionamiento y la gestión de los centros públicos desde una perspectiva inclusiva. Esta participación garantiza (Martín-Moreno, 2006):

- El derecho de reunión docente y del personal de administración y servicios en base a la legislación vigente para ejercer ese derecho.

- El alumnado podrá asociarse atendiendo a su edad y a la normativa vigente con la intención de colaborar en actividades educativas – complementarias y extraescolares- del centro educativo.

- Los padres y madres del alumnado pueden asociarse de tal forma que en cada centro educativo puede existir una o varias AMPAS con el objetivo de colaborar en las actividades educativas del centro y de estimular la participación de los padres / madres del alumnado en la gestión del mismo.

- La apertura de centros favorece su utilización para la realización de actividades socioculturales y deportivas fuera del horario lectivo con lo que se abren vías para la educación no formal y se vincula al centro con su entorno socio-económico.

Autonomía institucional

La normativa viene concediendo un cierto grado de autonomía para utilizarla en los ámbitos organizativos, pedagógicos y curriculares de manera que:

- se puedan adaptar de la mejor manera posible a las características singulares de sus entornos y de los agentes educativos implicados

- se estimule la elaboración de proyectos que incluyan innovaciones metodológicas, didácticas, curriculares, tecnológicas, organizativas e investigadoras

- se potencie la autonomía pedagógica a través de decisiones colegiadas en los procesos de planificación y elaboración de los documentos institucionales.

- se proporciona autonomía en la gestión económica en la gestión y varía de unos centros a otros en base al tipo de enseñanza y los proyectos que promueven
- se puedan variar los programas determinados por las administraciones con un cierto margen para diseñar los proyectos curriculares en función de las circunstancias situacionales y desarrollar los niveles de concreción por etapas, niveles, aulas y adaptaciones individuales.
- la autonomía hace necesaria la existencia de un consejo escolar en cada centro educativo que se constituya como órgano de gobierno y que esté formado por representantes de los diferentes sectores de la comunidad educativa.

Flexibilización de la Organización Escolar

Las infraestructuras que los centros educativos requieren para el desarrollo de sus actividades tienen, como referente básico, la flexibilidad y ésta afecta a los espacios, los horarios, los tiempos, los agrupamientos del alumnado, la diversificación de recursos didácticos, la colaboración de los diferentes agentes de la comunidad educativa y la apertura de centros a la comunidad.

Órganos de gobierno

Las distintas leyes vienen demandando dos tipos de órganos de gobierno en los centros educativos públicos – unipersonales (director, jefe de estudios y secretario) y colegiados (claustro de profesores y consejo escolar).

La LOPEGCD (1995) incorporó la figura del Administrador sustituyendo al secretario en las labores propias de este cargo, asegurándose, en todo caso, la gestión de los recursos humanos y materiales (art. 26.3). En la LOE (2006) el director es la primera vez que deja de ser órgano de gobierno para integrarse en un órgano colegiado: el equipo directivo (art. 131). Por último, en la LOMCE (2013) se refuerzan las funciones de la dirección y su posición jerárquica en los centros educativos algo que se mantendrá posteriormente.

Individualización, Compensación e Inclusión educativa

Las distintas leyes vienen respaldando diferentes derechos del alumnado que conllevan diferentes medidas organizativas.

- *Derecho de individualización.* En cuanto tiene que recibir una formación que desarrolle su personalidad singular y una necesaria atención a la diversidad.
- *Derecho a la equidad.* Las administraciones públicas tienen que desarrollar acciones compensatorias para las personas, los grupos y los ámbitos territoriales que se encuentren en situación desfavorable, así como proveer de recursos para la compensación educativa. Esto supone plantear un centro educativo con una orientación compensatoria; de ahí que se le deba dotar con los recursos que necesite (materiales y humanos) para afrontar los objetivos que se le presenten (carencias de tipo económico, sociocultural y familiar).
- *Derecho de integración y normalización.* Asociado a la atención educativa a la diversidad. Con relación al alumnado con NEAE (Necesidades Específicas de Apoyo Educativo), el centro educativo debe organizarse en base a los principios de integración y normalización. Únicamente en aquellos casos más excepcionales se escolarizarán en centros específicos Los centros tienen que organizar las infraestructuras y las condiciones funcionales a las necesidades que se planteen.

Apoyos a los centros educativos

Los centros educativos reciben apoyo y colaboración de distintos sistemas, si bien hay tres que están claramente especificados desde la normativa.

Inspección Educativa. Estos agentes educativos entre otras funciones colaboran en la mejora de la práctica docente y del funcionamiento de los centros.

Centros de Profesores y Recursos (CPR)[8]. Son un referente para el perfeccionamiento docente en ejercicio, desarrollan y difunden experiencias educativas innovadoras, además de prestar apoyos y recursos a los centros educativos de distinto tipo.

Equipos Regionales para el alumnado con necesidad específica de apoyo educativo[9], estructurado en áreas: alumnado con discapacidad física, sensorial o con graves problemas de salud; la de atención al alumnado del espectro autista, trastornos graves de personalidad o conducta y el de Altas Capacidades y el área encargada de las funciones de atención temprana y de la atención al alumnado de incorporación tardía y el alumnado en desventaja derivada de factores de diversa índole.

Organización y funcionamiento de los Servicios especializados de Orientación Académica y Profesional en el Principado de Asturias

La orientación educativa, psicopedagógica y profesional tiene como objetivo propiciar una educación integral del alumnado. La orientación integral se ha convertido en un derecho fundamental del alumnado y las familias que viene tipificado a través del Decreto 147/2014 por el que se regula la orientación educativa y profesional en el Principado de Asturias. El modelo está sustentado por parte de una estrategia elaborada con la participación del profesorado de orientación educativa de Asturias.

Este servicio se caracteriza por la realización de la orientación desde los propios centros y de manera coordinada entre todo el profesorado, a la vez que se apoya con servicios externos. Entre las funciones del profesorado está el realizar tareas de orientación, apoyándose por el profesorado de la especialidad de orientación educativa, y servicios especializados para que el alumnado concluya con éxito la educación obligatoria.

En el modelo asturiano se identifican tres niveles de intervención que se distinguen por al grado de especialización del profesional involucrado: en el primer nivel se encuentra el profesorado en atención directa al alumnado, especialmente tutores y tutoras; en segundo niel, la atención de las unidades de orientación (se crean esas unidades en todos los colegios públicos de Educación Infantil y Primaria para reforzar el núcleo de intervención de los servicios de orientación) , departamentos de orientación, y los equipos de orientación; en el tercer nivel corresponde al equipo regional para el alumnado con necesidad específica de apoyo educativo descrito con anterioridad.

Evaluación, Inspección y Supervisión

La evaluación es un tema recurrente en la legislación que se ha asociado con los centros docentes, los servicios de inspección educativa y las propias dinámicas internas de evaluación realizada en los centros educativos.

En el caso de las organizaciones educativas su naturaleza se define por su carácter periódico, externa – realizada por los servicios de inspección u otras instituciones-, sin perjuicio de las evaluaciones internas – autoevaluaciones– que se planteen institucionalmente o que se recomienden desde las administraciones.

Las funciones que se le asignan al servicio de inspección están relacionadas con la supervisión y control del funcionamiento pedagógico y organizativo de los centros educativos. También con la colaboración en la mejora de la práctica docente y del funcionamiento de los centros, así como evaluar el sistema educativo, como responsable de la evaluación externa de los centros, debe velar por el cumplimiento de las disposiciones legales y establece otras intervenciones de naturaleza supervisora o de control. Como funciones de carácter formativo cabe enmarcar aquellas actividades de asesoramiento, orientación e información a los distintos sectores de la comunidad educativa, tanto en lo que afecta al ejercicio de sus derechos como de sus obligaciones, así como la información sobre cuántos programas y actividades promovieran o autorizasen las administraciones educativas.

Los docentes, el alumnado, la función directiva y la propia inspección también son objeto de evaluación en base al marco normativo vigente y a las decisiones institucionales que se adopten.

8 https://www.educastur.es/profesorado/formacion-e-innovacion/actividades-cpr
9 https://www.educastur.es/-/organización-y-funcionamiento-de-los-servicios-especializados-de-orientación-educativa-en-el-principado-de-asturias

1.9. REFLEXIONES DE SÍNTESIS

El módulo primero presenta algunos desafíos emergentes en las instituciones educativas, que también se puede extrapolar al cualquier ámbito social y profesional. Al igual que se muestra cómo estos desafíos crean un contexto en el que se requiere de políticas educativas y formativas más flexibles, globales e integrales. Este capítulo avala la necesidad de que la educación sea un catalizador transformador para el desarrollo de capacidades de las personas, de las organizaciones, y de la sociedad en general ante los retos del siglo XXI.

A la luz de los problemas a los que tenemos que dar respuestas adecuadas, el módulo uno analiza los diferentes dimensiones que engloba el concepto de institución socioeducativa a lo largo de la historia para brindar orientación y avanzar en el desarrollo de proyectos educativos y curriculares flexibles y sostenibles.

La necesidad de adaptabilidad y formación para todas las personas a lo largo de toda la vida está exigiendo a las organizaciones y a los administradores de los servicios sociales y educativos tener capacidad de aprender y de emprender. La flexibilidad, la racionalidad, la permeabilidad, la colegialidad, la autonomía, la inclusión y el compromiso quedan revitalizadas en este proceso de adaptación. El cambio es de hondo calado porque afecta a la gestión y el liderazgo, a los sistemas de apoyo, a los recursos, y a la financiación, entre otras cuestiones.

Por lo tanto, el papel de nuestras organizaciones desde el pensamiento complejo exige adoptar visiones ecosistémicas que nos ayuden a transitar desde una sociedad de la información altamente competitiva e individualista hacia una sociedad del conocimiento que se generalice a todas las personas y se fundamente en la colaboración. Y, donde los Objetivos de Desarrollo Sostenible pueden ser incluidos de múltiples maneras en las organizaciones, dependiendo del contexto y los objetivos específicos de la entidad[10]. Pueden servir de guía estratégica para la acción y el compromiso con la sostenibilidad y el desarrollo global. Su integración puede ser una oportunidad para que las organizaciones demuestren su responsabilidad social, innovación y compromiso con un futuro más justo y sostenible.

1.10. TRANSFERENCIA

Actividad 1

Mi experiencia personal

Descripción de la actividad:

Antes de continuar con el módulo dos, que está diseñado para informar de las áreas visibles y oscuras de las instituciones, y sobre cómo visualizar esa doble cara, es importante reflexionar sobre cómo la información presentada se relaciona con el contexto local y con tu experiencia de vida.

Considere los siguientes, puntos, preguntas y acciones posibles

Reflexionar sobre su experiencia socioemocional en una institución socioeducativa y fundamentar con los enfoques descritos (1. Perspectiva Global-2. Perspectiva Teórica: Paradigmas- 3. Perspectiva Evolutiva: Modelos – 4. Perspectiva Interpretativa o simbólica; Metáforas- 5. Perspectiva Práctica; Eficacia-Mejora – 6. Perspectiva Política).

El objetivo es describir y realizar un recorrido de la institución socioeducativa escogida a lo largo de la historia para entender cómo las diferentes conceptualizaciones han ido haciendo más complejo el campo de estudio tratado en este primer módulo. A modo de ejemplo presentamos la siguiente secuencia con la intención de ayudar a visualizar el proceso:

- *Título:* Experiencia en una Organización Juvenil de Emprendimiento Social
- *Descripción:* En el grado de Pedagogía tuve la oportunidad de participar activamente en una organización juvenil de emprendimiento social llamada “Juventud Emprende”. Esta organización tenía como

10 https://www.un.org/sustainabledevelopment/es/development-agenda/

objetivo promover el espíritu emprendedor y el compromiso social entre los jóvenes, fomentando la creación de proyectos y acciones con impacto positivo en la comunidad.

- *Fundamentación de su existencia y evolución*:

  - *Perspectiva Global:* La organización "Juventud Emprende" se creó en respuesta a la creciente necesidad de empoderar a los jóvenes como agentes de cambio y contribuir al desarrollo sostenible a nivel local y global. Se basaba en la convicción de que los jóvenes tienen un potencial transformador y pueden aportar soluciones innovadoras a los problemas sociales y ambientales.

  - *Paradigmas y Modelos:* "Juventud Emprende" adoptó un enfoque basado en el paradigma interpretativo, reconociendo la importancia de comprender las realidades de los jóvenes y sus comunidades desde su perspectiva y contexto cultural. El modelo de trabajo se centró en el aprendizaje experiencial y la promoción del trabajo colaborativo para desarrollar proyectos con un enfoque en el bienestar social y la sostenibilidad.

  - *Perspectiva Política:* La organización se orientó en todo momento a la búsqueda de la equidad y la inclusión, asegurando la participación de jóvenes de diversas realidades sociales, culturales y económicas. Se propuso como una plataforma de participación ciudadana, brindando voz a los jóvenes y empoderándolos para ser líderes de cambio en sus comunidades.

  - *Eficacia y Mejora:* La institución se esforzó por medir el impacto de sus proyectos y acciones, utilizando indicadores de eficacia y efectividad para evaluar su contribución a los objetivos de desarrollo sostenible. La mejora continua era un pilar clave, y se fomentó la retroalimentación constante y la adaptación de las estrategias para maximizar los resultados positivos.

En conclusión, "Juventud Emprende" fue un proyecto que buscó inspirar y empoderar a los jóvenes como agentes de cambio, aportando soluciones innovadoras a los problemas sociales y ambientales desde una perspectiva global y una visión inclusiva y participativa. Su enfoque interpretativo, junto con la búsqueda de eficacia y mejora continua, contribuyó a su evolución y éxito en la promoción del emprendimiento social entre la juventud.

Actividad 2

Cuento mi historia en las organizaciones

El documento autobiográfico que debe desarrollar tiene los siguientes apartados:

- Portada (introducir una imagen significativa para vosotros/as)

- Índice Introducción (comentar brevemente el proceso que se va a seguir - va a ser el índice que establezcas y justificar desde algún referente teórico la importancia de las autobiografías desde una perspectiva didáctica) (1 página máximo).

- Mis experiencias y/o recuerdos en las organizaciones educativas no universitarias (guarderías, escuelas de infantil, centros de primaria, institutos, centros de formación profesional) (2 folios máximo - 1 mínimo)

- Mi experiencia en organizaciones universitarias (Escuela de Magisterio, Facultad de Formación del Profesorado y Educación...) (2 folios máximo - 1 mínimo)

- Mis experiencias en organizaciones sociales (Fundaciones, Asociaciones, ONGs) (2 folios máximo - 1 mínimo)

- Síntesis reflexiva final (haces unos comentarios sobre el contenido que has desarrollado - descriptiva - crítica.)

- Bibliografía / Webgrafía / Documentación (puedes incorporar enlaces en los que te hayas apoyado como fotografías de los centros.)

- La actividad es individual.
- La extensión del trabajo no puede ser superior a 11 páginas ni inferior a 8 (una hoja por apartado, tener en cuenta que una página es para la portada, otra para un índice numerado, otra para la introducción...).
- La presentación del trabajo es importante por lo que debéis de dedicar un tiempo a reflexionar sobre la estructura formal del trabajo (encabezados, pies, tipo de letra.) como organizáis la información…, a continuación tenéis que centraros en el contenido, en este caso cuando os refiráis a instituciones concretas conviene incorporar aspectos como: dónde están, tamaño, organización de las clases, qué tareas os gustaban más, que atención se os dispensaban, alguna anécdota, qué mejoraríais, y siempre desde vuestra experiencia.

1.11. LECTURAS COMPLEMENTARIAS

Álvarez-Arregui, E. y Arreguit, X. (Coords.) (2019). Sociedad, Educación e Innovación acelerada: Pertinencia de los Enfoques Sistémicos y Transdisciplinares. Aula Abierta 48 (4) 447-480. https:// 10.17811/ rifie.48.4.2019.349-372

Álvarez-Arregui, E. (Colaborador) (2017). *Formación Curricular en Diseño para Todas las Personas en Educación. CRUE. Universidades Españolas.*

http://www.crue.org/Documentos%20compartidos/Publicaciones/Formaci%C3%B3n%20Curricular%20 de%20dise%C3%B1o%20para%20todas%20las%20personas/2017-educacion.pdf

Álvarez-Arregui, E. y Arreguit, X. (2019). El futuro de la Universidad y la Universidad del futuro. Ecosistemas de formación continua para una sociedad de aprendizaje y enseñanza sostenible y responsable *Aula Abierta 48 (4) octubre-diciembre. https://10.17811/rifie.48.4.2019.349-372*

Álvarez-Arregui, E. y Arreguit, X. (2020). Un mundo globalizado y en cambio acelerado. Hacia donde orientar la Educación. En Emilio Álvarez-Arregui y Santiago García-Granda, *Universidad, Investigación y Conocimiento: El valor de la I+D+i para evolucionar hacia una Sociedad Sostenible y Responsable.* Servicio de Publicaciones de la Universidad de Oviedo. Páginas 13-34.

Álvarez-Arregui, E., Rodríguez-Martín, A. y Rodríguez-Fernández, C. (Coords.) (2024). *¿Innovar para adaptarse? o ¿Innovar para mejorar? Instituciones socioeducativas sostenibles que aprenden a aprender emprendiendo.* Ediuno.

1.12. VIDEOTECA DE APOYO

- **Desescolarización**

  https://youtu.be/6bbzEIMKVnY

- **Changing Paradigms**

  https://youtu.be/Z78aaeJR8no

- **Las escuelas matan la creatividad**

  https://www.youtube.com/watch?v=-np-1YQI1xY

- **Experiencias educativas alternativas a la actual (método)**

  https://www.youtube.com/watch?v=bYZJD-aUN0A

- **La farsa de la Educación**

  https://youtu.be/RXoYjJ4lYTE

1.13. RECORDATORIO BÁSICO

1. Comience por conceptualizar una institución socioeducativa de manera escrita y comente su definición oralmente a otra persona para compartir impresiones al respecto.

2. Enumere 3 temas de importancia para el contexto de una institución educativa actual, así como aquello que pueda surgir en los próximos años.

3. Piense en cómo se relacionan las tendencias presentadas en el capítulo 1; asociadas por ejemplo a los cambios demográficos, al desarrollo tecnológico y a los cambios en el medio ambiente con las organizaciones socioeducativas y como pueden influir estas cuestiones en el currículum explícito e implícito que se desarrolla en los centros educativos.

4. Mire hacia el futuro con optimismo y considere qué iniciativas o intervenciones podrían ayudar a abordar los problemas identificados desde las instituciones socioeducativas.

5. Identifique la modalidad de aprendizaje que puede aplicarse (formal/no formal/informal) para diseñar, implementar y evaluar proyectos educativos y curriculares que aborden los problemas identificados.

6. ¿Cuáles son las cuatro macrotendencias de la sociedad actual que influyen en la escuela como organización socioeducativa?

7. ¿Cuáles son los ejes de la vida cotidiana de las personas sobre los que influyen las cuatro macrotendencias?

8. ¿Qué ha entendido por paradigma?

9. ¿Qué ha entendido por un modelo y díganos algún ejemplo?

10. ¿Qué es una metáfora, comente las que más le han interesado?

11. ¿En qué presupuestos se basan el paradigma científico – racional – técnico?

12. ¿Cuáles son las pretensiones del paradigma interpretativo – simbólico – práctico?

13. ¿Cuáles son los valores en los que se fundamenta el paradigma socio – crítico? ¿Qué plantea el paradigma sistémico?

14. Dentro del enfoque político... ¿Cuáles son las distintas medidas organizativas que tienen que ver con la individualización educativa?

15. Dentro del enfoque político... ¿Cuáles son las distintas medidas organizativas que tienen que ver con la comprensión educativa?

16. ¿Cuáles son las contribuciones fundamentales del movimiento de Eficacia en la Escuela?

17. ¿Qué críticas hace el movimiento de Mejora en la Escuela al movimiento de Eficacia en la Escuela?

18. ¿Qué propone el movimiento de Mejora en la Escuela?

19. ¿Qué propone usted? y ¿qué propone su equipo?

Módulo

2

Las organizaciones como ecosistemas sugerentes. Una mirada indagadora de sus caras visibles y ocultas

2.1. PRESENTACIÓN

Objetivo de aprendizaje

Una vez que hemos hecho un recorrido por la teoría, la práctica y la norma nos aproximaremos en este módulo a las organizaciones con una mirada indagadora para conocer qué es lo que muestran y que es lo que esconden. En este proceso iremos conociendo su esqueleto, sus músculos, sus tendones, sus órganos, sus funciones y sus pensamientos. La tarea no es fácil porque requiere hacer un recorrido por los elementos, las estructuras, las dimensiones, los sistemas de relaciones, los climas, las culturas y los contextos en los que se enmarcan las organizaciones, en general, y las instituciones socioeducativas en particular en cada momento histórico.

Este planteamiento lo desarrollamos desde la clásica propuesta que Mintzberg hizo de las organizaciones (1995) ya que sus argumentaciones permiten adentrarse en la cara visible de las organizaciones desde una perspectiva muy pedagógica dado que sus nos muestra los diferentes elementos organizativos y, a partir de ellos, va construyendo un hilo argumental que nos lleva hacia las estructuras organizativas y todo el entramado de relaciones que se producen dentro de las organizaciones.

Durante el módulo profundizaremos en aquellas otras caras menos visibles e invisibles de las organizaciones; su clima y su cultura que afectan a las expectativas, las motivaciones, las intenciones, las creencias, los valores, las emociones, las tensiones, los conflictos o las luchas de poder. Para abordar estas cuestiones tenemos presentes distintas aportaciones (Handy y Aitken, 1986; Medina, 1989; Zabalza, 1996; Hargreaves, 1998; Armengol, 1999, Schein, 2010) que avalan la importancia de educar nuestra mirada para adentrarnos en la complejidad de las organizaciones (Gairín, 1996; Santos Guerra, 1994 y Álvarez-Arregui, 2017).

En definitiva, trataremos de mostrar que la realidad organizativa puede combinar diversos elementos, culturas y evolucionar con el tiempo por diversas influencias, como el liderazgo, las políticas educativas y según las necesidades y desafíos a los que se enfrenta la organización.

Preguntas orientadoras

- ¿A qué nos referimos con el término cultura y clima en una organización?
- ¿En qué se diferencian los conceptos anteriores?
- ¿Qué aspectos crees que son importantes para que una organización tenga éxito?
- ¿Te has encontrado con diferentes tipos de estructuras organizativas en instituciones socioeducativas con las que has interactuado?
- ¿Cómo percibes los conflictos en las organizaciones?
- ¿Cómo abordarías los conflictos que emergen en las organizaciones?

2.2. ENFOQUE ANALÍTICO - ESTRUCTURAL

El enfoque analítico es una de las cinco configuraciones propuestas por Mintzberg en su teoría sobre las estructuras organizativas. La entidad se caracteriza por una estructura organizativa claramente jerárquica y formalizada. Las decisiones fluyen de arriba hacia abajo, con una división del trabajo y funciones bien definida, con poco margen para la toma de decisiones descentralizada en niveles inferiores de la organización.

A partir del recorrido realizado sobre la problemática relación que se vienen produciendo entre la Sociedad, la Educación y las Instituciones Socioeducativas pasaremos ahora a conocer en mayor profundidad las organizaciones para ir aproximándonos a las múltiples caras que muestran y nos ocultan lo que las hace sugerentes a los ojos de cualquier lector interesado en esta temática.

Para comprender este contexto, es importante recordar que las organizaciones tienen una estructura y disposición que queda regulada a partir de normas, ordenanzas, acuerdos y coyunturas singulares que las dotan de un mayor o menor grado de complejidad de ahí que partiremos de lo más simple, sus elementos, para entender lo que ocurre dentro de ellas y qué se puede hacer para mejorarlas.

Como mencionamos anteriormente, Mintzberg (1995) nos ofrece un enfoque clásico para ilustrar esos conceptos, y contextualizamos sus propuestas en relación con las macroestructuras y ejes presentados en el primer módulo para mantener presentes esas referencias. Así, en la figura adjunta presentamos en el centro cinco elementos básicos desde los que se pueden delimitar y explicar los elementos básicos de una organización a saber: Ápice Estratégico, Línea Media, Núcleo de Operaciones, Tecnoestructura y Personal - Staff de Apoyo. Si hacemos una extrapolación de estos elementos hacia los centros educativos podemos comentar las peculiaridades de estas organizaciones.

En primer lugar, las personas con responsabilidades sobre los recursos - materiales y humanos – pertenecen a la *Dirección,* y se corresponde en el esquema de Mintzberg con el *Ápice Estratégico*. Aquí, incluiremos al director general – directivo -, su equipo - equipo directivo - y el órgano gestor-administrativo - Consejo Escolar -.

(I) La Dirección, como primer elemento, se ocupa de que la organización cumpla con su misión, de responder a los intereses de los profesionales que trabajan allí, de atender los derechos de los usuarios desde el servicio que se presta, y de velar por el resto de los profesionales y las personas que controlan, coordinan o tienen algún tipo de influencia sobre la organización (ob. cit.: 50).

Entre otras tareas de la dirección destacaremos:

- *Distribuir los recursos* (humanos y materiales) en función de la estructura que se planifique y las tareas que se lleven a efecto.

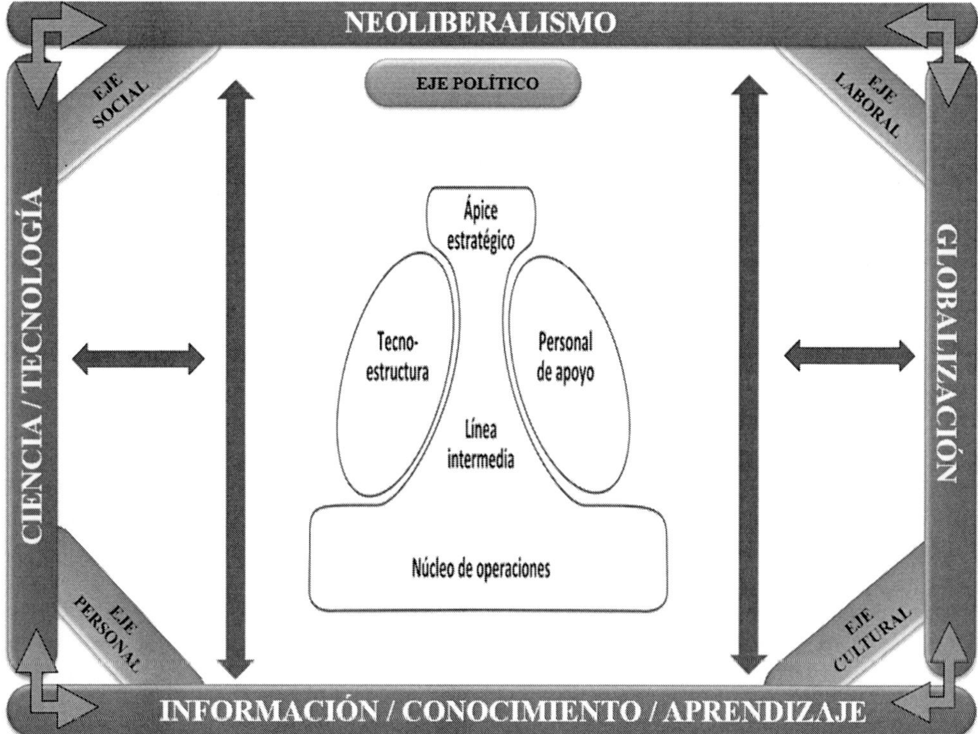

Figura 2.1. Elementos de una organización

- *Gestión de las anomalías* a partir de los problemas que vayan surgiendo en los diferentes elementos que componen la estructura.

- *Supervisión de las tareas* para que las personas cumplan sus cometidos dando instrucciones y controlando las tareas.

- *Adaptación mutua entre el personal* para propiciar la mayor coordinación tanto en el ámbito formal como informal.

- *Relación externa.* Se establecen redes de comunicación con la jerarquía administrativa, a través de la inspección, fundamentalmente, y con el entorno próximo, caso de las familias, ayuntamientos y entidades vinculadas a la institución (deportivas, culturales, sanitarias, económicas...).

- *Dinamización de la intervención educativa.* Desde un planteamiento general deberían estar recogidas en el Programa de Dirección cuyas directrices deberían traducirse en propuestas de intervención en las Programaciones Anuales.

Estas iniciativas estarán encauzadas por el marco legislativo y su viabilidad estará determinada por los recursos disponibles, por los avales que tenga y por su grado de ajuste con las necesidades existentes. Desde el ápice estratégico se puede promover o restringir estrategias de innovación lo que dará lugar a una mayor o menor adaptación a las demandas del entorno.

(II) El segundo elemento se asocia con la *Línea Media de Coordinación* y ésta se asocia con aquellas personas y grupos con autoridad formal que sirven de nexo entre el ápice estratégico y el núcleo de operaciones. La coordinación intermedia es más necesaria a medida que crece la organización ya que los directivos van perdiendo el control del conocimiento directo de lo que sucede en el núcleo de operaciones, donde se realiza la acción directa. En los centros educativos la coordinación la realizan los jefes o coordinadores de Departamento / de Ciclo / de Nivel y los jefes de Módulo. El/los órgano/s desde el que se articulan sus actuaciones desde el equipo directivo serían la Comisión de Coordinación Pedagógica, fundamentalmente, y todas aquellas comisiones que se determinen desde el Consejo Escolar.

La línea media de coordinación tiene entre otras funciones las de orientar, controlar e informar por lo que tiene obligaciones a tres niveles:

- *Hacia arriba:* Controlando e informando de las demandas y de las acciones del núcleo de operaciones. Recopilan información respecto del nivel al que representan o del que son "responsables", transmitiéndola en las reuniones programadas. También influyen la calidad de flujo de las decisiones ya que las anomalías, las propuestas de cambio y las decisiones que necesitan autorización son transmitidas al directivo que llevará a cabo la acción pertinente.

- *Hacia abajo:* Canalizando el flujo de información proveniente del ápice estratégico. Transmiten propuestas e información con relación a los recursos existentes, las reglas y los planes acordados a nivel general.

- *Horizontalmente:* Estableciendo pautas conjuntas con los responsables del mismo nivel para desarrollar proyectos, tareas o actividades en los ámbitos que les corresponden.

La coherencia de esta línea media con la dirección es fundamental porque, de existir discrepancias, pueden generarse conflictos entre los planteamientos generales de la organización con las propuestas que hacen hacia sus grupos de referencia los diferentes coordinadores con los que tiene intereses comunes y, por tanto, pueden no acatarse o interpretarse sesgadamente las informaciones del ápice estratégico.

En la línea media se toman decisiones y se llega a acuerdos con relación a la concreción de los objetivos generales que se plantean desde la dirección, como los documentos institucionales que definen el carácter del centro (Proyecto Educativo de Centro, Programación General Anual, y prescripciones de principio de curso emanadas de la Administración Educativa a través de sus circulares).

Atendiendo a este planteamiento los procesos de concreción se van sucediendo desde el ápice estratégico hacia el núcleo de operaciones por lo que de no existir reciprocidad, aceptación y continuidad en los flujos de información de arriba-abajo, de abajo-arriba e interniveles se podrían provocar disfunciones y/o conflictos.

(III) El siguiente elemento organizativo que sigue una línea descendente es el *Núcleo de Operaciones.* En el caso de las organizaciones educativas se refiere al lugar donde se lleva a cabo la acción educativa directa y la producción de servicios. Es el lugar donde se normalizan los procesos y los resultados: horario escolar, actividades complementarias, juegos de recreo...

En este entorno también se desarrolla el currículum reglado concretado en las programaciones de aula y se materializan los procesos de enseñanza – aprendizaje donde cabe incluir el desarrollo de los temas programados con las metodologías que se hayan acordado, así como los sistemas de evaluación directos - sobre el alumnado - e indirectos entre tutores y resto del profesorado. Las relaciones se producen:

- A nivel horizontal se darían entre el profesorado, entre alumnado y entre padres.
- A nivel vertical, entre el profesorado y el alumnado y entre profesorado y padres.

La complejidad relacional que se genera en el núcleo de operaciones a través de los procesos de acción – comunicación lo convierte en un lugar proclive a los conflictos. Estos se pueden resolver "in situ" o van ascendiendo a través de la estructura jerárquica hasta el ápice estratégico. Por tanto, cabe calificar este elemento organizativo como el más relevante ya que en él se producen los resultados que necesita la institución para justificar su existencia por lo que el resto de los elementos deben apoyarlo.

(IV) Las organizaciones con cierto grado de complejidad tienen unidades especializadas con la función de apoyar a la organización fuera del flujo de trabajo de operaciones. Por un lado, está la *Tecnoestructura* conformada por especialistas que diseñan, planifican, modifican, preparan y dirigen a las personas pero que no intervienen directamente en la acción.

Este elemento incide sobre los procesos de normalización debido a que el nivel de dependencia (heteronomía) de las instituciones educativas es intenso, tanto en el inicio y desarrollo de la acción - la Inspección Educativa determina horarios, profesorado, en Primaria presupuestos... - como al finalizar la acción - normalización de resultados. Se reduce la posibilidad de maniobra y de adaptación a las organizaciones en función de sus necesidades por lo que cabe decir que desde la Tecnoestructura se influye en todos los ámbitos de la organización.

(V) El último elemento serían las *Unidades de Apoyo-Personal de apoyo*, que, al igual que el anterior, no intervienen directamente en el núcleo de operaciones.

En las instituciones educativas podemos destacar:

- Los especialistas caso de los orientadores, logopedas, pedagogos, psicólogos, asistentes sociales... que ofrecen apoyo al núcleo central de la actividad y que sólo en ocasiones tienen una intervención directa. El apoyo que proporcionan algunas de estas unidades puede estar más o menos centrado en la concepción colegiada (atención temprana, orientadores escolares que forman parte de la C.C.P.).
- Las asociaciones de exalumnos, los representantes de la comunidad –representantes del ayuntamiento en el Consejo Escolar– biblioteca, secretaría, comedor escolar, conserjes, servicios de administración y limpieza, cafetería, también estarían integrados en estas unidades.

En algunos casos se acaban estableciendo mini-organizaciones con su propia estructura organizativa y funcional, caso de las asociaciones de padres y madres, y pueden volver a actuar de manera complementaria, integrada o independiente del ápice estratégico –según como se canalicen sus acciones–, del núcleo de coordinación y del núcleo de acción pudiendo llegar a desarrollar actividades educativas específicas –deportivas, culturales, informativas, etc.–

Enfoque estructural formalizado

Esta perspectiva organizativa pone el énfasis en el diseño formal de la organización, en cómo se establecen y definen las relaciones, jerarquías y flujos de comunicación. Muchas organizaciones se apoyan en una estructura de autoridad formal (estructura formal) para alcanzar sus objetivos, representados gráficamente a través de los organigramas, ver figura 2.2.

Esta representación muestra una clara especialización del trabajo, a través de una división del trabajo donde cada persona o departamento tienen funciones claramente identificadas. La jerarquía, las reglas, el énfasis en la eficiencia y en los procesos formales guían el comportamiento de la organización; donde las decisiones clave se toman en la cúpula directiva y se transmiten a los niveles inferiores en la jerarquía organizativa.

Otros condicionantes o facilitadores de esta perspectiva tienen que ver con el tamaño, la complejidad, la formalización, los propósitos de la institución, las zonas de normativa, el grado de autonomía, la creatividad... (Antúnez, 1993).

(I) El *tamaño* es relevante a la hora de diseñar y poner en marcha una estructura organizativa; en ocasiones, centros pequeños desarrollan estructuras excesivamente amplias y viceversa.

(II) La *complejidad* de las actividades puede demandar una estructura organizativa más detallada y especializada para su correcta coordinación.

(III) La *formalización* se refiere a las reglas, las normas y los procedimientos de acción necesarios para que la estructura funcione. El nivel de formalidad puede afectar a la autonomía y flexibilidad de los miembros.

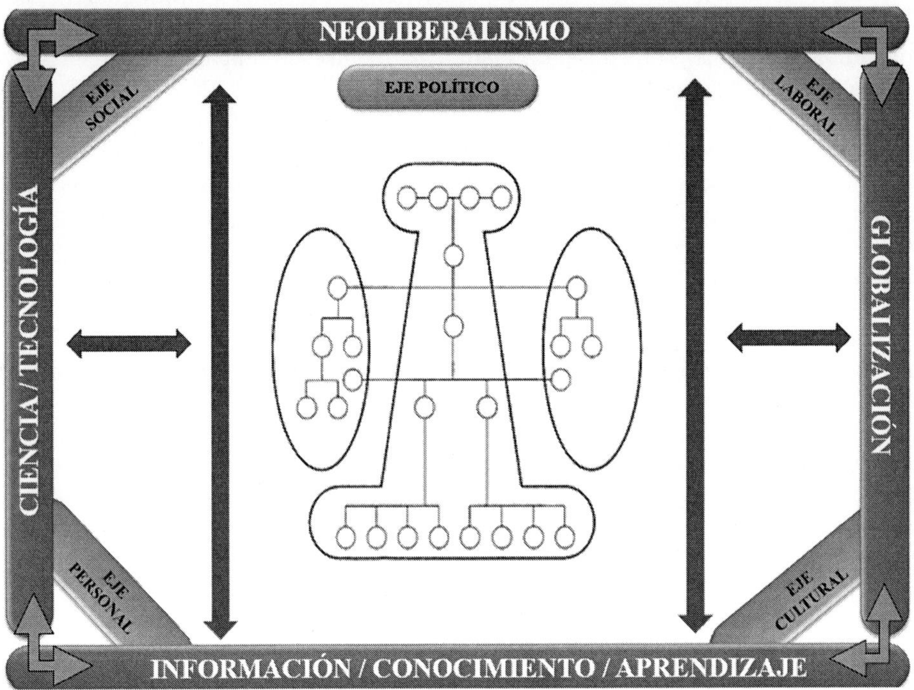

Figura 2.2.: Organigrama - Autoridad formal

En las instituciones educativas (Santos Guerra, 1997) hay que considerar su *carácter heterónomo* (actitud caracterizada por depender de la autoridad externa) porque dependen de normas emanadas de otras instancias y que cabe ejemplificar en currículos, disposiciones reguladoras y una supervisión-control por parte de la inspección que hace difícil articular estructuras organizativas diferenciadas. La mayor singularidad se encuentra en los objetivos - que pueden ser rutinarios o innovadores -, los niveles de participación – centralización / descentralización, y la creatividad – asociados a la tipología de actividades que se desarrollen.

En los centros escolares se ha destacado (Gairín, 1996) que las tareas escolares comprenden distintos ámbitos de ahí que generen dudas, incertidumbre y ambigüedad al existir dudas sobre las funciones vinculadas al qué, el cuándo, el cómo y el cuánto.

El problema de las relaciones formales es su solapamiento con otras formas de relación existentes en el contexto espacio - temporal en el que se producen adquiriendo ritmos e intensidades diferentes (Mintzberg, 1985). Esto es debido porque los factores pueden variar según el contexto y la naturaleza de la institución. La combinación de ellos puede dar lugar a una estructura única.

2.3. ENFOQUE RELACIONAL - FUNCIONAL

A continuación se describirá otra configuración organizativa según Mintzberg, el enfoque relacional y funcional. El enfoque relacional se fundamenta en una estructura organizativa descentralizada y flexible donde juegan un papel importante las relaciones y conexiones informales. El *flujo de trabajo de operaciones* se refleja en la figura con las flechas horizontales. Es en la parte de abajo, en el aula, a partir del contacto directo, donde se desarrollan las actividades, se usan materiales y se establecen relaciones referidas a las tareas y al control de estas. Pero la dirección de los flujos varía y pueden darse en diferentes direcciones.

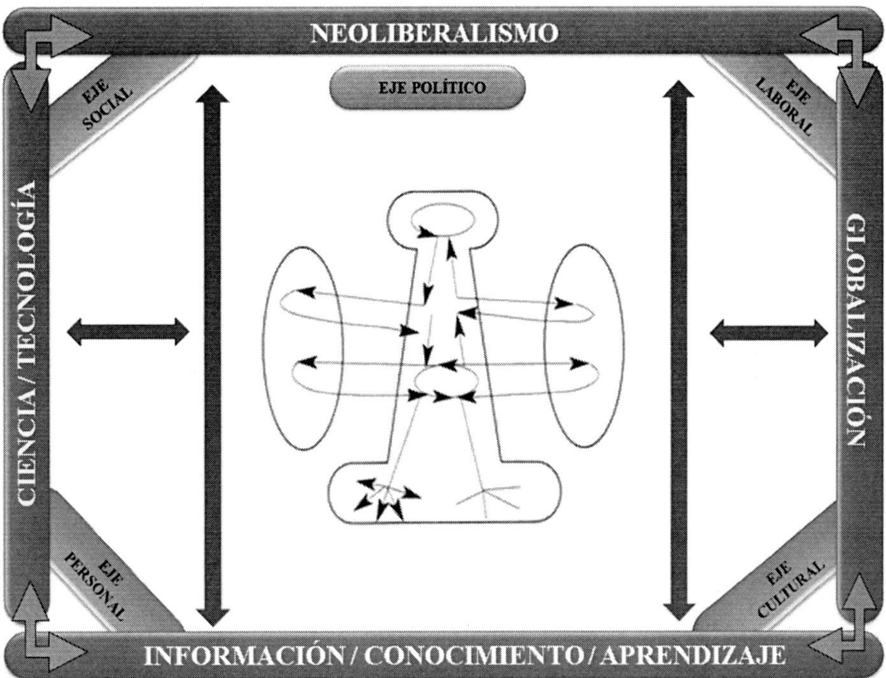

Figura 2.3. Flujos de actividad regulada

En el enfoque funcional, la organización se estructura en torno a funciones o departamentos específicos, como recursos humanos, marketing o finanzas. Cada departamento se especializa en una función particular y tiene su propia jerarquía interna. La coordinación se logra a través de la supervisión y comunicación vertical. Cada configuración organizativa tiene sus ventajas y desventajas, y las organizaciones pueden combinar elementos de diferentes configuraciones para adaptarse al entorno y hacerlas únicas. Así, desde la dirección descienden las instrucciones, las informaciones y las normas generales desarrolladas en el seno de la organización o prescritas desde instancias externas como la Administración Educativa.

Al considerar los flujos de control hay que hacer referencia a *los procesos de evaluación.* La evaluación se integra en un esquema jerárquico que se ejerce de modo descendente; las exigencias de control se plantean desde el ápice estratégico o desde la línea media bien por requerimientos externos -Administración Educativa- o por necesidades de control interno. Estas acciones se dirigen hacia el alumnado, el cliente, la propia estructura de coordinación y al profesorado que trabaja en el núcleo de operaciones.

La organización se muestra como un sistema regulado, caracterizado por flujos ordenados de materiales, de información y procesos de decisión que se centran fundamentalmente en la tarea, es decir, en la actividad a desarrollar por el núcleo de operaciones. De este modo la comunicación descendente y ascendente se realiza a través de los núcleos estratégicos y la comunicación externa se lleva a cabo desde diferentes puntos del sistema: desde los órganos de dirección (ápice estratégico), a través de los diferentes coordinadores (núcleo medio) o por el profesorado que lleva a cabo la actividad directa (núcleo de operaciones).

Las líneas de autoridad e influencia no están tan claramente definidas en las instituciones socioeducativas como en otras organizaciones; de ahí que la dirección pueda optar por establecer comunicaciones diferenciales según el elemento organizativo al que se dirija. De este modo, pueden mostrar una imagen democrática en los órganos colegiados y mantener actitudes autoritarias con el profesorado, familia y el alumnado o a la inversa. También puede ocurrir que desde la dirección no se ejerzan las funciones que le son propias y únicamente se dedique a transmitir los requerimientos externos dejando gran libertad y ejerciendo un escaso control. Asimismo, pueden existir otros focos de poder informales, en el nivel intermedio o en el núcleo de operaciones, que pueden constituirse en núcleos de referencia para otros miembros de la organización y desestabilizar las propuestas de la dirección. En cualquier caso, lo que resulta evidente es que las personas necesitan relacionarse de manera informal y, aunque pueda parecer una interferencia del trabajo, puede mejorarlo y enriquecerlo porque favorece la flexibilización, dinamiza la intervención y se abre al conocimiento tácito entre los profesionales de la organización.

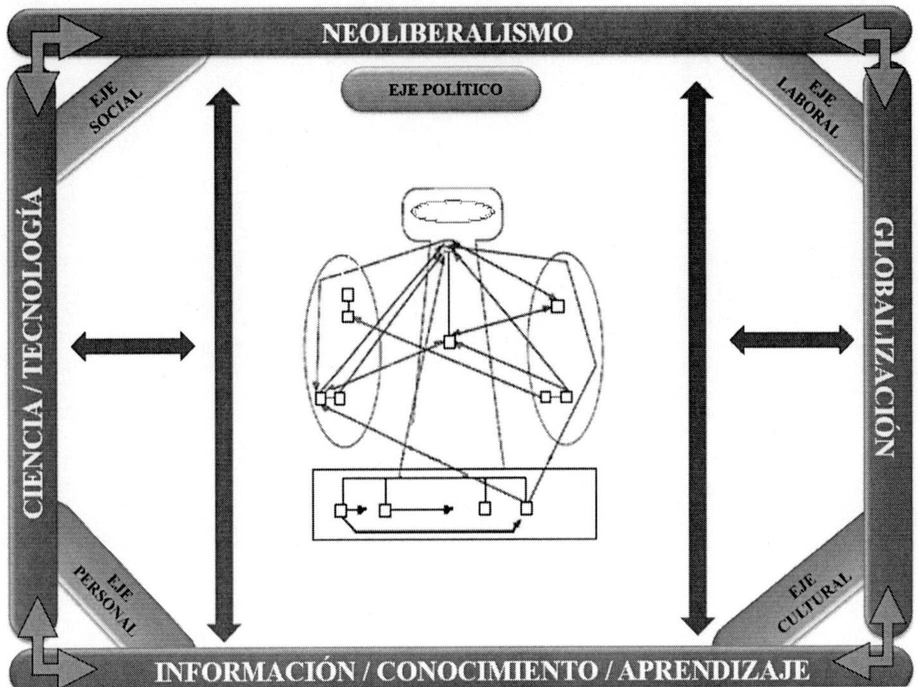

Figura 2.4. Flujos de relaciones informales

En las organizaciones nos encontraremos entonces con redes de comunicación informal que prescinden de la estructura jerárquica. Así, se produce una *comunicación horizontal* cuando dos compañeros se relacionan directamente en vez de hacerlo a través de sus superiores con lo que sustituyen la supervisión directa del sistema de autoridad formal por la adaptación mutua propia del sistema informal ...este flujo suele configurar los canales informales de comunicación y participación y es donde se suelen configurar los grupos afectivos y de presión (tejido socio – político) en toda la organización, a través de un clima participativo y, sobre todo, de compromiso, al ser un nivel de relaciones intensas y muy personalizadas en las que suelen converger posicionamientos ideológicos y de otros tipos (Domínguez, 1996).

En las relaciones informales también emerge una *comunicación diagonal.* Esta se produce cuando, por ejemplo, una persona de un nivel jerárquico determinado se pone en contacto con el subordinado de un compañero, situado en un nivel inferior. Los flujos que se establecen permiten intercambiar puntos de vista desde lugares, estatus profesionales e intereses diferentes. Esta comunicación permite abordar problemas complejos en organizaciones versátiles, los círculos de calidad serían una de las estrategias utilizadas bajo este supuesto.

En la *comunicación vertical* también se salta la cadena jerárquica cuando se establece una comunicación directa entre un superior con un subordinado para evitar la agregación o distorsión de la información transmitida.

Otra importante red de comunicación informal se establece a través del "cotilleo" y "del rumor" y, en estos casos, será lo inconveniente y lo ilícito lo que corre a través de estos canales. El cotilleo hará las veces de una especie de arbitraje moral que penetra más allá de los rasgos superficiales de la conformidad aparente y puede ser muy perjudicial para promover el cambio cuando no hay un consenso sobre la forma de desarrollarlo.

El rumor tendrá un valor positivo (Gluckman, 1963) cuando mantiene la unidad, las normas de conducta y los valores de los grupos sociales. Más allá de esto, permite controlar a las camarillas rivales y a los individuos ambiciosos que forman parte de todos los grupos. Para Shibutani (1966) supone una forma de respuesta a la ambigüedad dado que permite suplir información incompleta y puede explicar lo inexplicable. Los rumores actuarán alrededor de la toma formal de decisiones como una explicación de segundo orden y emergen en ausencia de otras fuentes fiables de información. Se propagan como un reguero de pólvora en períodos de incertidumbre algo que sucede cuando se esperan reasignaciones de tareas, fusiones, despidos o contrataciones, en definitiva, proporcionan un respiro a la inseguridad colectiva y a la ignorancia individual.

En las organizaciones también nos encontramos con *centros neurálgicos o nudos de comunicación* donde algunas personas recopilan información por distintas vías y tienen capacidad para transmitirla selectivamente. De esta forma, determinados profesionales recopilan datos que les proporcionan una amplia gama de directivos (coordinadores, jefes de departamento, catedráticos, sindicatos...) que luego distribuyen multidireccionalmente una vez que han seleccionado y reestructurado convenientemente los "paquetes de información".

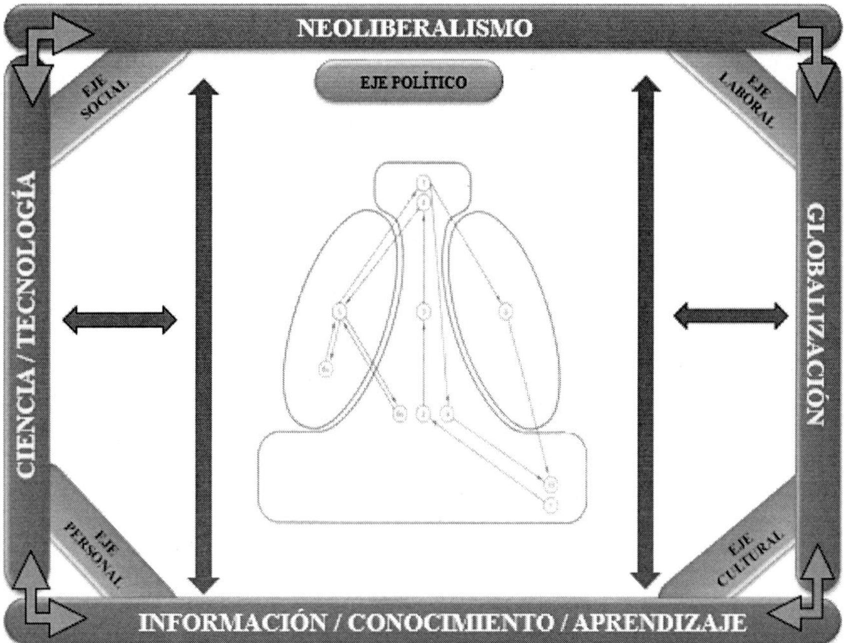

Figura 2.5. Proyectos ad hoc

En los centros educativos, los equipos docentes se agrupan en diversas formas, con comunicaciones formales e informales, y preocupaciones variadas, lo que puede provocar desacoplamiento si no se adopta una perspectiva institucional. Una consecuencia lógica de estos grupos es la acción directiva puesto que resultará fundamental para establecer canales de comunicación intergrupales, que sirvan como reguladores internos para favorecer la inclusión y permita llegar a acuerdos para establecer prioridades en el caso de que existan solapamientos o recursos escasos. Las tensiones se minimizan o se rebajan cuando hay un conocimiento mutuo de lo que se está haciendo y la inclusión está integrada en el clima y la cultura del centro.

Mintzberg (1995) incorpora los procesos *ad hoc* para abordar situaciones cambiantes, caracterizándose por su flexibilidad y adaptabilidad para responder a retos que afloran. *El término ad hoc enfatiza las soluciones específicas para cada situación. Los equipos de trabajo son flexibles para adaptarse a los cambios del entorno, y multidisciplinarios, permitiéndoles ser creativos e innovadores. Este autor distingue* entre:

a) Decisiones de operaciones.

Se toman rutinariamente en procesos programados y ejecutados con rapidez, casi automáticamente. Estos procesos decisorios quedan incluidos en los límites del sistema regulado. El esquema que sigue es: si sucede a, hacer x, si sucede b, hacer y.

b) Decisiones administrativas

- *Coordinativas:* Aquellas que orientan y coordinan las decisiones operativas de los niveles administrativos (presupuestos, planificación, proyectos, etc.).
- *Excepcionales:* Se toman ad hoc, pero sus consecuencias globales no son de gran relieve; no son rutinarias y están menos programadas. Estas decisiones presentan una etapa diferenciada de reconocimiento y los procesos de diagnóstico, búsqueda y selección de información son más complejos ya que se extienden a distintas áreas funcionales.

c) Decisiones estratégicas

Son también de excepción, aunque son más significativas en cuanto a su impacto sobre la organización. Su carácter estratégico lo aportará el contexto. Esto es debido a que en muchos casos no se puedan programar previamente si bien su puesta en marcha requiere una oleada de decisiones. Cuando se quiere investigar sobre cuestiones es importante conocer quién percibe la necesidad de tomar las decisiones, quién diagnostica la situación, quién selecciona las soluciones, quién autoriza la acción, quién y cómo lleva a efecto la decisión, qué repercusiones tiene sobre la organización, cómo se evalúa su impacto, qué actividades genera, etc. (ob. cit.).

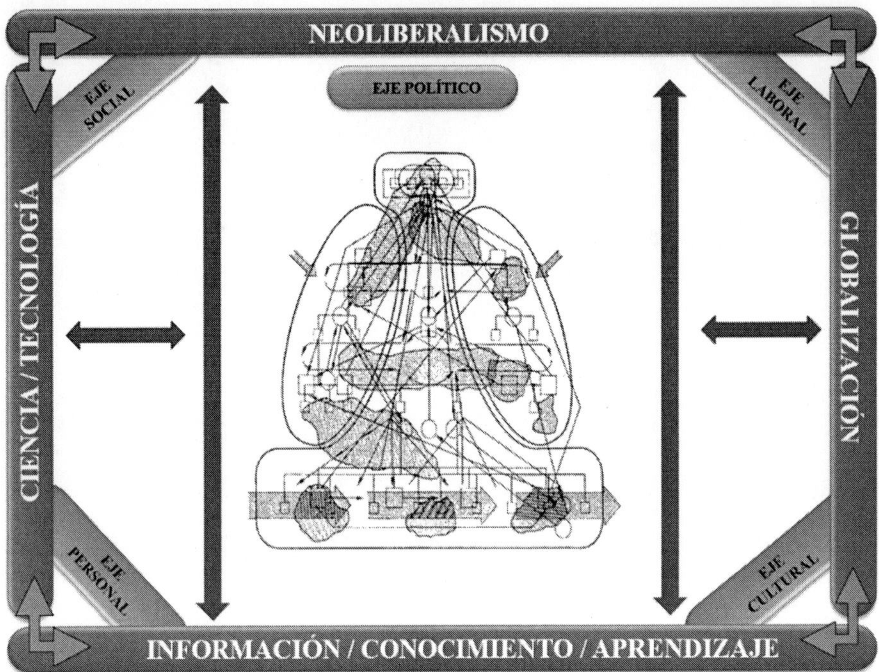

Figura 2.6. Radiografía de las organizaciones. Mirada superpuesta

Todas estas imágenes que se han ido presentando son una radiografía (análisis profundo) de las organizaciones en general y cuando se superponen (significa que se utilizan diferentes perspectivas de análisis para obtener una visión completa y multidimensional de la organización (ver figura 2.6). Todo ello nos permite entender las organizaciones como entidades individuales para tomar decisiones y actuar en consecuencia.

Finalizaremos indicando que, en este escenario de sociedad global, también debe tenerse en cuenta la multiplicación de las (1) relaciones de colaboración interinstitucionales (2) los flujos de información, recursos y servicios (3) las funcionalidades de los miembros (4) los objetivos compartidos que guían la cooperación (5) los desafíos a los que se enfrenta la red gracias al desarrollo tecnológico, entre otros. Estos factores han favorecido la emergencia de múltiples redes interinstitucionales que tienen sus propias peculiaridades por lo que también deben de ser tenidas en cuenta dado que pueden ser causa y/o efecto de otras situaciones que limitan o favorecen la intervención de los agentes educativos implicados en las mismas (ver figura 2.7.).

Esta radiografía descrita de una red de organizaciones ayuda a identificar oportunidades para mejorar el desarrollo, aumentar la cooperación en un contexto global cada vez más interconectado. Atendiendo a estas argumentaciones es importante recordar que la realidad organizativa puede combinar elementos de varias configuraciones y evolucionar con el tiempo según las necesidades y desafíos que enfrenta la organización.

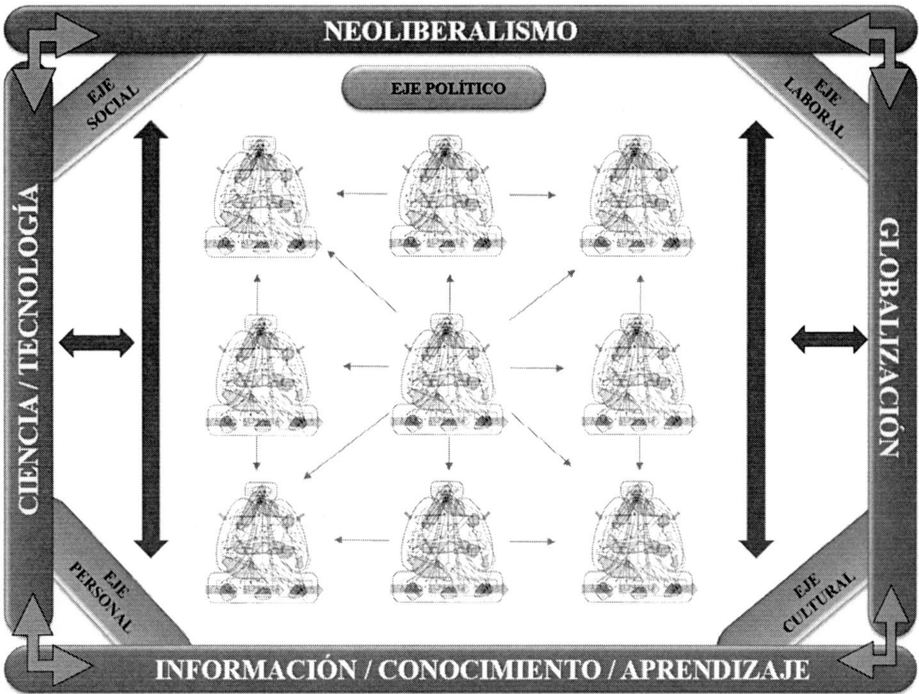

Figura 2.7. Radiografía de una red de organizaciones en una sociedad global

2.4. ENFOQUE SIMBÓLICO - CULTURAL

El enfoque simbólico y cultural de las organizaciones tiene sus raíces en varios autores y teorías. En este caso seguiremos diferentes aportaciones (Beare, Caldwell y Millikan, 1992; Robbins,1999; Schneider, Ehrhart y Macey, 2013; Álvarez-Arregui, 2017) cuyos trabajos en la interpretación de los símbolos y la cultura reflejan la relación directa para la comprensión del funcionamiento de las organizaciones socioeducativas. Esta perspectiva proporciona una radiografía interna de las instituciones, visualiza cómo las creencias y las interacciones moldean las relaciones de las personas.

Esta aproximación también muestra cómo los contextos culturales influyen en el comportamiento, comunicación y sentido de pertenencia. Las motivaciones, expectativas, creencias, valores, emociones y conflictos que se pueden producir en las organizaciones abarcan múltiples dimensiones y aspectos, en muchos casos, difíciles de medir. Estos aspectos intangibles están vinculados con la cultura de una organización porque son la causa y efecto de las interrelaciones que se producen en la organización. A manera de ejemplo retomamos una ceremonia de graduación, a saber:

- *Símbolos:* Los elementos visuales y objetos presentes en la ceremonia, como las togas y birretes, representan el logro académico y la transición a una nueva etapa. Estos símbolos tienen significados compartidos por todos los graduados y sus familias.

- *Significados compartidos:* Los discursos en la ceremonia pueden transmitir valores como esfuerzo, perseverancia e importancia de la educación. Estos mensajes influyen en la cultura institucional y en la percepción del alumnado de su logro académico.

- *Valores institucionales:* La forma en que se organiza y se lleva a cabo la ceremonia refleja los valores de la institución educativa. Si se hace hincapié en la colaboración y el respeto mutuo, esto se verá reflejado en la planificación y ejecución del evento.

- *Interpretaciones subjetivas:* Las personas graduadas y sus familias pueden tener interpretaciones personales sobre la ceremonia. Algunos pueden sentir un profundo sentido de logro y orgullo, mientras que otros pueden experimentar emociones mixtas al enfrentar un cambio significativo.

Este ejemplo ilustra cómo la puesta en práctica del enfoque interpretativo se asocia al análisis de los símbolos, los significados, los valores y las percepciones de las personas físicas y que en su conjunto interactúan para formar la cultura en una organización.

Definición de cultura

La cultura se refiere al conjunto de valores, creencias, normas, costumbres, tradiciones, símbolos, lenguaje y expresiones compartidas por un grupo de individuos dentro de una sociedad. La cultura influye en cómo las personas se comportan, se visten, se comunican y se relacionan entre sí, y también establece pautas para las relaciones sociales, la moralidad y la percepción de la realidad. Es una parte fundamental de la identidad de un grupo y se transmite de generación en generación a través de la educación y la socialización.

La cultura es un concepto abstracto y complejo que se da a dos niveles, las características observables y las no observables. En este contexto utilizaremos la analogía del iceberg como recurso explicativo presentando el clima como la parte visible que se encuentra sobre el agua mientras que la cultura sería la parte sumergida. En nuestro caso vamos a utilizar una perspectiva amplia de la cultura por lo que el clima sería una dimensión más de la cultura y distinguiríamos entre:

a) Nivel I. Los indicadores observables de la cultura (clima) incluyen las características físicas de la organización (arquitectura, decoración, forma de vestir, lenguaje, historias, mitos, conductas, reglas formales, rituales, ceremonias y apariencia) que son indicios de la cara más oculta de las organizaciones.

b) Nivel II. Los indicadores inobservables de la cultura hacen referencia a las normas, las creencias, presunciones, ideología, valores y percepciones compartidas de los miembros de la organización.

Por lo tanto, la cultura organizativa guiará a los miembros de la organización cuando tomen decisiones relacionadas con tareas, proyectos, innovación, desafíos y relaciones con el entorno. A este respecto deben tenerse presentes las aportaciones de Shein (2010) ya que diferencia entre tres niveles en la cultura de las organizaciones que apuntan nuevos indicadores, a saber:

- Un primer nivel lo integran los "artefactos", que se refiere a todo lo que se siente y observa al entrar en contacto con una cultura. Son elementos visibles y claros, cuyo significado profundo no siempre se comprende en los primeros contactos (rutinas, símbolos, lenguaje, historias –mitos o héroes-, etc.)

- El segundo nivel comprende los valores, los estándares de conducta, los ideales, las normas de grupo, los principios morales y las premisas básicas de trabajo (procesos directivos, procedimientos formales e informales, recursos asignados, etc.). Cuando se indaga el significado de los artefactos del primer nivel, generalmente, la explicación o búsqueda de sentido conduce a este nivel.

- El tercer nivel es el de los "supuestos subyacentes" e incluye lo que sostiene y está detrás de los valores. Incluye creencias profundas y la explicación de las inconsistencias y los fenómenos, lo inconsciente, lo que se da por sentado, los hábitos de percepción, pensamiento, sentimiento y valores.

La cultura establece así el marco en el que las personas se desarrollan, y sirve como fundamentación para las actuaciones y decisiones que se tomen en ella. El tiempo genera experiencias que moldean la cultura y la hacen resistente al cambio por lo que acaba convirtiéndose en un factor fundamental para comprender el comportamiento de la institución. Un caso corriente lo encontramos en el ámbito laboral, así una empresa que valora la innovación y la creatividad acabará generando una estrategia para orientar los procesos en esa dirección, a saber:

- *Cultura:* La empresa promueve la idea de que la innovación y la creatividad son fundamentales para el éxito. Esta mentalidad se refleja en las conversaciones diarias, los mensajes internos y las políticas de la empresa.

- *Decisiones implícitas:* El personal asume que se espera que presenten ideas innovadoras y busquen soluciones creativas para los desafíos. Esto influye en cómo abordan proyectos y presentan propuestas.

- *Avalada en el tiempo:* La empresa ha recompensado y reconocido a aquellos que han aportado soluciones innovadoras. Esta retroalimentación positiva contribuye a consolidar la cultura de innovación.

- *Resistente al cambio:* Con el tiempo, la cultura de innovación se arraiga en la empresa. Cuando se proponen cambios en los procesos o enfoques, es posible que encuentren resistencia si no se alinean con la cultura establecida.

- *Comportamiento organizacional:* La innovación fomenta que los empleados colaboren, compartan ideas y busquen soluciones creativas. Esta cultura influye en la forma en que se realizan las tareas y en cómo se abordan los desafíos.

En este ejemplo, la cultura define el contexto en el que los empleados se desenvuelven, influye en sus decisiones y comportamientos.

La figura 2.8. ofrece un marco interesante para el diagnóstico cultural. Esta representación destaca dos categorías a través de dos círculos conectados, pero con características de naturaleza diferente:

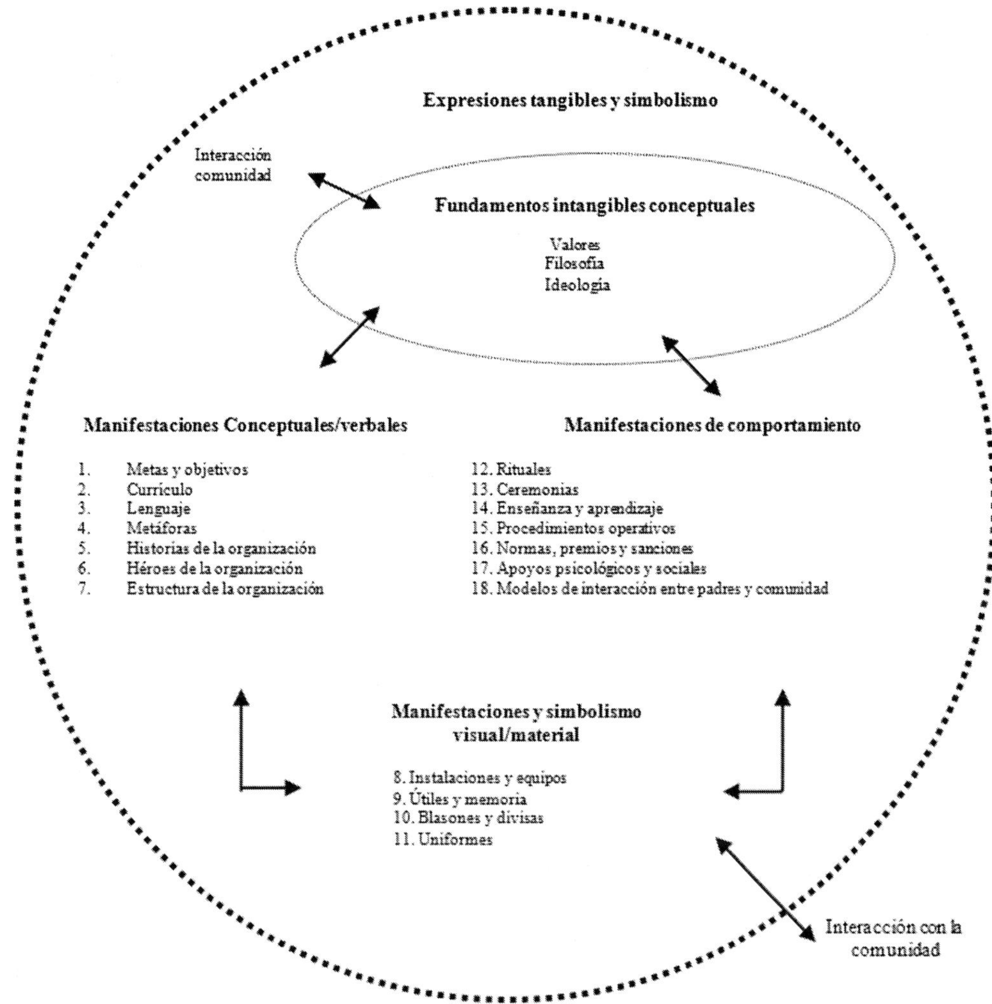

Figura 2.6. Radiografía de las organizaciones. Mirada superpuesta

- Círculo pequeño: Aparecen aspectos conceptuales intangibles que aluden a los valores básicos de la organización.

- Círculo grande: Se presentan los elementos tangibles que se engloban en tres subcategorías básicas: verbales, visuales y de comportamiento.

Otros autores (Handy y Aitken; 1986; Firestone y Louis, 1999) han profundizado en las culturas organizativas escolares. En las visitas que realizaban a instituciones educativas inspectores e investigadores detectaron las siguientes diferencias:

- *Encontraron centros donde todo está previsto, regulado y ordenado;* los individuos son tratados en función de sus roles - director, alumno, secretario...-, hay reglas y procedimientos para todo, se espera que todo vaya según está regulado y que cada uno cumpla con el cometido dentro de la organización.

- *Encontraron centros donde se respira un clima más informal;* no existe una regulación estricta, el liderazgo está muy difuminado, la gente puede tener varios superiores o incluso trabajar en un grupo liderado por un subordinado.

- *Encontraron centros donde las emociones están presentes;* en unos están orgullosos de que las personas no les abandonen, en otros prefieren cambios de personal.

- *Encontraron centros donde existe una visión compartida sobre lo que pretende;* la organización, mientras que en otros las metas y propósitos se plantean hacia el exterior y no se tiene claro de cuál es el objeto de la organización.

- *Encontraron centros con culturas individualistas donde la práctica de la enseñanza no se suele discutir entre los colegas;* – se carece, incluso, de un lenguaje para discutir – predomina la rutinización. En otros centros han desarrollado culturas de colaboración donde se trabaja en colaboración, se reflexiona sobre la práctica y su mejora, y se generan oportunidades para que unos docentes aprendan de otros.

- *Encontraron centros donde la comunicación fluye en todas direcciones*; con poca distorsión, pero también hay centros donde las dinámicas de comunicación están ocultas y la información se cierra a los miembros.

- *Encontraron centros donde se potencia una participación real en la toma de decisiones* mientras que en otros la toma de decisiones está vinculada a las posiciones de autoridad formal.

- *Encontraron centros donde la relación profesor-alumno se sustenta en referentes compartidos* (motivación, participación e implicación institucional), *se tienen altas expectativas sobre ellos y se les implica a través de metodologías activas.*

- *Encontraron centros donde las expectativas son variables en función de las circunstancias unos pueden aprender más que otros,* todos no van a alcanzar los objetivos deseados, no se implican en el proceso de enseñanza-aprendizaje, no hay manera de motivarlos, vienen con muy pocas cosas, la enseñanza consiste en transmitirles un currículum más o menos cerrado...

- *Encontraron centros donde no están claras las normas de conducta* en el aula, en los patios, con otras personas o en la sociedad en general.

Por tanto, el que se den unas manifestaciones u otras, se asociará a la cultura específica de cada centro. En las instituciones socioeducativas se estimula y se argumenta sobre las ventajas de promocionar una cultura de tarea colaborativa que vaya más allá del trabajo repetitivo. Sin embargo, surge un dilema, ya que esta cultura no se aplica de forma uniforme y pueden emerger peligros que pueden volverla más dañina que beneficiosa (Hargreaves, 1998):

- *Instituciones con cultura cómoda y complaciente.* La colaboración queda relegada a áreas de trabajo más agradables y seguras. Se evita la colaboración directa en el aula, en la reflexión y en la puesta en práctica de propuestas institucionales o de grupo con lo que se consolidan las prácticas y no se producen mejoras.

- *Instituciones con cultura conformista.* Elimina la reflexión creativa individual y se cosifica el grupo.

- *Instituciones con cultura artificial.* La colaboración es superficial e improductiva al existir una instrumentalización por parte de la administración. Esto puede mermar los deseos de mejora con lo que el coste, a largo plazo, puede ser muy alto para los docentes por el gasto de energías y esfuerzo inútil que supone.

- *Instituciones con cultura cooperativa.* La colaboración asegura el compromiso y la aceptación de los docentes de las reformas educativas impuestas desde fuera con lo que la participación se convierte así en un arma político - administrativa que puede suponer una cooperación con el "enemigo".

Ejemplos que podrían ilustrar estas situaciones podrían ser:

- Colaboración: La escuela organiza reuniones regulares donde los maestros comparten experiencias y aprenden unos de otros. Se establecen grupos de trabajo para desarrollar proyectos educativos conjuntos y se alienta la colaboración en la planificación de lecciones.

- Desafío: A pesar de los esfuerzos, algunos maestros pueden sentir que la colaboración lleva más tiempo y requiere más esfuerzo que trabajar de manera individual. Algunos pueden estar preocupados por compartir ideas originales por temor a que otros se apropien de ellas.

- Riesgos emergentes: En algunos casos, la colaboración puede volverse competitiva, donde los maestros intentan sobresalir unos sobre otros en lugar de trabajar juntos. También puede surgir un sentimiento de que la colaboración es forzada y artificial, lo que puede generar resistencia. En este ejemplo, aunque se busca promover una cultura de colaboración, no todos los maestros adoptan la misma perspectiva. Algunos desafíos y riesgos emergen en el proceso, como la competencia y la resistencia, lo que puede hacer que la cultura de colaboración no sea tan beneficiosa como se esperaba originalmente.

Las culturas organizativas pueden ser una combinación de varios tipos de cultura, y ésta puede varios a lo largo del tiempo. En la tabla 3.1 se presentan esquemáticamente aspectos de cuatro culturas. En el individualismo, predomina la distribución jerárquica de las tareas, y un excesivo trabajo individual y privado en el grupo -aula. En la Cultura fragmentada (o balcanizada) predominan los subgrupos, estables relativamente en el tiempo y se suelen asociar a materias o áreas. En la cultura de colaboración es propia de relaciones con sentido de comunidad donde se asume el carácter colectivo de la educación y no se necesitan tiempos ni espacios prefijados como en el caso de la cultura de coordinación que el trabajo conjunto está dirigido por procesos burocráticos.

Tabla 3.1. Tipos de cultura organizativa (Armengol, 1999)

	Cultura individualista	*Cultura fragmentada*	*Cultura de coordinación*	*Cultura colaborativa*
Finalidades / Valores	Falta de valores institucionales y abundancia de actividades individuales.	Los valores son individuales o de grupos. Las personas con planteamientos afines se reúnen y actúan de forma común.	Valores aceptados por la mayoría, aunque esta aceptación a veces surge por presiones que reciben los miembros de la institución.	Valores aceptados y compartidos por prácticamente todos. Las acciones tienen coherencia con estos valores.
Currículum	El profesorado planifica individualmente sus enseñanzas	El profesorado llega a acuerdos pero no se abordan aspectos internos de forma generalizada	Se hacen grupos para tareas concretas a corto plazo y con poca reflexión.	El profesorado reflexiona, planifica, prepara y evalúa conjuntamente todos los aspectos del currículum.
Asignación de tareas	Distribución por materias, niveles, áreas y/ o departamentos de acuerdo con intereses docentes individuales	Hay unas normas implícitas (que no responden a criterios pedagógicos) que sirven para asignar a cada profesor a una tarea común	La dirección realiza una prospección y asigna tareas que cree que desarrollarán mejor según sus capacidades y preferencias personales.	El claustro decide el profesorado más idóneo para asumir las diferentes tareas que se han de realizar y se asumen tranquilamente.
Intervención en la dinámica de trabajo	La intervención voluntaria es nula. Trabajo privado en las aulas. Se comparten pocos espacios y tiempos.	Intervención en la dinámica del centro en función del subgrupo de referencia. Cada grupo tiene una manera propia de funcionar y de entender la enseñanza	Las intervenciones voluntarias del profesorado para alcanzar los objetivos del centro son limitadas. El equipo directivo es quien dirige las propuestas.	Intervención activa y voluntaria por conseguir los objetivos fijados por el centro. Se entiende que enseñar es una tarea colectiva de participación.
Intervención entre profesionales	Pasividad general y falta de comunicación. Soledad profesional. Interacciones fragmentadas, esporádicas y superficiales.	El centro se encuentra dividido en subgrupos con pocos elementos en común. Baja permeabilidad para establecer interacciones con otros grupos.	Entre el profesorado hay interacciones puntuales para la realización de tareas muy concretas.	Hay una interacción positiva asumida colectivamente a través del compromiso de sus miembros. Sentido de comunidad y apoyo mutuo.

Gestión de la dirección	La dirección actúa según su plan. Normalmente gestiona con las personas individualmente su aportación a la institución.	La dirección tiene un plan de trabajo conocido por todos y en algunos casos compartido. Se confía en quien hace agradable la convivencia.	Hay propuestas colectivas e individuales. La llave del éxito reside en la preparación de los directivos para asignar los roles a las personas individualmente y como grupos.	La dirección promueve un plan de trabajo colectivo. Las responsabilidades son compartidas y todos se apoyan. La dirección actúa como coordinador, animador y gestor.
Coordinación Pedagógica	La inercia del trabajo regula todas las relaciones, no hay comunicación. Reuniones ocasionales se evitan hablar sobre cómo enseñar.	Las reuniones acaban igual que empiezan, resultados pobres o contradictorios. Se habla de los alumnos, del trasfondo familiar, de ellos mismos o de otros y de las demandas de la sociedad.	Coordinación rígida y formal. Los profesores hablan de sus experiencias de enseñanza. A veces se toman decisiones conjuntas, pero no se acostumbra a hacer su seguimiento.	Coordinación real en las decisiones. Trabajo en equipo. Se intercambian experiencias de aula a un nivel de detalle que hace que este intercambio sea útil para la práctica.
Innovación	No existe la costumbre de impulsar innovaciones	Resistencia personal a la innovación, proviene del miedo a la pérdida del estatus quo. Pocas iniciativas	Hay innovaciones fruto de la iniciativa de algunos grupos, un grupo más activo arrastra a otro menos activo. Los cambios poco estables.	El intercambio adecuado entre las demandas externas y la realidad interna hace del centro una organización innovadora.
Conflicto	El profesorado no percibe la existencia de problemas y no siente la necesidad de resolverlos.	El profesorado no afronta las discrepancias, lo importante es sobrevivir sin problemas añadidos.	Aunque el profesorado percibe las discrepancias a menudo prefiere no intervenir y esperar a que el tiempo lo solucione	El profesorado percibe de forma natural las discrepancias incorporando soluciones que suponen mejoras.
Formación del profesorado	Está ligada a cargos institucionales o a nuevas situaciones. Se entiende como un interés personal para promocionarse	Hay una formación personal pero el aprendizaje individual no se transfiere al colectivo como grupo.	La formación colectiva se considera conveniente. Hay propuestas de formación ligadas a necesidades concretas de la institución.	El aprendizaje profesional es compartido. La formación está basada en necesidades de la institución. Se piensa como formación de grupo.
Clima	El profesorado se pasa el día protestando. Solo desea marchar lo más rápidamente posible.	Hay una actitud de indiferencia hacia los problemas de los demás y del centro aunque hay cordialidad formal.	El profesorado adopta una actitud positiva con su grupo. Puede haber tensiones latentes y explícitas entre grupos.	El profesorado adopta una actitud positiva y una alta motivación que incide en el nivel de calidad de la organización.

Por último, es importante señalar que la cultura también tiene impacto en el grado de compromiso de las personas. El compromiso es una situación en la que los miembros aportan sus esfuerzos, habilidades y lealtades a la organización y a la consecución de las metas obteniendo satisfacción. Es decir, la cultura crea condiciones en la organización para que los miembros se comprometan en mayor o menor medida. Es una forma de inversión emocional donde el primer requisito es generar un sentido de identificación con la organización, traduciéndose en compromisos de distinto signo.

2.5. ENFOQUE POLÍTICO – CRÍTICO

Esta perspectiva hace referencia a las dimensiones que influyen en las organizaciones desde un enfoque político, vinculado al poder y la justicia por lo que se posiciona frente a las perspectivas más tradicionales que resaltan aspectos económicos, administrativos o culturales.

¿Las políticas y prácticas educativas contribuyen o desafían las desigualdades?

Las instituciones socioeducativas son organizaciones complejas, con contradicciones y paradojas, y donde interactúan diversos factores que deben conocerse para tomar decisiones. Para obtener una visión más completa de la complejidad de las organizaciones, exploraremos dos enfoques. La primera, la *perspectiva macro,* que nos permite ver las instituciones desde arriba, desde lo general – y la segunda, la *perspectiva micro*, que observa lo que sucede en las instituciones desde dentro, desde ellas mismas.

(I) El enfoque macro (amplías) atiende a las características generales que definen las instituciones socioeducativas porque todas las organizaciones participan de unas características genéricas que explican su funcionamiento.

(II) El enfoque micro (detalladas), en cambio, se refiere al carácter específico de cada organización que se configura en cada contexto concreto en base a los sistemas de relaciones de poder que se establecen en el tiempo.

Esta perspectiva, tratada por distintos autores (Santos Guerra, 1994; Gairín, 1996), han sido aplicadas a la escuela como institución educativa por excelencia. En esta ocasión, buscaremos extrapolar su aplicación a las instituciones socioeducativas, ampliando la perspectiva y destacando los aspectos más relevantes:

- Las instituciones socioeducativas se forman mediante interacciones en contextos funcionales (lugares, momentos, circunstancias en los que se llevan a cabo los procesos, proporcionan el marco donde se desarrollan las actividades).

- Generan culturas singulares con creencias implícitas, tradiciones, y simbologías.

- Promueve la autonomía individual de los profesionales, hay una responsabilidad de sus funciones; centrándose en las tareas y cumplimento formal.

- Son heterónomas, sujeta a múltiples regulaciones e influencias y expectativas. Tienen diferentes objetivos: facilitar aprendizaje, adaptación social y fomentar la participación. Todo ello dificulta el aprovechamiento de una cultura común. El autor Weick (1976) plantea una débil articulación en las instituciones socioeducativas porque el poder es poco consistente, la coordinación vertical y horizontal están poco desarrolladas, hay contraposición de estructuras y metas, las funciones no están claramente definidas, ...

- Tienen a tener una clientela estable, lo que proporciona cierta independencia financiera y una estructura jerárquica definida desde niveles externos a la misma.

- Presentan una presión social que las hace vulnerables a las demandas de su entorno, puesto que las instituciones socioeducativas deben equilibrar sus objetivos internos con las expectativas y necesidades externas de la sociedad que las puede influenciar.

Desde la perspectiva micro política (Ball, 1989) el poder emerge como un elemento clave que no tiene por qué estar en las personas que ostentan la autoridad formal, sino que puede surgir de diferentes profesionales o grupos de presión, con otras metas y diferentes ideologías lo que deriva en conflictos. Como resultado se desarrollan culturas institucionales únicas ya que toda organización puede desarrollar su propia manera de hacer las cosas, estas características influyen en cómo funciona la institución se abordan los desafíos y se resuelven los conflictos y tensiones que emergen.

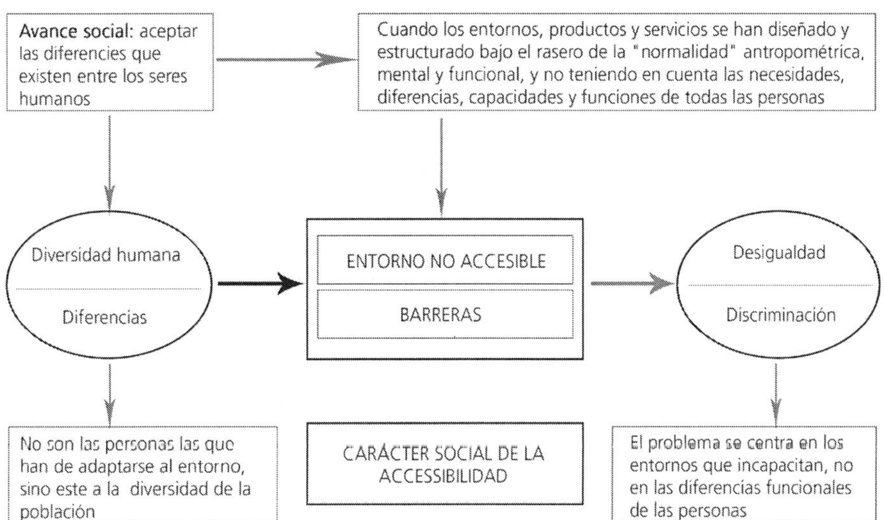

Cuadro 2.1. Entornos que incapacitan (Rodríguez-Martín, Álvarez Arregui y otros 2015, p. 83)

Desde nuestra óptica, las perspectivas macro y micro deben entenderse e interpretarse desde un enfoque ecosistémico. Es importante entender que al combinar ambas perspectivas se logra una comprensión más profunda de las organizaciones, donde todos los elementos interactúan e influyen mutuamente. A continuación, presentamos paradojas y contradicciones visibles u ocultas en las organizaciones:

- *Muchas instituciones reclutan forzosamente a sus clientes y pretenden educar para la libertad.* La incoherencia se manifiesta desde el momento que existe un derecho a la educación, recogido en nuestras leyes fundamentales, que se ha convertido en obligatorio hasta una edad avanzada en el que las elecciones están limitadas y hay un trabajo uniforme, impuesto y cerrado, en la mayoría de las ocasiones.

- *Las instituciones educativas son jerárquicas, pero pretenden educar en y para la democracia.* La jerarquía se manifiesta en la composición de los órganos de gobierno, así como en aspectos culturales específicos de estas organizaciones.

- *Las instituciones socioeducativas son heterónomas y pretenden desarrollar la autonomía.* El gran número de prescripciones que se vuelcan sobre las instituciones generan una responsabilidad superficial de las tareas que hay que desarrollar. Salaman y Thomson (1984) consideraban que la escuela era una institución paralítica ya que depende de otras para moverse.

- *Las instituciones socioeducativas pretenden educar para los valores democráticos y para la vida.* Una vida que es falsa, discriminadora y competitiva y debe conjugarse con una educación en valores de solidaridad, paz, igualdad, ...

- *Las instituciones socioeducativas son organizaciones epistemológicamente jerárquicas que pretenden educar en la creatividad, el espíritu crítico y el pensamiento divergente.* El problema estriba en que el conocimiento es seleccionado y organizado; de esta forma desde el poder seleccionan el currículum, lo imponen y lo evalúan, pero no lo ejecutan.

- *Las instituciones socioeducativas abogan por la diversidad, pero forman para competencias culturales comunes.* Este aspecto constituye una de las piedras angulares de la educación, pero no se ha conseguido imponer en nuestras organizaciones educativas una cultura de la diversidad.

- *Las instituciones socioeducativas están cargadas de imposiciones y pretenden educar para la participación.* La falta de implicación es una característica a pesar del énfasis que se ha puesto en la participación y aunque se pensó que con estructurarlo normativamente ya iba a producirse, en la práctica se demostró su baja incidencia.

- *Las instituciones socioeducativas se presentan como acríticas, pero pretenden educar para la exigencia democrática.* Algunas de estas instituciones, caso de la escuela, sobreviven independientemente de su "éxito" y no existe una evaluación profunda ni a nivel externo ni interno que controle su funcionamiento.

- *Las instituciones socioeducativas se presentan como organizaciones neutrales, pero esconden una profunda disputa ideológica* (Ball, 1989).

A partir de los planteamientos desarrollados hemos querido poner de relieve la complejidad que se encierra dentro de las instituciones socioeducativas si se tienen en cuenta las paradojas, las contradicciones y los aprendizajes asistemáticos inherentes al marco cultural que se ha ido generando en cada organización específica.

2.6. ENFOQUE SISTÉMICO

Este enfoque trata de comprender y analizar las organizaciones de manera holística. Esta dimensión pretende superar las limitaciones tradicionales que se enfocan en aspectos concretos como la estructura, estrategia o procesos, pero sin tener suficientemente en cuenta el contexto tan diverso en el que se opera. Este enfoque aspira a (I) integrar múltiples puntos de vista y dimensiones, todas conectadas y necesarias, para analizar una organización; (II) considera que el contexto influye en la organización y (III) trata de garantizar la participación de todos los agentes, promoviendo la igualdad de oportunidades dentro y fuera de la organización para dar soluciones a problemas que no solo son beneficiosas en el corto plazo, sino a largo plazo para contribuir a la sostenibilidad e impacto en la sociedad.

En este contexto, es relevante destacar que a finales del siglo pasado surge una nueva corriente hacia las prácticas integradoras desarrolladas en el ámbito socioeducativo. Esto se recogió en la Conferencia Mundial de Educación para Todos (1990), donde se originó un movimiento hacia la Educación Inclusiva, alineado en la actualidad con los Objetivos de Desarrollo Sostenible de la Agenda 2030 para tratar de atender las necesidades y promover la equidad en un entorno sostenible. La finalidad de este modelo era reestructurar las escuelas para responder a las necesidades de todo el estudiantado, convirtiéndose en una tendencia educativa internacional en Salamanca (UNESCO, 1994). El objetivo era ofrecer respuestas a los problemas del enfoque integrador: por un lado, su enfoque en el alumnado con necesidades educativas especiales de manera excluyente (antes de la Escuela Inclusiva, el enfoque integrador se centraba en atender necesidades educativas especiales de forma aislada o separada de los demás estudiantes) y, por otro, su concentración únicamente en el ámbito educativo, sin considerar la integración social (antes de la Escuela Inclusiva, el enfoque integrador se centraba en proporcionar una educación dentro de la escuela, sin abordar cómo podrían ser incluidos fuera del entorno escolar. Por tanto, este enfoque conlleva un cambio de paradigma desde el que se pretenden eliminar todas las barreras que se detecten en cualquier aspecto de la vida).

Otro evento relevante es el realizado en la sede de la Organización de las Naciones Unidas que aprobó en el año 1993 la Resolución sobre "Normas uniformes de las Naciones Unidas sobre igualdad de oportunidades para las personas con discapacidad", como instrumento programático para la Unión Europea. Aquí se dejaba explícito que las políticas para lograr la inclusión educativa deberían ser sistémicas para atender a todos los componentes del sistema educativo necesitados de mejora y donde la formación y la cualificación del profesorado y otros profesionales se entendían como socialmente dependientes (Gleeson, 2006). Por tanto, debemos de huir o recelar de las propuestas simples, estandarizadas o de rápida acomodación para orientar el cambio y la mejora desde una perspectiva inclusiva.

Basándonos en lo expuesto, podemos afirmar que emerge una redefinición del concepto "discapacidad", puesto que se ha pasado de considerarlo un problema individual, a identificarlo como un asunto de naturaleza política con implicaciones y efectos de carácter social y comunitario. Surge así el modelo social frente al modelo médico-individual, que se fija sólo en las características de las personas, en sus deficiencias y carencias. El modelo social, por el contrario, defiende que el entorno incide sobre la discapacidad, y es imprescindible identificar cómo la sociedad incapacita los derechos fundamentales de muchas personas al relacionarse con ella.

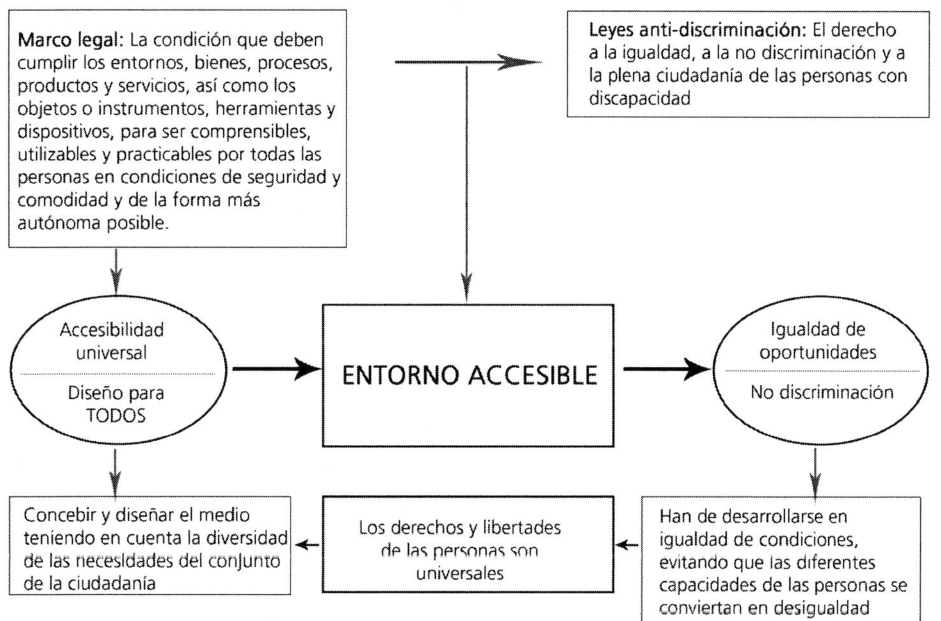

Cuadro 2.2. Entornos accesibles (Rodríguez-Martín, Álvarez-Arregui y otros 2015, p. 84)

El concepto de inclusión busca superar los límites tradicionales y ampliar el entendimiento de cómo se aborda la discapacidad en la sociedad. La redefinición del concepto de discapacidad nos lleva a considerar que la Educación Inclusiva puede y debe considerarse como una actitud, un sistema de creencias y valores que estará presente en la toma de decisiones de aquellos que apuestan por ella. Se trata de ir más allá del pensamiento integrador que restringe el alcance de la inclusión a las personas con discapacidad para extenderla a todo el alumnado si nos centramos en el ámbito escolar. Por tanto, todo proyecto educativo deberá ser definido sobre unos principios básicos válidos para cualquier comunidad educativa (Sola Martínez, 1998):

- Flexibilidad organizativa, con estructura estable, pero evitando inmovilidad.
- Apertura y creatividad, entendiendo la escuela como un centro de cambio.
- Operatividad funcional, planificando la organización escolar desde una perspectiva real y posible con proyección práctica.
- Participativa y consensuada, ya que la eficacia de las medidas adoptadas estará en relación con el nivel de implicación en la toma de decisiones.
- Formativa, donde el trabajo colaborativo y la formación permanente de todos los miembros de la comunidad sean contemplados.

Un aspecto importante por destacar es la influencia de una correcta organización de los espacios, horarios etc., para el éxito de las metas del proyecto educativo, tema que trataremos en el siguiente módulo.

2.7. REFLEXIONES DE SÍNTESIS

El análisis realizado en este módulo es de vital importancia para comprender cómo las organizaciones de adaptan en un mundo que cambia a ritmos muy acelerados y cada vez más globalizado, cómo se enfrentan a los desafíos y cómo pueden colaborar para lograr objetivos compartidos a nivel mundial. Realizar la radiografía de una red de organizaciones ayuda a identificar oportunidades para mejorar la cooperación, eficiencia, eficacia y el desarrollo sostenible en un mundo cada vez más conectado.

La Educación Sistémica Inclusiva emerge hoy como un proceso de fortalecimiento ideológico y conceptual frente a los planteamientos de la integración escolar. En efecto, nos encontramos ante un proceso de gran complejidad que requiere reflexionar acerca de los valores, intereses e ideologías contrapuestas con un amplio calado social y educativo. A este respecto, "la inclusión (democrática, justa y equitativa) sigue justificando la urgencia de concentrar fuerzas políticas y recursos, inteligencia organizativa y pedagógica, aportaciones de muchos agentes, todos los que puedan albergar todavía una conciencia acorde con el valor esencial de la educación, una educación buena de y para todas las personas" (Escudero y Martínez, 2011:101).

2.8. TRANSFERENCIA

Actividad 1

A continuación, se le presenta un ejemplo de una organización sobre el que se desarrolla una visión miro y macro con la intención de ir haciendo aproximaciones hacia un enfoque más sistémico e inclusivo.

Contextualización: Imaginemos una organización socioeducativa llamada "Educame" que se dedica a proporcionar programas de apoyo académico y desarrollo personal para adolescentes en una comunidad local.

Descripción: "Educame" es una organización sin fines de lucro que opera en un vecindario urbano. Su objetivo es mejorar el rendimiento académico y promover el bienestar emocional del estudiantado de la zona.

Enfoque Micro

- Programas Educativos: "Educame" ofrece tutorías individuales y clases de refuerzo en materias clave como matemáticas y lenguaje. Los educadores diseñan planes de estudio personalizados según las necesidades de cada estudiante.

- Apoyo Emocional: Además de lo académico, "Educame" brinda talleres de habilidades sociales y emocionales para ayudar al estudiantado a manejar el estrés, construir la autoestima y resolver conflictos de manera saludable.

- Participación de las familias. La organización trabaja en estrecha colaboración con las familias, ofreciendo reuniones regulares para discutir el progreso del alumnado y brindando consejos sobre cómo apoyar su educación en el hogar.

Enfoque Macro: Ejemplo: Sistema Educativo a Nivel Nacional

Ahora, ampliemos nuestro enfoque para analizar el sistema educativo a nivel nacional en un país ficticio llamado "Educolandia".

Descripción: "Educolandia" es un país con un enfoque sólido en la educación y el desarrollo de su población. El sistema educativo abarca desde la educación infantil hasta la educación superior y se basa en principios de equidad y acceso para todos.

Enfoque Macro:

- Políticas Educativas: El gobierno de Educolandia ha implementado políticas que garantizan la educación obligatoria y gratuita para todos niños y niñas. Además, se han invertido recursos en la formación y capacitación de docentes.

- Currículo Nacional: Educolandia ha desarrollado un currículo nacional que abarca una amplia gama de materias, incluyendo humanidades, ciencias, artes y educación cívica. Se promueve la educación integral y la adquisición de habilidades para la vida.

- Inversión en Infraestructura: El país ha invertido en la construcción y renovación de escuelas equipadas con tecnología moderna. Se fomenta el aprendizaje en entornos seguros y estimulantes.

- Acceso a la Educación Superior: Educolandia ofrece programas de becas y préstamos asequibles para que el estudiantado pueda acceder a la educación superior, asegurando que el talento y el potencial no se vean limitados por la situación económica.

- Impacto en la Sociedad: El enfoque en la educación ha llevado a un aumento en la tasa de alfabetización, la mejora de la calidad de vida y el crecimiento económico sostenible en Educolandia.

Como síntesis final hay que indicar que el enfoque micro en una organización socioeducativa como "Educame" se centra en programas y apoyo a nivel local, mientras que el enfoque macro en el sistema educativo de "Educolandia" examina las políticas, el currículo y el impacto en toda la sociedad a nivel nacional.

Actividad 2

Analice programas de formación continua para el personal docente y administrativo en temas de diversidad e inclusión que se llevan a cabo en seis organizaciones socioeducativas de su comunidad. Estos programas pueden ser talleres, seminarios o recursos educativos que promuevan la comprensión de las necesidades individuales del estudiantado, promoviendo prácticas pedagógicas que se adapten a los distintos ritmos de aprendizaje

A continuación, te invitamos a reflexionar sobre el siguiente texto y te animamos a que hagas una breve disertación al respecto.

- *Las instituciones socioeducativas pretenden educar para la igualdad entre los sexos, pero la realidad profesional manifiesta numerosos sesgos.* En los niveles más bajos de la escolaridad se instalan gran cantidad de mujeres mientras que su número desciende en los más altos. Lo mismo ocurre a nivel de cargos directivos y no son pocas las actitudes sexistas que se mantienen en los libros de texto, en el lenguaje que se utiliza en los centros educativos y en la realidad cotidiana.

Posiciónate sobre el siguiente texto, escribe algún argumento a favor o en contra.

- ¿Las políticas y prácticas educativas contribuyen o desafían las desigualdades?

La profesora Armengol nos ha aportado una tipología sobre las culturas organizativas que nos podemos encontrar en las organizaciones. En este contexto y desde una perspectiva profesional aporta algunas propuestas sobre la siguiente temática:

- ¿Cómo gestionarías un conflicto cultural entre profesionales de una organización que están muy balcanizados?

Actividad 3

Búsqueda y análisis de documentación sobre una organización social y/o educativa

Acción: Individual (estudiantes no presenciales) o de grupo (estudiantes presenciales) pero siembre con proyección colectiva porque los documentos generados tendrán que compartirse bien en el campus, desde enlaces en red o por correo electrónico.

Extensión: Una ficha por cada documento de no más de un folio sin imágenes y a lo sumo dos folios si contiene imágenes de películas o textos de canciones o ....

Horas de trabajo estimadas: Entre 4 y 6 horas.

Entrega: Dos semanas.

Objetivo: Búsqueda, análisis de documentación y reestructuración de la misma para incluir en el proyecto tanto como documento escrito (incluirlas en un anexo) como en la presentación

Formato:

1. Portada
2. Índice con los distintos documentos
3. Tablas cumplimentadas, una por cada documento seleccionado.

Procedimiento:

Esta tarea consiste en buscar documentación posterior al año 2013 en la red, en el libro de referencia de la asignatura o en la biblioteca sobre el proyecto que se haya elegido y cumplimentar las fichas que se os adjuntan.

Los documentos son:

1. Un artículo en pdf o Word que esté en la red o en alguna base de datos (Dialnet...) o en Revistas (Bordón, Revista de Investigación Educativa, Revista de Educación, Revista Iberoamérica de Educación, Siglo XXI, Aula Abierta...).
2. Un vídeo (Youtube innumerables vídeos que pueden utilizarse lo que hay es que seleccionar uno que interese por algún motivo concreto).
3. Una película (Internet genera cientos de resultados con películas ya comentadas y con imágenes, como en el caso anterior hay que elegir una).
4. Un blog sobre instituciones socioeducativas... (los alumnos presenciales que tienen un proyecto lo buscarán de ese proyecto, los no presenciales de cualquier tema del libro).
5. Una imagen, un cuadro... (los alumnos presenciales que tienen un proyecto lo buscarán de ese proyecto, los no presenciales de cualquier tema del libro).

6. Un archivo de audio o una canción (esta selección supone un mayor o menor grado de creatividad que queda a vuestra elección).

7. Página web de una institución social o educativa (los alumnos presenciales que tienen un proyecto lo buscarán de ese proyecto, los no presenciales de cualquier tema del libro).

8. Webquest sobre una institución socioeducativa o sobre sus elementos organizativos (los alumnos presenciales que tienen un proyecto lo buscarán de ese proyecto, los no presenciales de cualquier tema del libro).

9. Noticia de periódico o revista sobre algún tema que afecte a las instituciones socioeducativas (los alumnos presenciales que tienen un proyecto lo buscarán de ese proyecto, los no presenciales de cualquier tema del libro).

10. Incorporar en una ficha tres enlaces de Instituciones socioeducativas públicas o privadas o que sean relevantes para algún tema de la asignatura y que no estén recogidos en las guías (los alumnos presenciales que tienen un proyecto lo buscarán de ese proyecto, los no presenciales de cualquier tema del libro).

El modelo de ficha a cumplimentar se presenta a continuación, aunque se puede incluir alguna modificación en algún apartado si se estima oportuno. También se pueden incluir otras fichas que no estén recogidas lo que se valorará positivamente.

DOCUMENTO: ARTÍCULO	
Referencia	(Apellidos, nombre, título, ciudad, editorial, enlace si se recoge de la web)
Justificación	Tema o temas para el que es apropiado y por qué. (No más de 5 líneas)
Resumen	(No más de 15 líneas, si se utiliza el resumen del autor ponerlo en cursiva y añadir algún comentario personal)
Observaciones	Otros aspectos que puedan ser de interés

DOCUMENTO: VÍDEO	
Título	
Enlace	
Autor/es	
Año	
Duración	
País	
Justificación	Tema o temas para el que es apropiado y por qué. (No más de 5 líneas)
Resumen	(Comentario personal) (No más de 15 líneas)
Observaciones	Otros aspectos que puedan ser de interés

DOCUMENTO: PELÍCULA	
Título original	
Duración	
Año	
País	
Director	
Guion	
Música	
Fotografía	
Actores	
Productora	
Género	

DOCUMENTO: ARTÍCULO	
Crítica	
Enlace	
Justificación	Tema o temas para el que es apropiado y por qué.
Resumen	(Comentario personal)
Imagen	

DOCUMENTO: BLOG	
Título	
Autor/es	
Año	
País	
Entrada	
Enlace	
Enlaces internos	Si tiene algún enlace de interés se incluye aquí.
Justificación	Tema o temas para el que es apropiado y por qué.
Resumen	(Comentario personal)
Observaciones	Otros aspectos que puedan ser de interés

DOCUMENTO: PÁGINA WEB	
Título	
Enlace	
Autor/es	
Año	
País	
Enlaces internos	Si tiene algún enlace de interés se incluye aquí.
Justificación	Tema o temas para el que es apropiado y por qué.
Resumen	(Comentario personal)
Observaciones	Otros aspectos que puedan ser de interés

DOCUMENTO: WEBQUEST	
Título	
Autor/es	
Año	
País	
Entrada	
Enlace	
Enlaces internos	Si tiene algún enlace de interés se incluye aquí.
Justificación	Tema o temas para el que es apropiado y por qué.
Resumen	(Comentario personal)
Observaciones	Otros aspectos que puedan ser de interés

DOCUMENTO: CANCIÓN O ARCHIVO (POSTDCAST/ARCHIVOS DE AUDIO)	
Título	
Autor/es	
Año	
País	
Enlace	Si tiene página del autor o el grupo.
Justificación	Tema o temas para el que es apropiado y por qué.
Imagen	Si tiene carátula o algún referente
Observaciones	Otros aspectos que puedan ser de interés

DOCUMENTO: IMAGEN O CUADRO	
Título	
Autor/es	
Año	
País	
Enlace	Si tiene página web o si está en algún museo, por ejemplo.
Justificación	Tema o temas para el que es apropiado y por qué.
Resumen	(Comentario personal)
Imagen	Copiar y pegar aquí la imagen o insertarla
Observaciones	Otros aspectos que puedan ser de interés

DOCUMENTO: NOTICIA DE ACTUALIDAD EN PRENSA O REVISTA	
Título	
Fecha	
Medio	
País	
Autor/es	
Enlace web	Si lo tiene
Justificación	Tema o temas para el que es apropiado y por qué.
Resumen	(Comentario personal)
Imagen	Si hay alguna imagen interesante relacionada la insertáis aquí.
Observaciones	Otros aspectos que puedan ser de interés

DOCUMENTO: ENLACES A ORGANIZACIONES	
Organización	
Enlace	
Justificación	Tema o temas para el que es apropiado cada enlace
Resumen	(Breve comentario sobre la organización sobre la que se enlaza.)
Observaciones	Otros aspectos que puedan ser de interés

2.9. LECTURAS RECOMENDABLES

Álvarez-Arregui, E., Rodríguez-Martín, A. y Rodríguez-Fernández, C. (Coords.) (2023). *¿Innovar para adaptarse? o ¿Innovar para mejorar? Instituciones socioeducativas sostenibles que aprenden a aprender emprendiendo.* Ediuno.

Gairín Sallán, J. (2000). Cambio de cultura y organizaciones que aprenden. *Educar, 27,* 31-85

Bolívar Ruano, Mª. R. (2012). La cultura de aprendizaje de las organizaciones educativas: Instrumentos de diagnóstico y evaluación. *Revista Iberoamericana sobre Calidad, Eficacia y Cambio en Educación, 10,* 1, 143-162

Varela Salas, L. (2009). Un análisis de casos de las organizaciones educativas del nivel medio y superior. *Cuadernos de Educación y Desarrollo, 1,* 10

2.10. VIDEOTECA DE APOYO

- **Cómo influye la cultura en las organizaciones.**

  https://www.youtube.com/watch?v=C8g1hx2l-_U

- **DUA: Diseño Universal para el Aprendizaje – Educación inclusiva y modelo pedagógico**

  https://www.youtube.com/watch?v=u8tK8UkoAmM

2.11. RECORDATORIO BÁSICO

1. Dibuja el esquema básico de los elementos de una organización según el enfoque analítico estructural.
2. ¿Quiénes forman parte del ápice estratégico en una organización educativa?
3. ¿Quiénes forman parte de la línea media en un Instituto de Enseñanza Secundaria?
4. ¿Quiénes forman parte de la tecnoestructura en un centro educativo?
5. ¿Quiénes forman parte de las unidades de apoyo en un centro educativo?
6. ¿Quiénes forman parte del núcleo de operaciones en un centro educativo?
7. Menciona cuales son los tipos de flujos de actividad regulada (o relaciones de tipo formal)
8. Explica un ejemplo de flujo horizontal de actividad regulada
9. Desarrolla un ejemplo de flujo descendente de actividad regulada
10. Dibuja el esquema de los referentes culturales de las instituciones según Beare, Caldwell y Millikan.
11. ¿Qué tipos de indicadores es importante tener en cuenta para entender una cultura?
12. El enfoque político – crítico plantea algunas de las contradicciones a las que se enfrenta la escuela en su práctica cotidiana. Explica dos de esas incoherencias y aporta alguna reflexión al respecto.

Módulo

3

Las organizaciones como ecosistemas singulares. Una mirada situacional en nuestro entorno cultural

3.1. PRESENTACIÓN

Objetivo de aprendizaje

En este módulo se ofrece una visión panorámica de las diferentes organizaciones educativas y sociales que podemos encontrar en la actualidad. A este respecto, el marco normativo al que nos referiremos será la LOMLOE, como referente para abordar las peculiaridades de los centros que imparten educación formal en las etapas de infantil, primaria y secundaria. Se cierra este apartado haciendo mención a instituciones singulares caso de los centros de adultos, los centros de educación especial, los centros de profesores y recursos, los centros rurales agrupados y las aulas hospitalarias.

En el segundo bloque, hacemos una aproximación al Tercer Sector y a la Economía Social, atendiendo a la forma de organizarse de las empresas, asociaciones y las fundaciones. Abordaremos conceptos clave, como su definición, tipologías, diferencias con empresas tradicionales, y su relación con el Tercer Sector. Se cierra el módulo recordando la necesidad de impulsar la transparencia en la gestión de las instituciones tanto públicas como privadas.

3.2. ECOSISTEMAS EDUCATIVOS

La Ley Orgánica 3/2020, de 29 de diciembre (LOMLOE) modifica el marco normativo básico de la legislación educativa no universitaria vigente en España. En concreto, modifica la Ley Orgánica 2/2006, de 3 de mayo, de Educación (LOE) y la Ley Orgánica 8/1985, de 3 de julio, reguladora del Derecho a la Educación (LODE).

El sistema educativo actual se organiza en etapas, ciclos, grados, cursos y niveles de enseñanza de forma que asegure la transición entre los mismos y, en su caso, dentro de cada uno de ellos como se detalla a través de la descarga del siguiente código QR.

El Gobierno es consciente de que la educación debe aumentar su implicación en la sociedad y en el tejido productivo, apostando por la formación profesional y por la revitalización de los órganos de participación y no limitar su papel a la generación de personas egresadas.

En primer lugar, vamos a detallar algunas de las medidas que incluye la LOMLOE para dar respuesta a las nuevas exigencias sociales:

- favorecer la sostenibilidad de los centros con un enfoque sistémico, en coordinación con el entorno de las organizaciones; adaptándose al entorno natural y medioambiental

- promover la investigación e innovación educativa, difundiendo e intercambiando experiencias entre redes de centros educativos y las universidades

- fomentar la igualdad efectiva entre hombres y mujeres: impulso de los estudios STEAM, perspectiva de género y valores coeducativos en los planes de acción tutorial y de convivencia, incluyendo la educación para la prevención de la violencia de género, en la formación inicial del profesorado, en el currículo y en los libros de texto. Además, los centros sostenidos parcial o totalmente con fondos públicos no se les permite separar al alumnado por su género

- incluir en Primaria y Secundaria la materia específica de Educacion en Valores cívicos y éticos, con contenidos referidos a la Constitución, Derechos Humanos, de la infancia, desarrollo sostenible y la ciudadanía mundial, la igualdad de hombres y mujeres y a valores como el respeto a la diversidad y la importancia social de los impuestos

- promover el conocimiento de la lucha por los derechos de las mujeres, la historia de la democracia, la historia y cultura de las minorías étnicas, en especial del pueblo gitano.

- trabajar la educación para la salud, la educación socioemocional, la educación para el desarrollo sostenible, educación vial que incida en la prevención de accidentes de tráfico, hábitos de movilidad activa, autónoma y saludable

- trabajar la competencia digital en todas las materias para evitar la brecha en el acceso y el uso. Al igual que el emprendimiento social y empresarial, el espíritu crítico y científico, la creatividad y la cooperación entre iguales.

Así pues, la reciente Ley Educativa establece un renovado ordenamiento legal que ayude a aumentar las oportunidades educativas y formativas de toda la población, contribuyendo a la mejora de los resultados educativos del alumnado, y que satisfaga la demanda generalizada en la sociedad española de una educación de calidad para todos.

El sistema educativo español, alineado con los valores de la Constitución, se inspira en los siguientes principios recogido en la nueva redacción del artículo 1 de la citada ley educativa:

- Cumplimiento efectivo de los derechos de la infancia
- Calidad en la educación sin discriminación para todo el alumnado
- Equidad que garantice la igualdad de oportunidades
- Transmisión y puesta en marcha de valores
- Aprendizaje a lo largo de la Vida
- Flexibilidad a los cambios del alumnado y sociedad
- Orientación educativa y profesional de los estudiantes
- Esfuerzo individual, compartido y motivación
- Reconocimiento del papel de madres, padres y tutores legales
- Autonomía en el marco de las competencias
- Participación de la comunidad educativa
- Educación para la prevención de conflictos y resolución pacífica
- Fomento de la igualdad efectiva, así como la prevención de la violencia de género
- Función docente como factor esencial de la calidad de la educación
- Investigación, experimentación e innovación educativa
- Evaluación del conjunto del sistema educativo
- Cooperación entre administraciones
- Educación para la transición ecológica

A continuación, exploraremos las diferentes etapas en la educación formal.

3.3. ESCUELAS DE EDUCACIÓN INFANTIL (0-6 AÑOS)

La Educación Infantil tiene como finalidad contribuir al desarrollo físico, sensorial, intelectual, afectivo y social de los niños por lo que en ambos ciclos se atenderá progresivamente al desarrollo del movimiento y de los hábitos de control corporal, a las diferentes formas de comunicación, al lenguaje, a las pautas elementales de convivencia y de relación social, así como al descubrimiento de las características físicas y sociales del medio. Además, se facilitará que los niños elaboren una imagen de sí mismos positiva y equilibrada y adquieran autonomía personal.

Esta etapa está estructurada en dos ciclos: el primero comprende hasta los tres años de edad y el segundo desde los tres a los seis años de edad. Su modelo pedagógico se asocia a la forma en que estos niños y niñas viven los procesos de enseñanza y aprendizaje, se le otorga importancia al mundo afectivo, se potencia la curiosidad y se tiene en cuenta la cultura situacional. Los profesionales trabajan de forma coordinada en colaboración. Sin embargo, hay que tener presente que la normativa actual establece como principios pedagógicos: la gestión emocional, la educación para el consumo responsable y sostenible y la promoción y educacion para la salud. Y, como novedad, integra la igualdad de género con el objetivo de compensar los efectos de las desigualdades de origen cultural, social y económicos sobre el aprendizaje y desarrollo. Al igual que también reconoce la importancia de detectar las necesidades específicas de apoyo educativo. Por lo que al finalizar la etapa el alumnado tiene que recibir un informe sobre el desarrollo y necesidades de cada alumnado.

Las novedades más destacadas que presenta LOMLOE: es que el Gobierno quiere incrementar la oferta de plazas públicas en el primer ciclo. Es sabido que los centros requieren de autorización para su funcionamiento; seguir el currículo y los requisitos de esta etapa (titulación de los docentes, ratios, instalaciones, etc.) según las directrices del Gobierno a través de sus normativas (decretos, reales decretos, instrucciones etc.)

Modelo de gestión

En esta etapa el niño se incorpora a un entorno nuevo que rompe su esquema habitual por lo que los espacios deben estructurarse atendiendo a sus necesidades. Siguiendo a Heras (1997) se destacan las fisiológicas (limpieza, alimentación, sueño seguridad), las afectivas (con adultos y entre iguales), las de movimiento (exploración del entorno), las de juego y diversión (actividades lúdicas), las de socialización (actividades y tareas colectivas), las de autonomía (comida, vestido, elección de materiales), las de expresión y comunicación (teatro, juegos, intercambios), las de descubrimiento (tareas de observación y experimentación), las de conocimiento de uno mismo (disfraces, espejos, talleres) y las de manipulación, creación e imaginación. En la práctica nos encontramos distintos modelos espaciales:

- De aula única. Espacio único además de un vestíbulo.
- De aula con anexos. Hay otras dependencias próximas vinculadas al aula que suponen una prolongación de la misma.
- De varias aulas. Suelen estar orientadas a un vestíbulo que se utiliza como espacio apropiado para el desarrollo de actividades de carácter compartido.

La distribución interna del aula dependerá de la especificidad de cada una de ellas y de la metodología de trabajo que se quiera promover, si bien el trabajo por zonas es el más común actualmente. Entre otras destacamos:

- *Zona de trabajo individual.* En ella el alumnado se inicia en la ejecución de actividades que exigen de su propio esfuerzo y creatividad.
- *Zona de trabajo colectivo.* Constituido por las mesas, las sillas, el encerado y cualquier recurso tecnológico (vídeo, radio, magnetófono, ordenador...).
- *Zona de actualidad.* Se enfatizan tópicos para suscitar el interés del alumnado.
- *Zona para juegos y actividades de movimiento.* Se posibilita la expresión física y psicomotriz del alumnado.

- *Zona de reunión.* Se inician en la participación de actividades compartidas.
- *Zona de biblioteca.* Para la familiarización y consulta de materiales impresos.
- *Zona de juego simbólico.* Donde tienen juguetes y disfraces para su uso.
- *Zona de expresión plástica.* Se realizan y exponen creaciones artísticas.

Las rutinas

El saludo inicial, la despedida, la observación del tiempo atmosférico, ir al baño antes del recreo, escuchar a los alumnos después de un fin de semana, etc., son rutinas que generan hábitos básicos y que contribuyen a fomentar las relaciones en el grupo de iguales. Algunas rutinas típicas en un aula de Educación Infantil son: Colgar la ropa y las mochilas; Sentarse en el lugar de la asamblea; Nombrar a los niños que faltan (Pasar lista); Observación del tiempo atmosférico y la estación; Observación del calendario y día de la semana; Repartir las responsabilidades (actividad semanal). La distribución del aula también es un elemento fundamental que debe contribuir a una respuesta educativa ajustada al alumnado. Los espacios deben ser susceptibles de modificación de acuerdo a la flexibilidad y necesidad de participación de todas las personas que concurran en el aula.

Las actividades y materiales

Las actividades deben ser lo más variadas posibles y tener diversos niveles de profundidad. También es necesario tener planificadas actividades de refuerzo o ampliación y que todas las tareas permitan la participación del alumnado. En cuanto a los materiales pueden ser extremadamente diferentes: material reutilizado, velcro, fichas plastificadas, material de psicomotricidad, medios audiovisuales, etc.

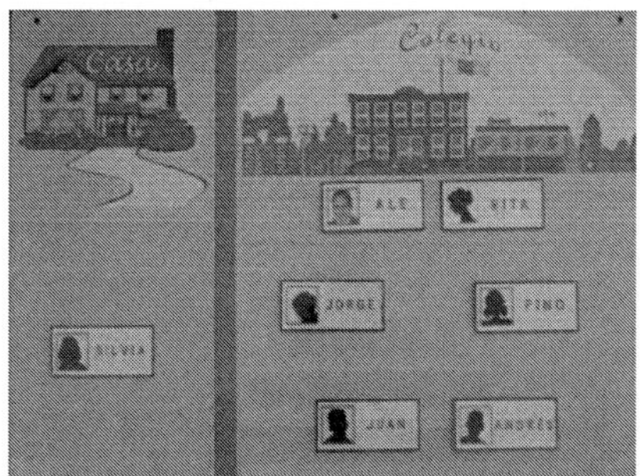

Figura 3.1. Panel para pasar lista (Elaboración propia)

Figura 3.2. Paneles del calendario y día de la semana (Elaboración propia)

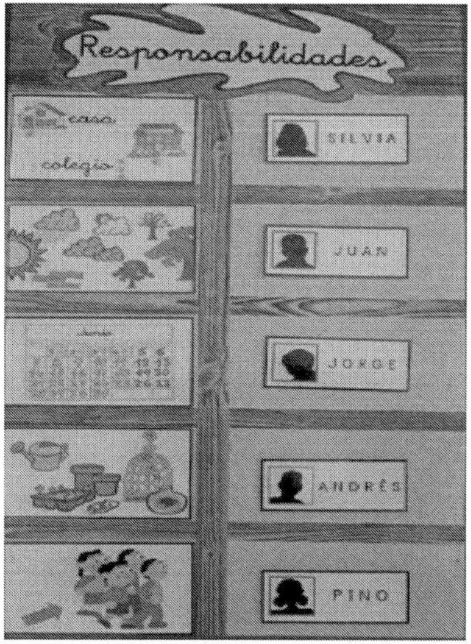

Figura 3.3. Panel de las responsabilidades (Elaboración propia)

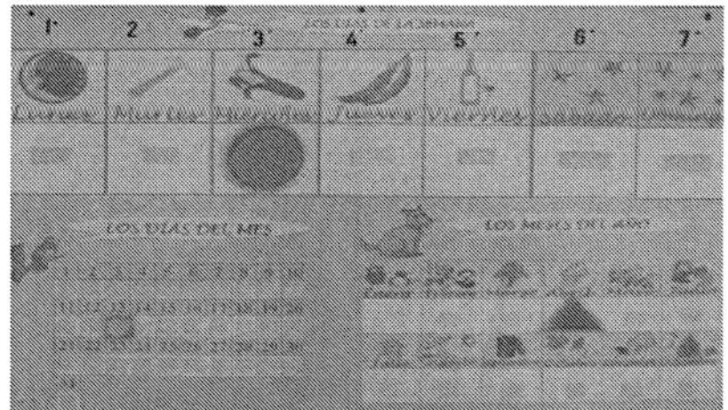

Figura 3.4. Paneles para señalar el tiempo atmosférico y las estaciones. (Elaboración propia)

A modo de ejemplo, recogemos los posibles espacios de un aula-tipo de Educación Infantil (3-6 años)

1 Existe un espacio bastante amplio que es utilizado para que el alumnado juegue o para organizar actividades que impliquen cierto movimiento o de carácter psicomotor (núm. 1).

2 Un espacio de relajación y descanso con una alfombra y cojines de cada niño que se utiliza, además, para desarrollar la asamblea diaria (núm. 2). La asamblea es un lugar idóneo de encuentro para todo el grupo en la que necesitamos aprender a mirarnos y relacionarnos. Escuchar, responder, repetir, entender u organizar las actividades iniciales, son algunas de las acciones que se producen cada día durante el encuentro del grupo en el aula.

3 Rincón de la biblioteca y la tranquilidad en el que se dispone la biblioteca del aula, contando con diversos libros, cuentos, catálogos, etc. (núm. 3). Es un lugar reservado y tranquilo cerca de la gran alfombra de la asamblea.

4 Rincón verde donde se encuentran diversas plantas que traen todos los miembros del aula y las mascotas de la clase (núm. 4).

5 Rincón del ordenador. Aquí se ubica el ordenador del aula con el que podremos utilizar diversos programas informáticos, así como hacer uso del acceso a internet (núm. 5).

6 Rincón de la higiene, aseo y alimentación. En este espacio se desarrolla la comida del alumnado de media mañana antes de salir al recreo. También aquí se trabajan hábitos de salud y aseo personal (núm. 6).

7 Rincón de manualidades y sensaciones donde se podrá disfrutar de actividades artísticas y plásticas, al tiempo que utilizar diversos materiales, texturas... técnicas como el modelado, grabado, dibujo, etc. (núm. 7).

8 Rincón del juego simbólico y de la cocina. El aula tiene un equipamiento completo de una cocina que nos permitirá, mediante la vivencia, el desarrollo de habilidades de la vida diaria relacionadas con este ámbito (núm. 8).

9 Rincón de las construcciones y las herramientas. En él se dispone de material para manipular el espacio tridimensional, la reproducción de modelos, diseñar los espacios de sus aventuras e historietas, etc. (núm. 9).

10 Rincón de los juguetes. Hay un gran baúl con diversos juguetes, mucho de ellos traídos por los alumnos/as para jugar libremente (núm. 10).

11 Perchero del aula. Los percheros están situados cerca de la puerta del aula, y cada niño y niña posee un distintivo en su lugar reservado (núm. 11).

3.4. COLEGIOS DE EDUCACIÓN PRIMARIA (6-12 años)

En la etapa de Educación Primaria se refuerza la adquisición de autonomía en los ámbitos escolar y familiar, la gestión emocional, la competencia tecnológica con una visión crítica y el desarrollo de una movilidad activa y saludable (LOMLOE, 2023).

En este nuevo escenario normativo, se necesita orientar la organización hacia una gestión flexible y orientada hacia el fomento de la creatividad, espíritu científico, de las TIC y del aprendizaje significativo y competencial Al igual, que requiere un especial énfasis la atención a las diferencias individuales del alumnado, mejorando la inclusión educativa y la prevención de las dificultades de aprendizaje.

En cuanto a materias, la ley actual incluye Valores Cívicos y Éticos en el tercer ciclo, y la religión será de oferta obligatoria para los centros y de elección voluntaria por el alumnado, desapareciendo la obligatoriedad de cursar una materia alternativa. En evaluación y promoción, destaca la obligatoriedad de que las familias tienen que recibir un informe personalizado al terminar los cursos y la etapa. Al igual que la repetición solo puede llevarse a cabo cuando se termine la etapa.

La estructura se organiza en seis cursos donde hay áreas que se podrán agrupar en ámbitos.

Los colegios de Educación Primaria tienen diferencias según los tipos de enseñanza que imparten:

- Colegios de Educación Primaria. Imparten enseñanzas exclusivamente en Educación Primaria (6 a 12 años).
- Colegios de Educación Infantil y Primaria. Imparten enseñanzas de las dos etapas (3 a 12 años).
- Colegios de Educación Infantil y Primaria con autorización para impartir el primer ciclo de Educación Secundaria Obligatoria (3 a 14 años) lo hacen en estas tres etapas.
- Colegios Rurales Agrupados (CRA) Imparten enseñanzas de Educación Infantil y primaria (3 a 12 años) en zonas semiurbanas y rurales.
- Colegios específicos de Educación Especial. Imparten enseñanzas de primaria con profesionales especializados a alumnos que no pueden incorporarse a los centros ordinarios (de 6 a 21 años).
- Centros concertados y privados. Pueden impartir desde Educación Infantil hasta Bachillerato. Los conciertos pueden abarcar todas las etapas o estar asociados a alguna en concreto.

Los centros de Educación Primaria tienen diferencias según la titularidad:

- Centros Públicos: Titularidad pública, gratuitos y mixtos.
- Centros Concertados: Titularidad privada, etapas concertadas gratuitas y mixtos.
- Centros Privados: Titularidad privada, no son gratuitos y pueden ser o no mixtos.

Los centros de Educación Primaria se diferencian por su organización:

- Consejo Escolar. Es el máximo órgano de decisión del centro. Todas las decisiones y documentos oficiales han de ser aprobados por el Consejo escolar. Su composición le hace ser también el máximo órgano de participación en la gestión administración del centro. El número de miembros y su composición varía según el tamaño del centro (medido en unidades escolares).
- *Claustro de profesores.* Es el órgano de participación de los profesores en la planificación, coordinación y decisión de los aspectos docentes que afectan al conjunto del centro.
- *Equipo directivo.* Es un órgano colectivo que suma las funciones que cada uno de sus miembros tiene de manera individual. Su sentido viene esencialmente de que sus miembros son elegidos por el director, y deben estar compenetrados con su proyecto de dirección.
- *Equipos de ciclo.* Son los órganos que agrupan a los maestros que imparten docencia en el centro y suele tener como coordinador a un maestro definitivo con experiencia.
- *Comisión de Coordinación Pedagógica (CCP).* Es el órgano motor de la mayoría de las decisiones respecto a aspectos pedagógicos y didácticos. Integrada por el director/a que será su presidente, el jefe de estudios, los coordinadores de ciclo y el orientador/a. Entre sus funciones están: Establecer directrices para elaborar el proyecto curricular y coordinar su elaboración y posible modificación. Elaborar las propuestas de organización de la Orientación Educativa y del Plan de Acción Tutorial (PAT). Establecer los criterios y procedimientos para las adaptaciones curriculares (ACI). Asegurar la coherencia entre el Proyecto Educativo de Centro, el Proyecto Curricular y la Programación General Anual. Velar por el cumplimiento y evaluación del Proyecto Curricular.

- *Proyectos.* En los centros se desarrollan diferentes proyectos que singularizan a los centros educativos; así podemos tener Proyectos de Biblioteca, Proyectos de Mejora, Programas de Apoyo Escolar (PROA), Proyectos de Apertura a la Comunidad, Proyectos de Innovación, Proyectos de utilización de las Tecnologías de la Información y la Comunicación...

- *Servicios.* En los centros puede haber una o varias asociaciones de padres y madres de alumnos, asociaciones de alumnos, Escuelas de Madres y Padres, servicios de desayuno y comida, transporte escolar...

Las decisiones organizativas, sobre la utilización de los espacios físicos de uso común, de las aulas y del entorno, deben organizarse para generar un ambiente acogedor y distendido que facilite la comunicación, que sea sugerente para desarrollar las tareas educativas y que aproveche las posibilidades educativas que ofrece Internet. Es decir, el espacio debe configurarse como algo vivo que refleje la identidad personal y peculiar de los diferentes elementos que la componen y la cultura compartida.

En las aulas, la tipología de las tareas es tan variada que aconseja disponer en las mismas de mobiliario ligero y adaptable, incluidos los recursos tecnológicos, porque el trabajo individual, por parejas, en pequeño grupo y en gran grupo aconseja disponer las mesas de manera individual, en filas paralelas, en doble círculo, en semicírculo, en cuadrado, en forma de U o en T en función de las necesidades educativas.

El trabajo por rincones de información, de biblioteca, de naturaleza, de expresión artística, de juego libre, así como la puesta en marcha de la Escuela 3.0 deben valorarse educativamente de manera que faciliten el desarrollo de proyectos interdisciplinares desde una interpretación versátil y dinámica del espacio.

Otros espacios comunes como los pasillos, las salas de usos múltiples, las salas de informática, las salas de idiomas, los patios de recreo, los aseos o los comedores, deben favorecer la comunicación y el desplazamiento fluido. Por último, la apertura de los centros a la comunidad ha abierto el espacio educativo al entorno próximo lo que facilita el desarrollo de múltiples proyectos de colaboración sobre los que se deben de tomar decisiones organizativas para actualizarlos y optimizarlos.

Estas y otras características diferenciales confieren una singularidad irrepetible a los centros de Primaria en base a como combinen estos elementos organizativos, a la calidad de sus docentes, a las iniciativas que promuevan los diferentes miembros de la comunidad educativa, a las peculiaridades situacionales y a la historia del centro.

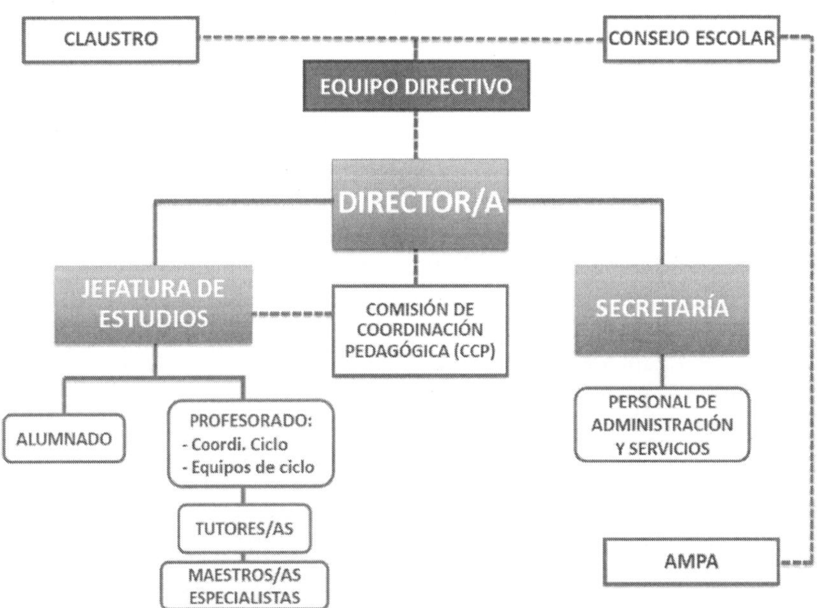

Figura 3.5. Organigrama de un Centro de Educación Primaria.

Los Centros de Educación Básica (CPEB) son centros docentes públicos que imparten enseñanzas de régimen general de Educación Infantil, Primaria y Secundaria Obligatoria y su regulación está principalmente establecida por la Ley Orgánica de Modificación de la LOE (LOMLOE) y sus antecesoras, como la LOE y la LOMCE, que han sido parte del marco legal educativo en los últimos años.

Los órganos de gobierno son, al igual que en los Colegios de Educación Infantil y Primaria, de carácter colegiado (Consejo Escolar del centro y Claustro de profesorado) y unipersonal (Director o Directora, Jefatura de Estudios y Secretario). No obstante, dada la naturaleza y características de este tipo de centros, existe una Jefatura de Estudios de Educación Infantil y Primaria y otra Jefatura de Educación Secundaria Obligatoria.

En el Principado de Asturias encontramos este tipo de centros en: CPEB Pola de Allande (Pola de Allande); CPEB Cabañaquinta (Cabañaquinta); CPEB Carlos Bousoño (Boal); CPEB Las Arenas (Las Arenas); CPEB Cerredo (Cerredo); CPEB El Salvador (Grandas); CPEB Aurelio Menéndez (San Antolín); CPEB Valdellera (Posada); CPEB Colombres (Colombres); CPEB Príncipe Felipe (Navelgas).

3.5. INSTITUTOS DE EDUCACIÓN SECUNDARIA (12-18 AÑOS)

Estas instituciones imparten una etapa de alta complejidad que conlleva una difícil organización, tanto para las Administraciones Públicas como para los equipos de dirección, el profesorado y los estudiantes. Las razones hay que buscarlas en los propios contenidos curriculares que abarcan un amplio abanico de disciplinas, en la combinación del carácter académico con el artístico y profesional, en la armonización del carácter propedéutico, preparatorio para estudios superiores, con la finalidad de orientarlos al ámbito laboral y porque abarca etapas evolutivas en el alumnado que recorren desde el fin da la infancia, atraviesan la pubertad y se adentran en la adolescencia.

La finalidad de esta etapa es preparar al alumnado para su incorporación a estudios posteriores y para el ejercicio de sus derechos y obligaciones como ciudadanos. En esta etapa las asignaturas se pueden agrupar en ámbitos, no existen jerarquías entre materias y se eliminan las pruebas finales de etapa para así promover el aprendizaje significativo y, competencial del alumnado; con énfasis especial en la competencia digital, tecnológica, emprendimiento social y empresarial, espíritu crítico, científico, la educación emocional, en valores, la creatividad y la autonomía.

La atención a la diversidad queda evidenciada cuando a partir de tercero de la ESO se ofrece la posibilidad de cursar los Programas de Diversificación Curricular y los ciclos formativos de grado básico. Estos centros dan cobertura a una organización amplia de las enseñanzas dado que comprende:

- Educación Secundaria Obligatoria (ESO)
- Educación Secundaria Postobligatoria:
    - *Bachillerato.*

      En esta etapa, la normativa ha añadido entre sus objetivos la necesidad de fomentar una actitud responsable en defensa del desarrollo sostenible y en la lucha contra el cambio climático, afianzamiento de los hábitos deportivos y la consolidación de la madurez afectivo -sexual.

      En cuanto a las modalidades de Bachillerato existen cuatro: Ciencia y Tecnología, Humanidades y Ciencias Sociales y Artes y Bachillerato General.

      Por último, cabe destacar las nuevas pasarelas entre esta etapa educativa y las enseñanzas de FP, Artística y las Deportivas, que permiten que cursando diferentes materias se pueda obtener el título de Bachiller.

    - *Formación Profesional*

      En el sistema educativo comprende los ciclos de Grado Medio, Grado Superior, así como los cursos de especialización.

Todos ellos con una organización modular de duración variable, que integra contenidos teóricos-prácticos adecuados a los diversos campos profesionales.

La finalidad es la preparación del alumnado para el desarrollo de la actividad profesional, y permitir su progresión en el marco del aprendizaje a lo largo de la vida.

3.6. ECOSISTEMAS EDUCATIVOS SINGULARES

Además de estas instituciones educativas vamos a presentar de manera sintética los referentes básicos de cuatro ecosistemas educativos singulares: Centros de Adultos, los Centros de Educación Especial, los Centros de Profesores y Recursos, los Centros Rurales Agrupados, las Aulas Hospitalarias, los Centros Penitenciarios, los Centros Integrados de Formación Profesional y las Escuelas Taller entre muchos otros. En este caso haremos referencia a la organización y gestión de algunos de ellos.

Centros de Adultos

La Ley Orgánica 2/2006, de 3 de mayo, de Educación, modificada por la Ley Orgánica 3/2020 de 29 de diciembre en sus artículos 66 a 70 bis regula la Educación de Personas Adultas. Estas enseñanzas tienen la finalidad de ofrecer a todas las personas mayores de 18 años la posibilidad de adquirir, actualizar, completar o ampliar sus conocimientos y aptitudes para su desarrollo personal y profesional. Bajo este marco las diferentes Administraciones educativas colaborarán con otras entidades y se valorarán aprendizajes formales y experiencia laboral-social para validar conocimientos.

La organización y la metodología de las enseñanzas para las personas adultas se basarán en el autoaprendizaje y tendrán en cuenta sus experiencias, necesidades e intereses, pudiendo desarrollarse a través de la enseñanza presencial y también mediante la educación a distancia. Las administraciones educativas podrán promover convenios de colaboración para la enseñanza de personas adultas con las universidades, corporaciones locales y otras entidades públicas o privadas. En este último supuesto, se dará preferencia a las asociaciones sin ánimo de lucro.

Entre otras características que detalla la actual normativa destacamos la necesidad de realizar investigaciones y difundir prácticas innovadoras en el campo de la educación de las personas adultas para promover nuevos modelos educativos. También debe tenerse en cuenta que cuando la educación de las personas adultas se orienta a la obtención de uno de los títulos educativos establecidos en la Ley, será impartida en centros autorizados por la administración educativa competente.

En cuanto al modelo de gestión destacamos:

- Los órganos de gobierno y de coordinación docentes están conformados por los órganos de dirección – dirección, jefatura de estudios y secretaría – órganos colegiados de gobierno – consejo escolar y claustro de profesores – y órganos de coordinación docente – equipos de nivel, departamentos de coordinación didáctica y de orientación, tutores y junta de profesores.

- Las enseñanzas que se pueden impartir son programas de alfabetización y aquellos otros orientados a adquirir, completar o actualizar la formación básica, así como los programas correspondientes a enseñanzas no regladas. La Educación Secundaria la pueden impartir cuando son autorizados por la Administración competente en materia educativa. En el caso de los centros ordinarios existe la posibilidad de impartir el segundo ciclo de ES, los estudios de bachillerato y la Formación Profesional Específica cuando se programa una oferta adaptada a las necesidades de la población adulta y se dispone de la autorización pertinente.

- Los centros de adultos tienen la misma autonomía que el resto de los centros en los ámbitos pedagógico (elaboración del proyecto educativo y programaciones didácticas), de gestión económica y de organización y funcionamiento interno. Estas últimas se recogen en el Reglamento de Régimen Interno (RRI), así como un plan de convivencia que deberá incorporarse a la Programación General Anual (PGA).

- Los centros evalúan su propio funcionamiento (evaluación interna) así como cada uno de los programas y actividades que llevan a cabo y los resultados alcanzados. El Consejo Escolar evalúa la PGA, el desarrollo de actividades complementarias, la evolución del rendimiento escolar de los estudiantes y la eficacia en la gestión de los recursos. El Claustro evalúa el proceso de enseñanza y la evolución del rendimiento escolar del centro, así como todas aquellas cuestiones organizativas y metodológicas que se hubiesen planteado.

- Los centros son evaluados por la Inspección Educativa (evaluación externa) a partir de los condicionantes situacionales y coyunturales en los que se desarrollen los proyectos, los programas y las actividades de los centros, así como la gestión de los presupuestos, los recursos, los espacios y los tiempos.

- Los estudiantes participan a través de la Junta de Delegados, los Delegados de Grupo y las Asociaciones.

En el caso de la Consejería de Educación y Cultura, por Resolución de 26 de abril de 2017, organiza las enseñanzas y el currículo de la Educación Secundaria Obligatoria para Personas Adultas en Asturias. Y, es el IES Doña Jimena en Gijón el único centro que ofrece Bachillerato a distancia en Asturias, está colaborando con los centros de Educación de Personas Adultas, para así mejorar la educación en la región.[1]

Centros de Profesores y Recursos (CPR)

La LOMLOE dispone que la formación permanente sea un derecho y una obligación de todo el profesorado, así como una responsabilidad de las administraciones educativas y de los propios centros.

En Asturias, el Decreto 42/2001, de 11 de abril (BOPA de 26 de abril de 2001) regula la estructura, organización y funcionamiento de los CPRs

Sus finalidades se orientan a la formación permanente del profesorado, la elaboración y difusión de materiales curriculares y el apoyo a la acción educativa en los niveles no universitarios. Promueven la innovación y el intercambio de experiencias pedagógicas y didácticas. Respaldan la elaboración de materiales pedagógicos y de apoyo a la acción educativa. Apoyan la aplicación y el desarrollo de los proyectos pedagógicos de los centros. Patrocinan el desarrollo de proyectos de uso y aplicación de las nuevas tecnologías de la información y la comunicación en el ámbito de la educación. Colaboran en el desarrollo de proyectos interinstitucionales con fines educativos. Participan en actividades de dinamización social y cultural en colaboración con los centros de su ámbito de actuación. Colaboran con otras instituciones, especialmente con la Universidad, en acciones relativas a formación permanente e innovación educativa.

Para desarrollar sus funciones los Centros de Profesores y Recursos se dotan de la siguiente estructura orgánica (artículo 6):

- Director o directora, equipo técnico-docente, consejo asesor y personal de administración y servicios.

La dirección es nombrada, previa convocatoria pública de acuerdo con los principios de igualdad, mérito y capacidad, por la Consejería de Educación y Cultura, que determinará los criterios de selección, forma de acceso, cese y condiciones de permanencia. También coordina el programa anual, las actividades del centro y la evaluación de los programas pertinentes en el ámbito del centro. Por último, convoca y preside las reuniones del Equipo Técnico-Docente y del Consejo Asesor y elabora una memoria anual.

El Equipo Técnico-Docente se estructura en áreas de intervención:

- Área de Actualización Profesional, que se encarga del diseño, la gestión y el desarrollo de cursos, seminarios y demás actividades de formación permanente, así como de la colaboración con la Universidad y otras instituciones.

- Área de Proyectos Pedagógicos en Centros e Innovación Educativa, que se encarga del diseño, la gestión y el asesoramiento de acciones de formación y de proyectos pedagógicos aplicados en los centros educativos, así como de las actuaciones relativas a elaboración y difusión de materiales de apoyo y programas de innovación educativa.

1 https://www.educastur.es/documents/34868/38433/2023-06-circular-inicio-curso-anexo-ii-cepa.pdf/9f7f0a0b-b307-27c3-435d-c6843a8ecb85?t=1687251838087

- Área de Tecnología, que se encarga del diseño, la gestión y la asistencia técnico-docente de proyectos de aplicación de las nuevas tecnologías de la información y la comunicación en los centros educativos, y las acciones de formación procedente, en colaboración con los programas de tecnologías educativas de la Viceconsejería de Educación.

El Consejo Asesor de los CPR estará constituido por:

- El titular de la Dirección del centro, que será su presidente.
- Hasta un máximo de 4 consejeros o Consejeras representantes del profesorado. Serán electores y elegibles los representantes de los Claustros del profesorado de los centros públicos y privados concertados.
- Dos Asesores Técnico-Docentes, elegidos por los miembros del Equipo Técnico-Docente.
- Dos representantes de la Administración educativa, designados por el titular de la Viceconsejería de Educación, uno de ellos perteneciente al Servicio de Inspección Educativa y de Servicios de la zona.
- Un representante de la Administración local, si existiera convenio de colaboración en materia educativa entre el Ayuntamiento donde se ubica el CPR y la Consejería de Educación y Cultura, designado por las autoridades competentes.
- Desempeñará la Secretaría del Consejo Asesor un Asesor Técnico-Docente que forme parte de este, designado por el titular de la Dirección del centro.
- Los miembros del Consejo Asesor se renuevan cada cuatro años.

Los CPR elaboran y ejecutan un programa de actuación anual para:

- Intercambiar experiencias docentes y dar a conocer proyectos de innovación en los centros.
- Promover la adecuación de los contenidos de los programas de ámbito regional a las particularidades de su entorno, así como canalizar y elevar las propuestas de los centros educativos y el profesorado relativas a su formación.
- Asesorar en la aplicación de los proyectos pedagógicos en los centros, promoviendo acciones que favorezcan la reflexión sobre la práctica docente, motiven la innovación en el aula, y posibiliten la mejora de su acción educativa.
- Contribuir a la dinamización social y cultural, especialmente en las zonas rurales, con el fin de enriquecer los proyectos educativos de la zona.

Las zonas que hay actualmente en Asturias se distribuyen del siguiente modo, ver figura 4.6.

Figura 3.6. Ámbitos geográficos de los CPRs de Asturias

Centros Rurales Agrupados (CRA)

Un Colegio Rural Agrupado es una organización basada en la agrupación de varias unidades que constituyen un colegio y cuyo ámbito se extiende entre varias localidades rurales. Estas organizaciones se caracterizan (Bernal, Cano y LaCruz, 2014; Álvarez- Arregui, 2017) por:

- La diversidad, dado que los entornos demográficos, físicos, culturales, económicos y tecnológicos varían.
- La baja densidad de población y su distribución en el territorio genera que este servicio educativo corra a cargo de la enseñanza pública dado que el costo de su gestión es mucho mayor que en los centros ordinarios al tener que financiar el transporte, los comedores, bajas ratios, rutas de itinerancia para los docentes...
- Profesorado con baja preparación inicial para dar respuesta a las especiales circunstancias en el que se desarrollan los procesos de enseñanza-aprendizaje al concurrir simultáneamente alumnos de diferentes niveles.
- Alumnado heterogéneo que exige atender a la diversidad y aplicar medidas de compensación y de equidad con aquellos estudiantes con más necesidades educativas especiales.
- Pocos estudiantes y aislamiento físico por darse un déficit en las comunicaciones que se suple virtualmente con la utilización generalizada de Internet.
- Ratios bajas que suponen un alto coste para las administraciones pero que permiten dispensar una atención individualizada lo que palía en parte el tener que trabajar con estudiantes de diferentes edades.
- Relación estrecha con las familias si bien el asociacionismo es bajo.
- Requiere una organización diferente porque el CRA es un conjunto de pequeñas escuelas rurales del mismo entorno físico, social y natural que se encuentran dispersas mientras que los maestros forman parte de un único centro, con un claustro, un equipo directivo, una Programación General Anual, un Proyecto Educativo de Centro y un Proyecto Curricular para cada etapa. Las aulas tienen un maestro tutor y los especialistas itineran.
- Los C.R.A cuentan con la visita periódica de un equipo psicopedagógico encargado del diagnóstico y seguimiento de posibles A.C.N.E.E.s (alumnos con necesidades educativas especiales) y otras labores de apoyo y asesoramiento al profesorado.
- La representación municipal en el Consejo Escolar la ostenta cada año académico uno de los Ayuntamientos y se informa al resto de los asuntos tratados y de las decisiones adoptadas.

Los CRA han generado nuevas organizaciones como los CRIE (Centros Rurales de Innovación Educativa) donde se desarrolla la sociabilidad a través de un tejido de relaciones entre padres, madres y estudiantes de distintos pueblos y comarcas; sirven de lugar de encuentro para los maestros y permite generar foros de discusión de la comunidad educativa sobre la problemática y las posibilidades que ofrece la Escuela Rural En el caso de Asturias no se han creado los CRIES, es más habitual en Andalucía o en Castilla-León

En el caso de Asturias, la Consejería de Educación y Cultura de Asturias ha constituido el Observatorio de la Escuela Rural, según resolución de 10 de abril de 2019, como órgano que tiene como finalidad atender a la especificidad de la educación en el mundo rural y generar propuestas para consolidar y reforzar la escuela en ese ámbito. En los últimos años se han creado grupos de trabajo que tratan de articular estrategias metodológico-pedagógicas que tengan presentes las peculiaridades de la escuela rural; como el aislamiento geográfico o las aulas mixtas con alumnado de distintas edades y niveles[2]. El objetivo del observatorio es "desarrollar una escuela rural transformadora, compensadora, integradora y participativa que, además de atender los aspectos académicos, se convierta en centro de aprendizaje dinamizador y revitalizador de su entorno social y cultural"

2 https://view.genial.ly/6486d18edb820b0019a71293/presentation-plan-de-actuacion-de-la-escuela-rural-del-principado-de-asturias

En definitiva, estas escuelas suelen ser el corazón de sus comunidades, que tratan de promover la conexión y participación con el entorno local. Entre los retos de futuro al que tendrán que hacer frente los CRA cabe destacar la generalización al ciclo 0-3 años, favorecer la estabilidad del profesorado, respaldar a los equipos directivos, mejorar las condiciones laborales de los maestros especialistas itinerantes, potenciar una formación inicial y de acceso adecuada a las demandas de la escuela rural, dotarles de las instalaciones y recursos necesarios y potenciar los CRIE y los CRA para favorecer el desarrollo local.

Aulas Hospitalarias

La Consejería de Educación y Cultura, regula el Programa de Aulas Hospitalarias y Atención Domiciliaria para alumnado con problemas graves de salud del Principado de Asturias según resolución de 27 de marzo de 2018. El objetivo del programa es asegurar la educación inclusiva de estudiantes con problemas de salud graves, actuando como mediador entre familias, centros educativos y planes de atención individualizados. La organización de la atención educativa al alumnado enfermo puede ser de dos formas; por un lado, dentro del centro escolar donde están matriculados, coordinando con atención hospitalaria o domiciliaria. Por otro lado, a través de modalidades específicas, los equipos docentes están organizados en ámbitos sociolingüísticos y científico-tecnológicos, y operan bajo el Equipo Regional de apoyo educativo de la comunidad autónoma. Por último, cabe destacar que el Ministerio de Educación y Cultura es el principal aporte de recursos y programas para estas aulas si bien intervienen otras muchas entidades privadas que aportan recursos para la práctica pedagógica en hospitales.

En general, los objetivos que se plantean desde estas aulas son:

- Proporcionar atención educativa a los niños hospitalizados.
- Favorecer la continuidad del proceso aprendizaje.
- Favorecer las relaciones socioafectivas de los niños hospitalizados.
- Fomentar la utilización del tiempo libre y de ocio en el hospital.

Como características principales cabe destacar que:

- Se encuentran ubicadas dentro de un centro hospitalario, atienden a jóvenes que sufren patologías que les impiden la asistencia al centro escolar.
- Tienen un espacio propio, abierto y flexible.
- Se centran en la atención al niño hospitalizado.
- La asistencia es breve y voluntaria.
- La acción educativa se ajusta a las necesidades y características de los pacientes.
- La organización de estas aulas debe tener en cuenta la posibilidad de ausencia por lo que debe posibilitar la reincorporación de los alumnos cuando sea necesario.

Los profesionales están titulados en magisterio, aunque también pueden trabajar en este ámbito pedagogos, psicólogos y profesores de secundaria. Estos técnicos deben de disponer de información clara y precisa sobre la enfermedad que padece cada interno, así como sus tratamientos, para poder así favorecer la preparación de la reintegración en el regreso al centro escolar de procedencia.

Las funciones que llevan a cabo están encaminadas a normalizar la vida del niño, manteniendo el mejor y más fluido contacto con sus centros, paliar lo más posible el llamado "síndrome hospitalario" mediante la continuidad de tareas escolares y ayudar a que se lleven a cabo los procesos de relación y socialización, de los niños del aula entre sí. Los criterios metodológicos que siguen son globalizados, personalizados, participativos, significativos, motivadores y flexibles. Como es lógico, deben de contar con el apoyo de la familia y demás profesionales sanitarios para desempeñar sus tareas de manera eficaz.

La coordinación interna de las Aulas Hospitalarias es fundamental y se centra en tres puntos clave:

- La coordinación entre los maestros de aula.
- La coordinación con el personal del centro hospitalario.
- La coordinación con las familias de los pacientes.

La coordinación externa se centra también en tres puntos clave:

- Coordinación con el Servicio de Inspección Educativa y con la Unidad de Programas Educativos.
- Coordinación con el centro de referencia u origen.
- Coordinación con otros profesores de otras aulas hospitalarias.

3.7. TERCER SECTOR

El aportar una definición del Tercer Sector no resulta fácil y, sobre todo, a la hora de delimitar los criterios de inclusión y exclusión de determinadas organizaciones no hay un acuerdo claro.

El Observatorio del Tercer Sector en Bizkaia ha realizado un estudio para ofrecer una definición más precisa en el año 2014, donde destacan que "el propio hecho de que el concepto se haya visto muy determinado por las características de una definición residual (Tercer Sector entendido como todo aquello que no es sector público -el primer sector-, ni sector lucrativo -segundo sector-) ha influido en buena manera en su imprecisión".

Tras finalizar el mencionado proceso de reflexión, el citado Observatorio define el Tercer Sector como "el conjunto de iniciativas formalizadas en activo de la sociedad civil, con autonomía de gestión e independencia, de carácter no lucrativo y por norma general voluntario, y que orientan su actividad a la intervención social en sentido amplio, lo cual implica que tienen por finalidad la mejora del entorno social desde campos muy variados que desarrollan su actividad en y desde un territorio concreto"

Los elementos distintivos que han considerado clave para su descripción son:

- iniciativas formalizadas
- en activo
- surgidas de la sociedad civil
- que mantengan autonomía de gestión e independencia con respecto entidades que no se consideran del tercer sector: administración pública, empresas, cajas de ahorro, partidos políticos y sindicatos
- de carácter no lucrativo
- por norma general voluntario
- de intervención social en sentido amplio, lo que implica que tienen por finalidad la mejora del entorno social desde campos muy variados: la acción social, la cultura, la cooperación al desarrollo, los derechos humanos, la salud, el ocio y tiempo libre, el empleo, el medioambiente, etc.
- que desarrollan su actividad en y desde un territorio concreto.

3.8. ASOCIACIONES

Las asociaciones son organizaciones formadas por un grupo de individuos, entidades o empresas que tienen un objetivo común; desde la promoción de intereses compartidos o la búsqueda de fines educativos o causas benéficas, entre otros.

En cuanto a su estructura y organización se articulan en base a la Ley Orgánica 1/2002, de 22 de marzo, reguladora del Derecho de Asociación, que regula y protege el derecho fundamental de asociación en España, según determina el artículo 22 de la Constitución Española.

La citada Ley asegura un marco legal coherente que garantiza la libertad asociativa, la diversidad de asociaciones (partidos políticos, organizaciones profesionales, etc.), la protección de los derechos fundamentales y la participación de los ciudadanos para consolidar la democracia.

La citada ley reconoce la importancia del voluntariado en las asociaciones y la necesidad de colaborar con otros agentes de la sociedad (organizaciones empresariales, sindicales, comercio, etc.) para abordar asuntos de interés general. En esta ley incorpora aspectos desde la creación de una asociación y funcionamiento hasta su disolución, estableciendo mecanismos de inscripción y responsabilidad. Las últimas modificaciones legislativas introdujeron la posibilidad de crear Consejos Sectoriales de Asociaciones, que son órganos de colaboración y asesoramiento que ayudan a una conexión mayor con los actores del entorno.

El órgano supremo de una asociación es la *Asamblea General* (artículo 11 de la citada ley), integrado por los asociados, que adopta sus acuerdos por el principio mayoritario o de democracia interna y deberá reunirse, al menos, una vez al año.

En segundo lugar, también determina la existencia de un Órgano de Representación que gestione y represente los intereses de la asociación, de acuerdo con las disposiciones y directivas de la Asamblea General, pudiendo formar parte del él solo los asociados. Para ser miembro de los órganos de representación serán requisitos indispensables: "ser mayor de edad, estar en pleno uso de los derechos civiles y no estar incurso en los motivos de incompatibilidad establecidos en la legislación vigente".

El Órgano de Representación deberá quedar establecidos, según artículo 6 y 7 de la citada ley, en la Escritura de Constitución y Estatutos que a continuación definimos:

Los Estatutos deberán contener los siguientes datos: "la denominación; el domicilio, así como el ámbito territorial en que haya de realizar principalmente sus actividades; la duración, cuando la asociación no se constituya por tiempo indefinido; los fines y actividades de la asociación, descritos de forma precisa; los requisitos y modalidades de admisión y baja, sanción y separación de los asociados y, en su caso, las clases de éstos. Podrán incluir también las consecuencias del impago de las cuotas por parte de los asociados; los derechos y obligaciones de los asociados y, en su caso, de cada una de sus distintas modalidades; los criterios que garanticen el funcionamiento democrático de la asociación; los órganos de gobierno y representación, su composición, reglas y procedimientos para la elección y sustitución de sus miembros, sus atribuciones, duración de los cargos, causas de su cese, la forma de deliberar, adoptar y ejecutar sus acuerdos y las personas o cargos con facultad para certificarlos y requisitos para que los citados órganos queden válidamente constituidos, así como la cantidad de asociados necesaria para poder convocar sesiones de los órganos de gobierno o de proponer asuntos en el orden del día; el régimen de administración, contabilidad y documentación, así como la fecha de cierre del ejercicio asociativo; el patrimonio inicial y los recursos económicos de los que se podrá hacer uso.; causas de disolución y destino del patrimonio en tal supuesto, que no podrá desvirtuar el carácter no lucrativo de la entidad. asimismo, los estatutos también podrán contener cualesquiera otras disposiciones y condiciones lícitas que los promotores consideren convenientes, siempre que no se opongan a las leyes ni contradigan los principios configuradores de la asociación".

Por otro lado, el Acta Fundacional ha de contener: "el nombre y apellidos de los promotores de la asociación si son personas físicas, la denominación o razón social si son personas jurídicas, y, en ambos casos, la nacionalidad y el domicilio; la voluntad de los promotores de constituir una asociación, los pactos que, en su caso, hubiesen establecido y la denominación de ésta; los estatutos aprobados que regirán el funcionamiento de la asociación, cuyo contenido se ajustará a las prescripciones del artículo siguiente; lugar y fecha de otorgamiento del acta, y firma de los promotores, o de sus representantes en el caso de personas jurídicas; la designación de los integrantes de los órganos provisionales de gobierno. Al acta fundacional habrá de acompañar, para el caso de personas jurídicas, una certificación del acuerdo válidamente adoptado por el órgano competente, en el que aparezca la voluntad de constituir la asociación y formar parte de ella y la designación de la persona física que la representará; y, en el caso de las personas físicas, la acreditación de su identidad. Cuando los otorgantes del acta actúen a través de representante, se acompañará a la misma la acreditación de su identidad.

Una vez constituida el acta fundacional y los estatutos la asociación será registrada en la administración competente, y tendrá el deber de funcionar de acuerdo con los siguientes principios: llevar al día *el libro de actas, el de contabilidad y el de socios*. Estos libros recogen los elementos fundamentales de la vida de la asociación y son el referente legal ante terceros y ante los propios socios[3].

El *libro de actas* recoge las sesiones de los órganos de gobierno de la asociación, reúne datos de: órgano, fecha, hora y lugar, número de convocatoria, asistentes, orden del día, desarrollo de los argumentos, acuerdos, sistema de adopción de acuerdos, firmas del secretario y del presidente.

El *libro de socios* es un registro de las altas y las bajas de los socios que van teniendo lugar en la asociación.

El *libro de contabilidad* registra el patrimonio, el resultado, la situación financiera, las actividades y el inventario de bienes entre otros.

Entre otras obligaciones tienen que rendir cuentas, presentar una memoria, facilitar informes a las administraciones públicas y aplicar las normas del Plan General de Contabilidad y Normas de Información Presupuestarias de Entidades Sin Fines Lucrativos.

En muchas regiones existen programas y subvenciones para apoyar a las asociaciones. Estas subvenciones pueden provenir de organismos gubernamentales, organizaciones sin fines de lucro, fundaciones y otras fuentes de financiamiento internacional, nacional o local. Estos fondos pueden destinarse a actividades y proyectos que promuevan el desarrollo personal, social, educativo y cultural de la Sociedad, así como a la realización de eventos, talleres, programas de capacitación y más. Las subvenciones y sus programas varían en función de la cuantía económica, requisitos, y enfoque del programa a desarrollar. Por lo que es importante investigar y buscar financiación que se ajuste a los objetivos de la asociación.

3.9. FUNDACIONES

Las fundaciones están amparadas por el Art. 34.1 de la Constitución Española, y se encuentran definidas en el art. 2 de la ley 50/2002, de 26 de diciembre, como "*...organizaciones constituidas sin ánimo de lucro que, por voluntad de sus fundadores, tienen afectado de modo duradero su patrimonio a la realización de fines de interés general*"

Las fundaciones pueden ser creadas por personas físicas y jurídicas, públicas o privadas (artículo 8). Las últimas actualizaciones de la citada ley tratan de fomentar las prácticas de buen gobierno y transparencia, incorporando medidas de lucha contra el fraude, creándose incluso un Registro único de Fundaciones dependiente del Ministerio de Justicia.

Estas organizaciones pueden tener diversos enfoques (cultural, investigación...), y ser creadas por empresas, individuos, familias con el objetivo de destinar recursos (económico, materiales, intelectuales...) para promover proyectos que beneficien a la sociedad.

En muchos casos, la fundación administra y distribuye fondos o recursos que recibe para gestionar programas, otorgar becas, apoyar proyectos, etc. A modo de ejemplo, destacamos: Fundación La Caixa, Fundación Santander, Fundación Alimerka, Fundación Masaveu, Fundación Accenture, etc.

3 https://sede.asturias.es/ast/-/dboid-6269000005867965107573 http://www.cmpa.es/v_juventud/informacion/informacionver.asp?cod=32350&te=6060&idage=38002
https://juventudgijon.wordpress.com/2023/04/21/subvenciones-de-la-fmce-y-up-ayuntamiento-de-gijon-xixon-para-asociaciones-y-colectivos-juveniles-2023/

Un elemento clave de una fundación es su estructura legal y financiera, que trata de asegurar que los recursos estén alineados con el propósito de la fundación. Las fundaciones tienen un enfoque primordialmente benéfico a diferencia de las asociaciones que suelen tener un enfoque más amplio al reunir personas con intereses similares y que pueden abarcar varios objetivos y actividades.

El órgano de gobierno y representación de las Fundaciones es el Patronato, cuyos miembros reciben el nombre de Patronos. El Patronato debe estar constituido por, al menos tres personas y su composición y sistema de designación deberán quedar establecidos en la Escritura de Constitución y Estatutos que a continuación definimos:

La Escritura de Constitución es el documento de creación de la misma y debe recoger, según establece el Art. 10: El nombre, apellidos, edad y estado civil del fundador o fundadores, si son personas físicas, y su denominación o razón social, si son personas jurídicas, y, en ambos casos, su nacionalidad y domicilio y número de identificación fiscal. La voluntad de constituir una Fundación; La dotación, su valoración y la forma y realidad de su aportación; Los Estatutos de la Fundación; La identificación de las personas que integran el órgano de gobierno, así como su aceptación si se efectúa en el momento fundacional.

En cuanto a los Estatutos, es un documento donde constará la denominación de la entidad; Los fines fundacionales; El domicilio de la Fundación y el ámbito territorial de actividades; Las reglas básicas para la aplicación de los recursos al cumplimiento de los fines fundacionales y para la determinación de los beneficiarios; La composición del Patronato, las reglas para la designación y sustitución de sus miembros, las causas de su cese, sus atribuciones y la forma de deliberar y adoptar acuerdos.

Una vez creada la Fundación, y registrada su Escritura de Constitución y sus Estatutos, deberá llevar al día el Libro de Actas y la Contabilidad según las Normas de Adaptación del Plan General de Contabilidad y Normas de Información Presupuestarias de Entidades Sin Fines Lucrativos. Las cuentas anuales se aprobarán por el Patronato de la fundación y se presentarán al Protectorado (supervisor determinado en los Estatutos) dentro de los diez días hábiles siguientes a su aprobación. El Patronato elaborará y remitirá al Protectorado, en los últimos tres meses de cada ejercicio, un plan de actuación, en el que queden reflejados los objetivos y las actividades que se prevea desarrollar durante el ejercicio siguiente.

Ejemplo de Asociación: Imagina un grupo de jóvenes aficionados al arte decide crear una asociación artística Sus integrantes comparten intereses. La asociación tiene una estructura participativa y organiza talleres relacionados con el arte, y sus miembros participan en la dirección y toma de decisiones.

Ejemplo de Fundación: Una familia con alto poder adquisitivo crea una fundación para financiar proyectos en pueblos desfavorecidos. Constituyen una fundación con un capital inicial y estipulan que los fondos serán solo para becas escolares de pueblos desfavorecidos; la fundación tendrá una estructura centralizada, con una junta directiva que supervisa y garantiza que se cumpla con el propósito benéfico.

3.10. PRINCIPIOS DE TRANSPARENCIA EN LA GESTIÓN

En la búsqueda de soluciones a problemas vinculados a la gestión de recursos públicos, el gobierno de Espala ha dado un paso significativo a través de la Ley 19/2013, de 9 de diciembre. Así, tal y como se recoge en el artículo 1, se indica explícitamente que su objeto es "*ampliar y reforzar la transparencia de la actividad pública, regular y garantizar el derecho de acceso a la información relativa a aquella actividad y establecer las obligaciones de buen gobierno que deben cumplir los responsables públicos, así como las consecuencias derivadas de su incumplimiento*".

La Ley enfatiza la transparencia, el acceso a la información pública y las normas de buen gobierno como pilares esenciales de la acción política. Estos principios permiten que la actividad de los funcionarios públicos sea examinada y comprendida por los ciudadanos, impulsando una relación más crítica y participativa entre los poderes públicos y la sociedad. Países con alta transparencia y buenas normas de gobierno presentan instituciones sólidas que fomentan el crecimiento económico y el desarrollo social, ya que los ciudadanos pueden evaluar la idoneidad de sus líderes y tomar decisiones informadas. La Ley establece en su artículo 26 como Principios de buen gobierno los siguientes:

a. Actuarán con transparencia en la gestión de los asuntos públicos, de acuerdo con los principios de eficacia, economía y eficiencia y con el objetivo de satisfacer el interés general.

b. Ejercerán sus funciones con dedicación al servicio público, absteniéndose de cualquier conducta que sea contraria a estos principios.

c. Respetarán el principio de imparcialidad, de modo que mantengan un criterio independiente y ajeno a todo interés particular.

d. Asegurarán un trato igual y sin discriminaciones de ningún tipo en el ejercicio de sus funciones.

e. Actuarán con la diligencia debida en el cumplimiento de sus obligaciones y fomentarán la calidad en la prestación de servicios públicos.

f. Mantendrán una conducta digna y tratarán a los ciudadanos con esmerada corrección.

g. Asumirán la responsabilidad de las decisiones y actuaciones propias y de los organismos que dirigen, sin perjuicio de otras que fueran exigibles legalmente.

A este respecto conviene recordar la existencia de algunas organizaciones vinculadas al tercer sector que venían denunciando las infracciones de los gobiernos, la corrupción y los abusos. Por lo que destacamos el papel que viene jugando la Fundación Lealtad, una organización sin ánimo de lucro, que desde hace años viene dando a conocer si las ONG cumplen unos principios básicos de transparencia con la intención de eliminar la barrera de la desconfianza a la hora de realizar donaciones. En www.fundacionlealtad.org se encuentran los datos de Organizaciones No Gubernamentales (ONG) que han solicitado el análisis de sus cifras en base a los nueve principios de transparencia establecidos por la Fundación. Este marco es importante porque los usuarios que deseen realizar donaciones pueden, a través de esta página, verificar qué ONG cumple estos requisitos y seleccionar proyectos que mejor se ajustan a sus preferencias. Los principios actualizados en el 2023 son los siguientes:

1. Misión clara y pública

2. Planificación, seguimiento y análisis de impacto

3. Órgano de gobierno independiente, activo y público

4. Financiación diversificada y transparente

5. Control del uso de los fondos

6. Sostenibilidad financiera

7. Comunicación transparente y veraz

8. Voluntariado formado y participativo

9. Cuestiones normativas

Otro portal de transparencia que facilita el acceso a la a la información en el caso de Asturias es el siguiente https://transparencia.asturias.es/

3.11. ECONOMÍA SOCIAL - EMPRESA SOCIAL

Las últimas crisis económicas y sanitarias han intensificado el debate de cómo tienen que ser las organizaciones del futuro para la construcción de una sociedad más próspera, donde se promueva el desarrollo socioeconómico y el cuidado del medio ambiente. En este escenario, van emergiendo nuevas directrices internacionales y nacionales que respaldan la creación de nuevas fórmulas de emprendimiento vinculadas a la Economía Social, y que actúen como catalizadores de oportunidades de empleo y emprendimiento.

Sin embargo, la Economía Social sigue siendo una gran desconocida a pesar del auge de crecimiento de los últimos años. De ahí, que nos parece oportuno abordar algunos conceptos que consideramos clave y que deben ser clarificados en este apartado. Preguntas como

- ¿qué es la economía social?
- ¿qué tipo de organizaciones forman parte de ella?
- ¿en qué se diferencia una organización empresarial de una organización empresarial de naturaleza social?
- ¿es lo mismo empresa social que Economía Social?
- ¿cómo conceptualizamos las entidades del Tercer Sector en este contexto?
- ¿cómo categorizamos las organizaciones no gubernamentales y las asociaciones sin ánimo de lucro?

Estas y otras cuestiones se irán abordando posteriormente, si bien como punto de partida queremos comentar algunos datos de interés. En la actualidad, la Economía Social aporta alrededor del 7% del PIB anual a nivel mundial, a nivel europeo el 8% y el 10% del PIB en España (CEPES 2021). En concreto, Europa cuenta en la actualidad con 2 millones de organizaciones en el ámbito de la Economía Social, y con 14,5 millones de empleos. En el caso de España, cuenta con 43.192 organizaciones las que están vinculadas a la Economía Social y genera 2.184.234 empleos directos e indirectos (ob. cit.).

A continuación, trataremos de aproximarnos a la conceptualización del término "Organización empresarial social o, lo que es lo mismo Empresa Social". A este respecto hay que indicar que las empresas sociales surgen, en su conjunto, de iniciativas diversas en todo el mundo y ofreciendo soluciones a las necesidades de bienestar de las personas y a las dificultades concretas de distintos colectivos.

A nivel mundial, la literatura académica y profesional, ha detectado diferentes modelos de Empresas Sociales: en la tradición europea, la Empresa Social se incluye dentro del marco del principio de Economía Social y se vincula con la figura de los emprendedores sociales colectivos; en la tradición anglosajona, la Empresa Social viene definida porque predominan los fines sociales sobre el capital y se relacionan con los emprendedores sociales individuales.

A nivel europeo, la red internacional de investigación EMES[4] define la Empresa Social como "aquellas organizaciones privadas no lucrativas que proporcionan bienes y servicios directamente relacionados con su objetivo explícito de beneficio a la comunidad" y, la Comisión Europea define la Empresa Social como: "Una empresa dinámica, diversa y con un movimiento empresarial que resume el impulso de nuevos modelos de negocio, combinando la actividad económica con la misión social, y la promoción de crecimiento inclusivo" (2015, European Commission).

En el caso de España, no ha habido una definición generalizada y aceptada por todas las partes del concepto de Empresa Social. La primera versión consolidada del término "empresa", que se ofrece como texto original, se corresponde con la de fecha 1 de noviembre de 1996, aunque el texto original se publicó en la Gaceta de Madrid del 16 de octubre al 24 de noviembre de 1885. (Ref. BOE-A-1885-6627). En el artículo 116 del Código de Comercio define el contrato de compañía como "aquel por el cual dos o más personas se obligan a poner en fondo común bienes, industria o alguna de estas cosas para obtener lucro". Sin embargo, la única referencia que encontramos al reconocimiento del carácter social de una empresa es en la Agencia Tributaria, a los efectos de aplicar la exención en el Impuesto sobre el Valor Añadido -IVA., que indica que una empresa para ser catalogada como social tiene que carecer de finalidad lucrativa y dedicar, en su caso, los beneficios eventualmente obtenidos al desarrollo de actividades exentas de idéntica naturaleza.

Ahora bien, si acudimos al diccionario de la Real Academia Española de la Lengua encontramos las definiciones de "empresa", por un lado, y del término "social", por otro, expresados de la siguiente forma: "Unidad de organización dedicada a actividades industriales, mercantiles o de prestación de servicios con

4 https://emes.net/

fines lucrativos"- "Perteneciente o relativo a una compañía o sociedad, o a los socios o compañeros, aliados o confederados" "Perteneciente o relativo a la sociedad". Por lo que podríamos definir la Empresa Social como una unidad de organización vinculada a la prestación de servicios dirigidos a los socios o compañeros, aliados o confederados o relativo a la sociedad que carece de fines lucrativos y dedicar, en su caso, los beneficios eventualmente obtenidos al desarrollo de actividades exentas de idéntica naturaleza.

El profesor en ESADE, Guillermo Casanovas, define la Empresa Social como "organizaciones que utilizan métodos empresariales para cumplir una misión social», donde el propósito social puede abarcar desde integración laboral a personas en riesgo de exclusión social, fabricar ropa con materiales reciclados, proyectos relacionados con la agricultura ecológica, la investigación, etc.

En definitiva, en España no se ha encontrado una conceptualización universal ni académica precisa del término Empresa Social. La diferencia radica en las características que se otorgan a estas organizaciones y en el propósito final que espera la empresa de esta. Y, aunque las Empresas Sociales han sido vinculadas principalmente con los servicios de integración sociolaboral, también abarcan otros sectores profesionales y con otras perspectivas de trabajo (La Orientación Externa, más conocido, como ejemplo tenemos a la empresa asturiana Ateyavana y Orientación Interna- resulta de interés la labor de la empresa asturenerxía.com). En esta conceptualización, el modelo anglosajón está teniendo cierta relevancia en la legislación europea y nacional en la actualidad; en concreto, con las emergentes empresas denominadas con propósito (con el sello b-corp.) y la nueva figura jurídica denominada en España Sociedades de Beneficio e Interés Común aprobada recientemente en el Congreso de los Diputados.

En cuanto a la fórmula jurídica ha fluctuado a lo largo del tiempo. Aunque la forma jurídica adoptada puede ser diversa, predominan las cooperativas sociales, empresas de inserción, asociaciones, cooperativas. A nivel europeo es complicado realizar comparativas porque cada país determina su regulación jurídica específico para su territorio (2015, European Commission). Sin embargo, las instituciones europeas están trabajando conjuntamente en la promoción de este sector de la economía social como un instrumento ejemplar para construir una Europa más próspera y solidaria. Cabe destacar, que España ha sido el primer Estado que aprobó una Ley de Economía Social, en el año 2011. y que pasamos a describir.

Ideas principales de una empresa social

1. Su propósito principal es contribuir al bienestar social/medioambiental que trata de beneficiar a la comunidad, y no perseguir beneficios económicos (agencia tributaria, RAE).

2. Pueden ser creadas por emprendedores individuales y/o colectivos.

3. Fórmula jurídica diversa, aunque predominan cooperativas, asociaciones y empresas de inserción laboral (éstas últimas se enfocan en la inserción de personas en situación vulnerabilidad).

4. Creciente interés en Empresas certificadas como "b corp", que tratan de combinar la generación de beneficio con el propósito de impacto social y medioambiental, lo que las diferencias de las empresas tradicionales.

5. Sociedades de Beneficio e Interés Común, es una figura jurídica española de reciente creación.

Concepto de Economía Social

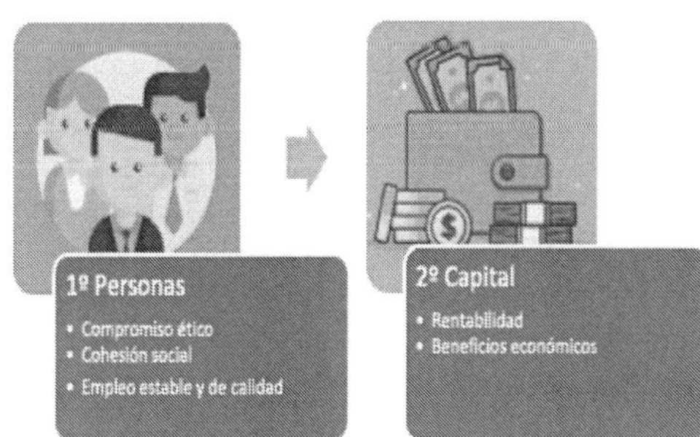

El sector de la Economía Social está integrado por empresas, donde las personas se priorizan sobre el capital. El objetivo principal no es el lucro ni la rentabilidad inmediata.

Estas organizaciones mantienen un compromiso ético con la sociedad a través de la búsqueda de igualdad de oportunidades, la cohesión social, la generación de empleo estable y de calidad, la inserción de colectivos en riesgo de exclusión social, una mayor conciliación de la vida personal, familiar y laboral, y una apuesta decidida sobre la sostenibilidad.

La Social Economy Europe define la economía social como una economía que promueve un desarrollo que no excluye a nadie, y que representa la conexión de valores con los principios e inquietudes de las nuevas generaciones «cansada de la precariedad, de la falta de participación de la población trabajadora en el mundo empresarial, preocupada por el planeta y demandante de una economía más responsable, solidaria y, en definitiva, de una Economía al servicio del interés colectivo o general». De ahí, que en el ámbito profesional se define como una fórmula de autoempleo colectivo de calidad.

El ordenamiento jurídico español a través de la Ley 5/2011, de 29 de marzo, de Economía Social establece un marco jurídico común para el conjunto de entidades que integran la economía social, la cual identifica como el conjunto de las actividades económicas y empresariales que en el ámbito privado llevan a cabo aquellas entidades que persiguen bien el interés colectivo de sus integrantes, bien el interés general económico o social, o ambos, siempre de conformidad con los principios que define en el artículo 4:

a) *Primacía de las personas y del fin social sobre el capital, que se concreta en la gestión autónoma y transparente, democrática y participativa, que lleva a priorizar la toma de decisiones más en función de las personas y sus aportaciones de trabajo y servicios prestados a la entidad, o en función del fin social, que en relación con sus aportaciones al capital social.*

b) *Aplicación de los resultados obtenidos de la actividad económica principalmente en función del trabajo aportado y servicio o actividad realizada por los miembros y, en su caso, destinarlo al fin social objeto de la entidad.*

c) *Promoción de la solidaridad interna y con la sociedad que favorezca el compromiso con el desarrollo local, la igualdad de oportunidades entre hombres y mujeres, la cohesión social, la inserción de personas en riesgo de exclusión social, la generación de empleo estable y de calidad, la conciliación de la vida personal, familiar y laboral y la sostenibilidad.*

d) *Independencia respecto a los poderes públicos.*

El artículo 5 de la Ley establece las entidades que forman parte de la economía social, enumerando a las siguientes:

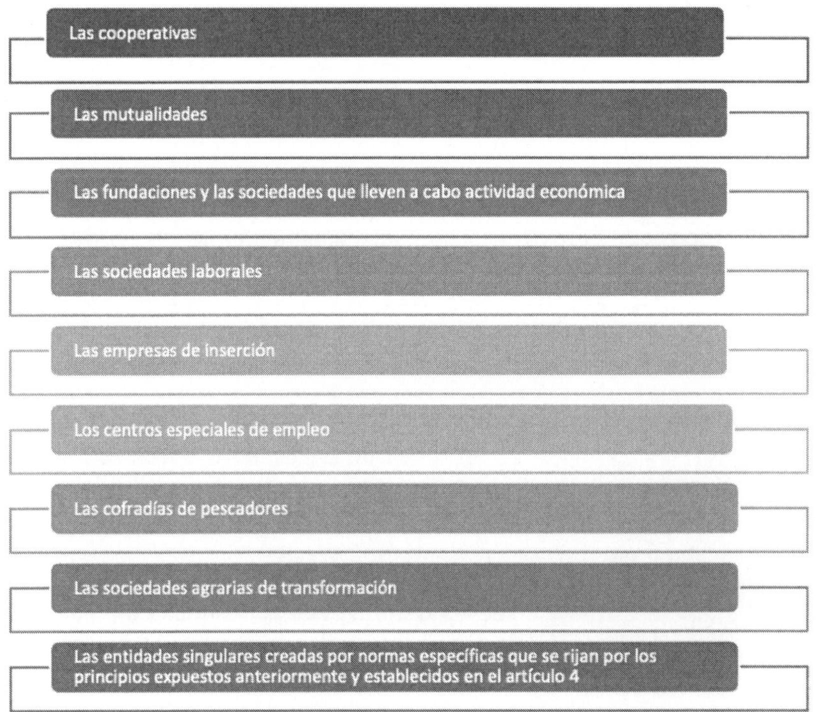

Figura 3.7 Entidades de la Economía Social.

El catedrático de derecho mercantil de la Universidad de Valencia don José Miguel Embid Irujo argumenta que con el calificativo de Economía Social se pretende comprender un conjunto, más bien heterogéneo, de instituciones en las que la titularidad jurídica de la empresa se orienta, desde distintos puntos de vista (esencialmente organizativos, decisorios, financieros y de distribución de resultados), con arreglo a pautas propias, singularmente diferenciadas de la empresa mercantil y del ánimo de lucro que se le supone inherente.

A continuación, definiremos algunas las formas jurídicas que se integran la Economía Social en España.

(I) Cooperativas

En primer lugar, hay que señalar que el artículo 1 de la Ley 27/1999, de 16 de julio, de Cooperativas, define a la Cooperativa como una sociedad constituida por personas que se asocian para la realización de actividades económicas y sociales de interés común, con estructura y funcionamiento democrático, conforme a los principios cooperativos.

En la sociedad cooperativa tiene que haber tres socios que participen en la actividad de la empresa, aunque en la nueva legislación está previsto que se pueda crear con solo dos socios. Además, pueden formar parte de la sociedad personas que no participen en la actividad, pero quieran contribuir a que la empresa alcance su finalidad, ostentando en este caso la condición de socios colaboradores. La Ley también contempla la posibilidad de que haya personas socias trabajadoras, cuya participación en la actividad será la prestación de su trabajo personal.

La clasificación de las Cooperativas diferencia entre tipos de cooperativas:

Figura 3.8. Clasificación de las cooperativas.

En segundo lugar, entre las formas jurídicas de la economía social en el sector de la enseñanza, la cooperativa es la más destacada, hasta el punto de que las distintas normas que regulan las cooperativas (estatal y autonómicas) definen de forma expresa la de enseñanza como aquella que:-desarrolla actividades docentes en sus distintos niveles y modalidades, -puede realizar actividades complementarias, extraescolares y otras conexas a las anteriores-presta servicios que faciliten las actividades docentes.

La definición de cooperativa de enseñanza engloba diferentes tipos de cooperativas:

- Las promovidas por los padres: tuvieron su auge en los años 60-70 por la iniciativa de padres insatisfechos con la educación pública y/o con las escuelas religiosas.

- Las promovidas por los docentes: los años 70 se caracterizaron por una gran crisis económica y por diversos problemas en la enseñanza privada, que llevaron a sus propietarios a cerrar sus centros. Sin embargo, la gran demanda de puestos escolares hacía que la Administración no autorizase esos cierres, por lo que los trabajadores de los centros (docentes y no docentes) se hicieron cargo de ellos mediante la fórmula del trabajo asociado que ofrece la cooperativa.

Unas y otras ponen el acento en la educación en valores, especialmente en el aprendizaje de actitudes que preparan al alumnado para vivir, convivir y trabajar. El hecho cooperativo en sí mismo representa un ejemplo de solidaridad, al tratarse de un modelo empresarial en el que priman las personas y el fin social. El respeto a los principios cooperativos favorece la estabilidad laboral de los docentes y, por ende, la continuidad del proyecto educativo, lo que representa una gran ventaja a la hora de emprender programas plurianuales como es el caso a la hora de plantear la necesidad de contribuir a la Agenda 2030. En concreto, las cooperativas de enseñanza, están presentes con más de 560 colegios, centros de secundaria y universidades, formando a casi 300.000 alumnos y contando con más de 15.000 socios docentes. Supone el 24,3% de la enseñanza concertada en España. (CEPES,2021)

(II) Empresas de Inserción

La definición de estas empresas viene recogida en el artículo 4 de la Ley 44/2007, de 13 de diciembre, para la regulación del régimen de las empresas de inserción:

> "Tendrá la consideración de empresa de inserción aquella sociedad mercantil o sociedad cooperativa legalmente constituida que, debidamente calificada por los organismos autonómicos competentes en la materia, realice cualquier actividad económica de producción de bienes y servicios, cuyo objeto social tenga como fin la integración y formación sociolaboral de personas en situación de exclusión social como tránsito al empleo ordinario".

Estas empresas desarrollan de forma autónoma actividades industriales, mercantiles o de prestación de servicios, y por ello, en aras a su supervivencia, se encuentran sometidas a la necesidad de ser viables económicamente, es decir, a que su balance contable sea positivo o al menos no refleje pérdidas, pero son entidades en las que el ánimo de lucro empresarial no constituye su objetivo, al menos principal, yendo éste más allá de la producción y poseer una dimensión social consistente en incluir dentro de los circuitos habituales de la economía a personas que, por estar en situación de exclusión social se encuentran fuera de los procesos habituales de empleabilidad; en aras a su dimensión social, en el supuesto de que la actividad de la empresa devengara beneficios económicos al menos el ochenta por ciento de los mismos habrían de dedicarse a la mejora o ampliación de sus estructuras productivas y de inserción (artículo 5 e. Ley 44/2007).

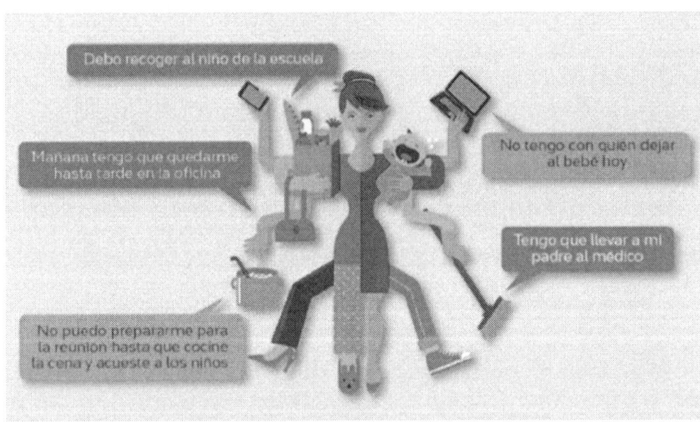

Figura 3.9. Difultades de inserción laboral.

María López-Aranguren Marcos las define en su libro "Las empresas de inserción en España. Un marco de aprendizaje para la inserción laboral" como "*empresas creadas para la inserción sociolaboral de personas con grandes dificultades de empleabilidad*".

Son organizaciones que no persiguen maximizar su producción ni configurar una plantilla de personal con perfil de máxima productividad; ocupan un elevado número de puestos de trabajo con personas que se encuentran en situación de exclusión social y difícil acceso al mercado laboral con la finalidad de que obtengan un aprendizaje educativo y social.

La Ley 44/2007 en su exposición de motivos indica que las empresas de inserción constituyen una tipología especial dentro de las empresas de carácter social y confirman que el empleo es y será, para los más desfavorecidos y excluidos, uno de los principales vectores de inserción social y una forma de participación en la actividad de la sociedad.

El objetivo de estas empresas es que, gracias a la formación adquirida en el desempeño de un puesto de trabajo, durante un período determinado y en un contexto de empresa real, las personas excluidas consigan una aptitud y capacitación suficiente para integrarse y mantenerse en el mercado laboral ordinario (no protegido), es decir, puedan acceder a puestos de trabajo en empresas convencionales.

No tener trabajo es habitualmente causa de carecer de ingresos y de impedir a la persona desarrollar una vida económica y social, circunstancia que puede derivarle a una situación de marginación. Facilitar empleo a personas excluidas del mercado laboral significa generarles ingresos para ser autosuficientes (presentes y futuros al cotizar para una pensión de jubilación), a la vez que se favorece tanto su desarrollo personal, al realizar actividades, como su participación social, al relacionarse con otras personas. Resulta claro, por tanto, que integrar en el mercado laboral a las personas en situación de exclusión social es una de las mejores medidas para conseguir su integración en la sociedad.

Figura 3.10. Todo suma.

Las empresas de inserción tienen la característica de ser, por lo general, de "carácter transitorio" para las personas excluidas, y no ser su pretensión crear puestos de trabajo indefinidos sino formar y capacitar a las personas para que consigan encontrar otro puesto de trabajo por sí mismas; pese a ello pueden existir empresas de inserción configuradas como estructuras permanentes de empleo para que personas excluidas afiancen en ellas su puesto de trabajo, pero la realidad es que la Ley 44/2007 trata a las empresas de inserción como entidades de tránsito y deja claro en sus artículos 1.2 y 4 que el objetivo de la actividad laboral realizada por las personas excluidas en estas empresas es su integración en el mercado ordinario de trabajo.

En el funcionamiento de las empresas de inserción hay un concepto básico e imprescindible que es el itinerario de inserción sociolaboral y que puede definirse como el conjunto de actuaciones que conforman el proceso personalizado dirigido a la mejora de empleabilidad de la persona en situación de exclusión para conseguir su inserción laboral y social. Un itinerario de inserción ha de estar dividido en varias fases sucesivas, como a título de ejemplo podrían ser las siguientes:

Figura 3.11. Itinerario de inserción laboral.

En la actualidad en Asturias existen sólo 6 empresas de inserción, entre las que destacamos Serenos y Riquirraque, representadas por la AEDIPA

(III) Las Sociedades Laborales y Participadas

En la actualidad la norma vigente es la Ley 44/2015, de 14 de octubre, de Sociedades Laborales y Participadas en cuyo preámbulo indica que la vinculación de los trabajadores a la empresa aumenta cuando pueden participar financieramente en ella, destacando el Dictamen del Comité Económico y Social Europeo sobre el tema "Participación financiera de los trabajadores en Europa", de 21 de octubre de 2010, que establece que la participación financiera de los trabajadores representa una posibilidad de hacer participar más y mejor a las empresas y a los trabajadores, así como a la sociedad en su conjunto. Leroy Merlín es un ejemplo de empresa participada, donde los trabajadores que tienen contratos de trabajo indefinido reciben acciones de la compañía.

Una sociedad Laboral es una sociedad mercantil en la que al menos la mayoría del capital social sea propiedad de las personas trabajadoras que presten en ellas servicios retribuidos de forma personal y directa, en virtud de una relación laboral por tiempo indefinido y que cumplan los siguientes requisitos:

- Que ninguna de las personas socias sea titular de acciones o participaciones sociales que representen más de la tercera parte del capital social, salvo las Sociedades Laborales constituidas por 2 personas socias trabajadoras con contrato por tiempo indefinido en las que el capital social estará distribuido al 50%.

- Que el número de horas-año trabajadas por las personas trabajadoras contratadas por tiempo indefinido que no sean socias no sea superior al 49% del cómputo global de horas-año trabajadas en la Sociedad Laboral por el conjunto de las socias trabajadoras

Las personas socias (incluidas las personas administradoras) se encuadran en el Régimen General de la Seguridad Social, salvo ciertas excepciones establecidas en el artículo 21 de esa misma ley.

- Encuadramiento diferenciado en la Seguridad Social.
- Posibilidad de capitalizar el desempleo para financiar el proyecto.
- Promueven sistemas democráticos y plurales de decisión y de trabajo.
- Subvenciones específicas.
- Las personas trabajadoras-socias, se implican y comprometen.
- Las personas trabajadoras-socias son la base de la empresa.
- Apuestan por el empleo estable y de calidad.
- Se fomenta la conciliación de la vida laboral y personal.
- Se respeta la Responsabilidad Social Empresarial.
- Mantienen una vinculación estrecha con el territorio en el que se asientan.
- Férreo compromiso con el entorno.
- Se practica una economía al servicio de las personas.

Fuente: Laborpar 2022

(IV) Centros Especiales de Empleo (CEE)

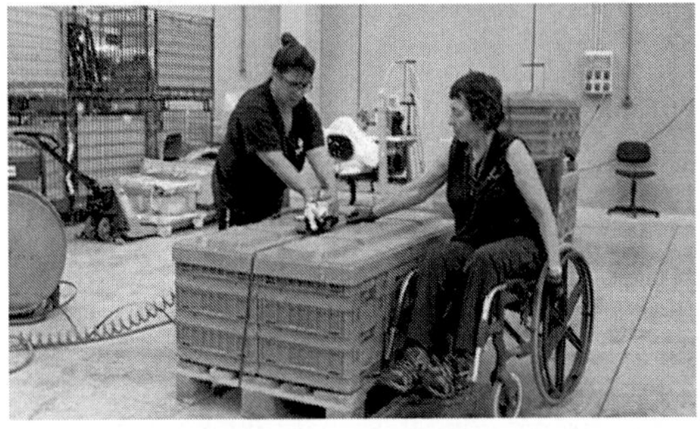

Figura 3.12.. Centros especiales de empleo.

En su mayoría, son empresas consolidadas que compiten en el mercado como cualquier empresa ordinaria y en las que obtiene trabajo estable una gran parte de la población trabajadora con discapacidad. Teniendo como objetivos: el asegurar un empleo remunerado a trabajadores con discapacidad; y, ser medio de inclusión del mayor número de personas con discapacidad en el régimen de empleo ordinario.

En Asturias existe más de una veintena de Centros Especiales de empleo de iniciativa social en la actualidad y reflejados en la web de trabajastur del Principado de Asturias. Entre los que destacamos ilunion, APTA, etc. https://trabajastur.asturias.es/centros-especiales-de-empleo/relacion-de-centros-especiales-de-empleo

Por todo lo anteriormente descrito podemos confluir en una serie de reflexiones finales:

- en cuanto a la fórmula jurídica, las organizaciones empresariales de naturaleza sociales han fluctuado a lo largo del tiempo, a veces incluida en el catálogo de empresas de la economía social u otras con una regulación especial y autónoma.

- que las organizaciones empresariales de economía social están presentes en todos los sectores económicos, con empresas de todos los tamaños que actúan en mercados nacionales e internacionales, que operan bajo la ley 5/2011 a través de diferentes fórmulas jurídicas (cooperativas, sociedades laborales, empresas de inserción, centros especiales de empleo, cofradías de pescadores, mutualidades y asociaciones y fundaciones del sector de la discapacidad).

- son un claro ejemplo de organizaciones empresariales que combinan la eficiencia empresarial con los valores de la solidaridad, responsabilidad y cohesión social y territorial. De ahí, seguramente, a su confusión con empresas que se dedican sólo a temas sociales.

- promueven el autoempleo colectivo de calidad, compitiendo en los mercados nacionales e internacionales. Estas organizaciones empresariales conforman un modelo empresarial, vertebrador de un modelo económico, donde las personas priman por encima del capital, donde los beneficios se redistribuyen entre las personas colectivamente o para el cumplimiento de su fin social, o se reinvierten para seguir creciendo y creando empleo.

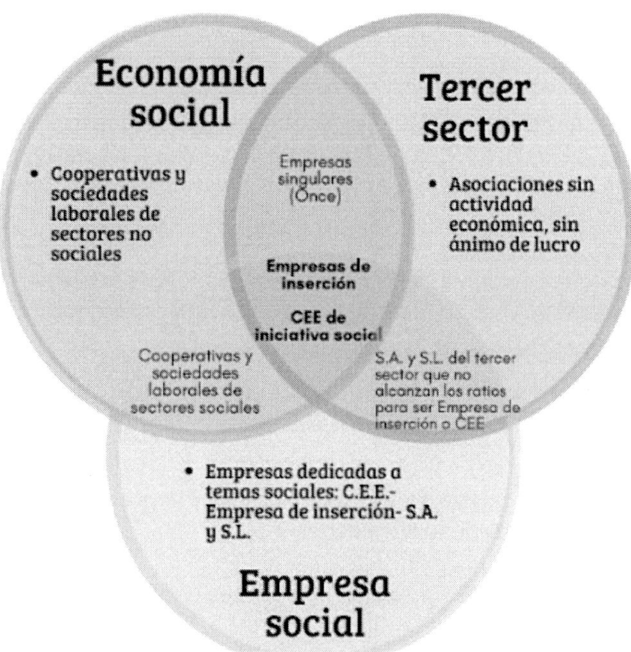

Figura 3.13. Singularidad y complementariedad entre Economía, Tercer Sector y Empresa Social

- la Constitución Española las avala desde el momento que establece en España que *"Los poderes públicos promoverán eficazmente las diversas formas de participación en la empresa .... También establecerán los medios que faciliten el acceso de los trabajadores a la propiedad de los medios de producción"*, siendo la sociedad cooperativa una de las figuras societarias, por tanto, a promover. Sin embargo, parece que existe una apuesta reciente por visibilizar y promover el emprendimiento en la Economía Social desde las organizaciones europeas y nacionales. Son ejemplos de ello; el nombre otorgado al Ministerio de Trabajo, "Ministerio de Trabajo y Economía Social" que trata de promover y visibilizar ese sector empresarial, el "Plan Estratégico de la Economía Social", la reciente aprobación del Plan Estratégico para la Recuperación y Transformación Empresarial –"PERTE"- que trata de impulsar, desarrollar y potenciar la Economía Social española ;desarrollar e impulsar servicios en el área de los cuidados de las personas y la creación de un "Hub de la Vanguardia" al servicio de la transferencia e intercambio de conocimientos con las entidades de la economía social, etc.

Sea como fuere, todavía nos queda camino por recorrer puesto que el término de Economía Social aún se relaciona de forma incorrecta con empresas dedicadas a fines sociales y/o vinculadas al tercer sector, y que hemos querido dejar en descubierto con las aclaraciones aquí presentadas.

En definitiva, la labor de información y orientación coordinada en materia de emprendimiento social juega un papel crucial que estamos comenzando a trabajar desde edades tempranas (Educación Primaria-Secundaria-Universidad) para promover un cambio cultural alineado con el desarrollo de carrera de las personas, el entorno y la sociedad.

3.12. REFLEXIONES DE SÍNTESIS

Las crisis recientes han generado debates sobre las organizaciones del futuro para el desarrollo de una sociedad más próspera y sostenible. Nuevas directrices internacionales y nacionales respaldan el emprendimiento en Economía Social para impulsar empleo y oportunidades.

La nueva Estrategia Española (2023-2027), al igual que su predecesora, busca fomentar las organizaciones empresariales pertenecientes a la Economía Social para (i) impulsar el desarrollo social y económico. (2) consolidar una economía sostenible e inclusiva que dé oportunidades a los colectivos con mayores dificultades de empleabilidad y que fomente el emprendimiento colectivo como una fórmula de creación de empleo de calidad, flexible y estable. Al igual que está enmarcada en otros objetivos estratégicos, como son: la lucha contra la despoblación y el aprovechamiento racional de los recursos naturales respetando el entorno y el medio ambiente.

La ES como catalizador de oportunidades queda justificado en el Análisis DAFO (Debilidades, Amenazas, Fortalezas y Oportunidades) de la Economía Social realizado por el Gobierno de España. En ese informe refleja que las organizaciones empresariales de la Economía Social presentan oportunidades como las que a continuación destacamos (BOE 2023)

(I) Demanda creciente de la sociedad, en cuando a la creación de servicios educativos y sociales y que puede cubrirse en parte con la actividad de empresas de ES especializadas en estos sectores (93,5 %).

(II) La sociedad demanda mayor implicación a las empresas en la resolución de los retos económicos, sociales y ambientales. Una mayor visibilizaría del compromiso de la ES con estos retos ayudará a su expansión y consolidación (91,3 %).

(III) Implementación de nuevos paradigmas empresariales, hacia empresas centradas en las personas y con mayor implicación en los retos de la sociedad (89,1).

(IV) La crisis dejará nuevos perfiles de personas vulnerables y nuevas necesidades y deben incorporarse nuevas formas de actuación que la ES puede desarrollar (80,4 %).

(V) Posible desarrollo de la cláusula abierta de la Ley 5/2011 de ES (artículo 5.2.) para incorporar nuevas realidades empresariales que cumplan los principios de la ES (71,7 %).

(VI) Nuevas opciones de financiación participativas, como el «crowdfunding», en línea con los valores de la ES, pueden apoyar la financiación de empresas de ES (71,1 %).

(VII) Creciente número de egresados universitarios que comparten los principios de la ES y que podrían desarrollar su actividad profesional en ella (66,7 %).

3.13. TRANSFERENCIA

Actividad 1

En tu contexto más próximo, ¿podrías identificar una empresa de inserción existente o tal vez proponer la creación de una? Describe brevemente la naturaleza de la empresa y cómo podría contribuir a la inserción laboral y al bienestar de las personas en situación vulnerable.

Título de la actividad: Explorando las Instituciones Socioeducativas: Un Viaje de Investigación

Objetivo: Realizar una investigación en profundidad sobre una institución socioeducativa específica, utilizando una variedad de recursos multimedia, y analizar su impacto en la sociedad y la educación.

Instrucciones:

1. Selección de la institución: En primer lugar, se seleccionará una institución socioeducativa de su elección, como una empresa de inserción, sociedad laboral, centro especial de empleo, cooperativa de enseñanza, asociación, fundación, etc.

2. Búsqueda de documentos multimedia: Buscar y recopilar al menos tres documentos de diferentes tipos multimedia relacionados con la institución elegida que pueden incluir:

    - Un artículo en PDF o Word encontrado en una base de datos académica o revista especializada. Un video relevante de YouTube u otra plataforma de video. Un fragmento de película que de alguna manera esté relacionada con la institución (puede incluir escenas o temas relevantes).

    - Un blog que discuta aspectos de la institución o su campo de acción. Una imagen, un cuadro o una fotografía relacionada con la institución. Un archivo de audio o una canción que hable sobre el tema de la institución. Una noticia reciente de periódico o revista que afecte a la institución o su campo de acción. La web de la institución.

3. Análisis de documentos: Para cada documento multimedia seleccionado se debe realizar un análisis que incluya una breve descripción del contenido. La fuente y fecha de publicación. La relevancia del documento para la institución y su contexto. Cómo el documento contribuye a comprender mejor la institución, sus desafíos y logros. Cualquier conclusión o reflexión personal basada en el documento.

4. Presentación multimedia: resumiendo hallazgos y analizando el papel de la institución en la sociedad y la educación. Deben incluir ejemplos de los documentos multimedia que utilizaron en su investigación.

5. Discusión grupal: compartirán sus hallazgos y discutirán las similitudes y diferencias entre las instituciones seleccionadas. Se puede fomentar un debate sobre el impacto de estas instituciones en la comunidad y su importancia en el ámbito socioeducativo.

Esta actividad ampliada permite explorar una variedad de recursos multimedia para investigar instituciones socioeducativas desde diferentes perspectivas. Además, promueve el pensamiento crítico y la discusión sobre temas relevantes para el ámbito socioeducativo.

Actividad 2

A continuación, exploraremos la distinción clave entre una asociación y una fundación.

1. Propósito y Enfoque:

Fundación: Una fundación se establece con un enfoque específico en el logro de objetivos benéficos, educativos, culturales o sociales. Puede centrarse en financiar proyectos, programas, becas o actividades que beneficien a la sociedad en general.

Asociación: Una asociación generalmente se forma para unir a un grupo de personas, entidades o empresas con intereses comunes. Estos intereses pueden ser variados, como deportes, profesiones, causas sociales, recreación, etc.

2. Estructura Organizativa:

Fundación: Las fundaciones tienden a tener una estructura organizativa más centralizada, con un consejo o junta directiva que toma decisiones clave sobre cómo se utilizarán los recursos y se llevarán a cabo los proyectos.

Asociación: Las asociaciones suelen tener una estructura más participativa, con miembros que pueden contribuir en la toma de decisiones y la dirección de la organización.

3. Financiamiento y Recursos:

Fundación: Las fundaciones a menudo se financian a través de donaciones, contribuciones y fondos aportados por sus fundadores, donantes y otras fuentes externas. Administran estos fondos para cumplir con su misión.

Asociación: Las asociaciones también pueden recibir donaciones y financiamiento, pero pueden depender más de las cuotas de membresía de sus miembros para cubrir sus gastos operativos.

4. Responsabilidad y Foco:

Fundación: La responsabilidad de una fundación suele centrarse en administrar los recursos y garantizar que se utilicen de acuerdo con los objetivos benéficos establecidos.

Asociación: Las asociaciones se centran en reunir a personas con intereses comunes y en promover actividades que beneficien a sus miembros y avancen en sus objetivos compartidos.

A continuación, proponemos que explore y analice una asociación que se encuentre en el registro de asociaciones del Principado de Asturias https://datos.gob.es/en/catalogo/a03002951-rapa-registro-asociaciones-asturias para elaborar un informe que incluya: datos de la asociación (nombre-fecha de registro) descripción, estructura y organización (incluyendo su junta directiva y cualquier órgano relevante), actividades y proyectos, el impacto social y el contacto.

Por último, te invitamos a explorar y comprender el proceso de creación y gestión del modelo de organización empresarial denominado "Koopera" en colaboración con Caritas o el modelo de organización empresarial "Serenos" en colaboración con ASATA, con el objetivo de que puedas proporcionar una explicación detallada y precisa de ambos casos.

3.14. LECTURAS COMPLEMENTARIAS

BOE, núm. 130 (2023) Resolución de 17 de mayo de 2023, de la Secretaría de Estado de Empleo y Economía Social, por la que se publica el Acuerdo del Consejo de Ministros de 11 de abril de 2023, por el que se aprueba la Estrategia Española de Economía Social 2023-2027.

BOE, núm. 299. Ley 44/2007, de 13 de diciembre, para la regulación del régimen de las empresas de inserción.

BOE, núm. 76. Ley 5/2011, de 29 de marzo, de Economía Social.

CEPES (2021). Las empresas más relevantes de la Economía Social 2020-2021

López, Belmonte, J., Moreno Guerrero, A. J. y Fuentes Cabrera, A. (2020). Las cooperativas de enseñanza en España: Un modelo educativo para el desarrollo profesional docente basado en la economía social. *Cooperativismo & Desarrollo, 27*(2),1-25. doi: https://doi.org/10.16925/2382-4220.2020.02.01

3.15. VIDEOTECA DE APOYO

- **Centro Educación Especial-Centro especial de empleo. Economía Social**

  https://youtu.be/dYyZAC3Mi5w

- **Economía Social_Emprendimiento Colectivo_Sociedades Laborales**

  https://youtu.be/PDbZgfkRJQ8?si=tl-DHpMUX2S5oXVT

- **Economía Social. Librería matadero uno S.L.L.**

  https://youtu.be/KGqJIMXPqIg?si=htRPzes4EZDcBHb0

- **Transformación Social_mercado protegido_ Empresas de Inserción**

  https://youtu.be/WcguRX4LzRQ

- **Centros educativos de naturaleza cooperativa**

  https://www.youtube.com/watch?app=desktop&v=a8GzJheFJ_

- **Una solución para salir de la exclusión social**

  https://youtu.be/3hPTs9IR1wU

- **Escuela rural asturiana**

  https://youtu.be/g-BXjFBQ_Fk

- **Auditores inesperados**

  https://youtu.be/zYbHfOoHEig

- **Auditores inesperados y profesorado**

  https://youtu.be/9E_syid1xjs

- **Auditores inesperados y expertos**

  https://youtu.be/SfXQP9s9lv0

- **Auditores inesperados en los centros rurales**

  https://www.youtube.com/watch?v=49oh9mFuetM

3.16. RECORDATORIO BÁSICO

Algunas cuestiones que deberías de recordar sin problema una vez que hayas trabajado este módulo son las siguientes.

1. ¿Define una asociación y una fundación? Diferencias y ejemplos.
2. ¿Cómo se organiza una asociación?
3. ¿Cuáles son los documentos oficiales que debe tener una asociación?

4. ¿Qué es la Economía Social en España, identifica un ejemplo de empresa?
5. ¿Qué es el Tercer Sector y cómo se regula en España?
6. Escribe al menos seis características de los Centros Rurales Agrupados (CRAs)
7. ¿Cómo se estructura la Educación Infantil y qué finalidades tiene?
8. Escribe al menos seis espacios que se pueden dar en un aula tipo de Educación Infantil de 3-6 años.
9. ¿Cómo se estructura la Educación Primaria y qué finalidades tiene?
10. ¿Cuáles son las funciones básicas de la Comisión de Coordinación Pedagógica (CCP)?
11. ¿Quién forma parte de la CCP en un centro de Educación Primaria?
12. ¿Quién forma parte de la CCP en un centro de Educación Secundaria?
13. ¿Qué es un Centros de Profesores y Recursos, y qué funciones tiene?

Módulo

4

Las organizaciones como ecosistemas técnicos. Una mirada funcional hacia sus recursos

4.1. PRESENTACIÓN

Objetivo de aprendizaje

En este módulo se aporta una comprensión integral de la institución socioeducativa abordando la perspectiva funcional de los recursos como la gestión institucional en sus diferentes dimensiones. Atendiendo a este planteamiento se abordan los documentos oficiales, la administración de personal, la organización del espacio y materiales, el manejo del tiempo, el desarrollo profesional y la gestión del conocimiento, entre otras cuestiones de interés.

El objetivo de aprendizaje es proporcionar referentes teórico - prácticos a situaciones concretas, para potenciar el desarrollo de las instituciones socioeducativas desde una perspectiva holística y orientada al logro de los objetivos educativos en las comunidades de referencia.

Preguntas orientadoras

A lo largo de este módulo se van a ir dando distintas respuestas a cuestiones como las que se presentan a continuación:

- ¿Por qué se necesita organizar al alumnado en grupos homogéneos en los centros educativos?
- ¿Sientes que la educación tradicional no está al ritmo actual?
- ¿En qué medida consideras que las estructuras escolares poseen flexibilidad?
- ¿Qué aspectos consideras que pueden favorecer la flexibilización de las estructuras escolares?
- ¿En tu opinión que cuestiones consideras que limitan en mayor medida la capacidad de las instituciones educativas para desarrollar innovaciones sostenibles?
- ¿Qué impactos positivos y negativos se derivan de la incorporación de continuas reformas en los sistemas educativos?

4.2. ORGANIZACIÓN Y GESTIÓN DE LOS DOCUMENTOS OFICIALES

Los documentos institucionales son fundamentales para las organizaciones educativas porque les dotan de referentes para conseguir los objetivos dentro del marco normativo que se haya establecido en cada momento histórico. Estos documentos forman parte de la tecnología del centro y en ellos se plasman las políticas curriculares, las metodologías, los sistemas de participación, la temporalización, los servicios, las relaciones que se van a mantener con el entorno y las normas de convivencia.

En general las instituciones educativas disponen de Proyecto Educativo, Proyecto Curricular, Reglamento de Régimen Interno, Plan Estratégico, Plan de Apertura del Centro a la Comunidad, Plan de Acción Tutorial, Plan de Convivencia, Planes de Contingencia y Planes de Mejora Continua, entre otros. Estás herramientas no pueden plantearse como algo cerrado y amenazante para las personas que lo integran, no son estáticas en el tiempo, sino que van adaptándose a los cambios en función de la singularidad de la institución y la comunidad y de las necesidades, expectativas y demandas que planteen los colectivos concurrentes, en cualquier caso un liderazgo pedagógico transformacional distribuido junto a un alto grado de autonomía para tomar decisiones situacionalmente y un trabajo en equipos multidisciplinares que colaboren de manera flexible facilitará un buen funcionamiento de la institución y favorecerá el desarrollo de innovaciones educativas sostenibles. En nuestra opinión los mayores beneficios se consiguen mediante un diálogo abierto entre todas las partes concurrentes donde se aborden se manera corresponsable la planificación, la implementación y la evaluación del impacto dado que de este modo se desarrollarán bucles circulares de mejora fundamentados.

Tampoco podemos obviar que nuestro sistema socioeducativo se fundamenta desde enfoques comprensivos (considerando todas las dimensiones del alumnado y contextos, y los aspectos e interconexiones entre ellos). Un ejemplo es la escuela, donde la atención a la diversidad se convierte en una necesidad prioritaria a la hora de tomar decisiones. Por lo que se requiere adoptar medidas organizativas, curriculares y sociales adecuadas para promover una igualdad de oportunidades en el acceso, permanencia y avance dentro del sistema educativo (Álvarez-Arregui, 2017).

Ante esta necesidad de atención a la diversidad, la Administración Educativa, al amparo del marco legal, ha establecido medidas y procesos de concreción curricular, opciones electivas o programas fuera de la educación estándar para adaptar la educación a las particularidades del estudiantado, ya sea por necesidades especiales, desafíos de aprendizaje, talentos, adaptación o limitaciones de recursos. A continuación, nos vamos a adentrar en los documentos institucionales de un centro educativo, tomando como referencia el marco legal nacional y autonómico de la Comunidad Autónoma del Principado de Asturias.

Nuestro punto de partida será los desafíos que presenta el sistema educativo español : mejorar el nivel competencial de todo el alumnado, modernizar el sistema de formación profesional y mejorar las tasas de escolarización, reducir el abandono educativo temprano, modernizar la profesión docente para ofrecer una innovación curricular y didáctica, garantizar una educación en valores cívico y vocaciones STEAM, flexibilizar la educación secundaria y mejorar y extender la educación infantil de 0 a 3 años.

A este respecto es necesario retomar algunos de los objetivos prioritarios que añade la LOMLOE ya que se orientan a ofrecer una mayor autonomía a los centros y refuerza una evaluación para mejorar el aprendizaje, donde los ejes transversales serán los derechos de la infancia, la perspectiva de género y la coeducación, la educación digital, un aprendizaje competencial personalizado y una educación para el desarrollo sostenible.

Así, la LOMLOE dispone en su artículo 120 que los centros dispondrán de autonomía pedagógica, de organización y de gestión. En el ejercicio de esta autonomía deben elaborar, aprobar y ejecutar un proyecto educativo y un proyecto de gestión, así como las normas de organización y funcionamiento. La autonomía de un centro escolar se expresa a través de la elaboración, la aprobación, la aplicación y la evaluación de los documentos básicos de planificación institucional.

La Ley establece que los centros tendrán la obligación y la autonomía para elaborar, aprobar y ejecutar los siguientes documentos:

(a) Proyecto Educativo

(b) Plan de atención a la diversidad

(c) Plan de convivencia

(d) Programaciones didácticas y concreciones curriculares

(e) Plan de acción tutorial

(f) Programación General Anual

(g) Memoria Anual

(h) Reglamento de Régimen Interno

(i) Proyecto de Gestión

En este contexto es necesario señalar que las administraciones educativas publican antes del curso escolar unas guías de ayuda para la elaboración de los documentos mencionados. Algunos documentos tendrán una temporalización a medio y largo plazo, y otros a corto plazo

a) DOCUMENTOS A MEDIO Y LARGO PLAZO
(a) Proyecto educativo de centro
(g) Reglamento de Régimen Interno
(b) Plan de atención a la diversidad
(i) Plan de acción tutorial
b) DOCUMENTOS A CORTO PLAZO
(e) Programación general anual
(h) Proyecto de gestión de centro
(f) Memoria anual
(d) Programaciones didácticas y concreciones curriculares
(c) Plan de convivencia

Tabla 4.1. Documentos institucionales.

Proyecto Educativo de Centro (PEC)

El Proyecto Educativo (PE) se convierte así en la referencia principal para el funcionamiento de cualquier centro educativo. Barberá (1989, p. 24) presenta este documento como *una intención, un proceso racional expresado en un conjunto de especificaciones, diagramas, esquemas,... donde se pretende estructurar o configurar un conjunto de propósitos... el proyecto no es una cosa acabada e inamovible...*

El marco de referencia para su elaboración es la legislación (LOMLOE y el currículo), así como las características del alumnado y el entorno. Corresponde la elaboración del PE a los representantes de la Comunidad Educativa, aprobado por el Consejo Escolar y redactado por el equipo directivo

La LOMLOE determina en el artículo 121 que el proyecto educativo del centro (PE) tiene que recoger los valores, los fines y las prioridades de actuación, incorporando la concreción de los currículos establecidos por la Administración educativa, que corresponde fijar y aprobar al Claustro. Asimismo, incluirá un tratamiento transversal de la educación en valores, del desarrollo sostenible, de la igualdad entre mujeres y hombres, de la igualdad de trato y no discriminación y de la prevención de la violencia contra las niñas. Al igual que también recogerá la estrategia digital del centro. El PE, que será público, estará alineado con el entorno social, económico, natural y cultural del estudiantado, comprometidos con las familias o tutores legales del alumnado para mejorar el rendimiento del estudiantado.

El marco de intención del PE es recoger la misión, la visión, las señas de identidad, los propósitos institucionales de actuación organizativa (organigrama, estructura interna) y pedagógica (contenidos, metodología, evaluación, etc.) con el objetivo final de EDUCAR. Las secciones que suele incluir, de forma orientativa, son: introducción, características del centro, señas de identidad, objetivos generales, criterios para organizar y distribuir el tiempo escolar, criterios comunes para la evaluación y promoción del alumnado, procedimiento de evaluación, medidas de atención a la diversidad, plan de orientación y acción tutorial y plan de convivencia. En definitiva, es una guía de ayuda para responder a cuestiones concretas que afecten a sus miembros, ya sean familias, estudiantado, profesorado, etc.

El PE se concreta en los siguientes documentos:

- Plan de Acción Tutorial
- Plan de Atención a la Diversidad
- Programa de Orientación para el Desarrollo de la Carrera
- Plan de Convivencia y Reglamento de Régimen Interno.
- Plan de Gestión
- Programación Didáctica

De ahí, que todo PE será definido sobre unos principios básicos válidos para cualquier comunidad educativa (Sola Martínez, 1998):

- Flexibilidad organizativa, con estructura estable, pero evitando inmovilidad.
- Apertura y creatividad, entendiendo la escuela como centro del cambio.
- Operatividad funcional, planificando la organización desde una perspectiva real con proyección práctica.
- Participativo y consensuado, ya que la eficacia de las medidas adoptadas estará con relación al nivel de implicación en la toma de decisiones.
- Formativo, donde el trabajo colaborativo y la formación permanente de todos los miembros de la comunidad sean contemplados.

Desde nuestra perspectiva, el liderazgo que se promueva para su desarrollo debe ser considerado como un criterio referente de calidad y debe orientarse atendiendo a un estilo educativo, transformacional, delegado e inclusivo para dar oportunidades de participación y de asumir compromisos a todas las personas implicadas. El Proyecto Educativo se articula en base a:

- *Carácter propio: Responde a la pregunta ¿Quién somos? ¿Dónde estamos?* Algunos de los puntos que se podrían incluir en este apartado se referirían al contexto, la identidad académica, social e individual, la educación familiar, la formación permanente del profesorado y la organización... Señas de identidad y estilo educativo que distingue al centro.

- *Finalidades: Responden a la pregunta ¿Qué queremos alcanzar en esta comunidad educativa en lo académico, lo social y lo personal?.* En la formulación de los objetivos institucionales se tendrá en cuenta toda la actividad del centro desde una perspectiva más realista que en el apartado anterior con objeto de que, a corto o medio plazo, sirva de documento de trabajo para conseguir una vertebración coherente en todos los niveles de concreción (Álvarez Pérez, Soler y Hernández, 1998, p. 63).

- *Estructura: Responde a la pregunta ¿Cómo nos organizamos?.* ¿Cómo lo hacemos? Definirá la estructura organizativa y de gestión, así como la regulación de la convivencia, en función de las preguntas anteriores. Desde esta perspectiva el Proyecto Educativo se convertiría en una plataforma de análisis sobre la cual se construye el conocimiento y la acción educativa de toda la escuela. Análisis que tiene como finalidad la comprensión y la mejora de la práctica educativa (Santos Guerra, 1994, p. 106).

Plan de Atención a la Diversidad (PAD)

Este documento forma parte del PE y contiene la forma de atención a la diversidad para dar una respuesta educativa integral e inclusiva a todo el estudiantado del centro, según el artículo 121.2 de la LOMLOE. Sin embargo, la concreción anual se recogerá en la Programación general anual como establece el artículo 125.

Según la guía de ayuda para el curso académico 2023-2024 elaborado con la Administración Educativa del Principado de Asturias indica que el "El diseño, planificación y coordinación del Programa de Atención a la Diversidad estará articulado por el Equipo Directivo, que ha de conjugar la gestión administrativa, la gestión de recursos y el liderazgo y dinamización pedagógica desde un enfoque colaborativo". Y, que los servicios especializados de orientación educativa colaborarán en la elaboración del Programa de Atención a la Diversidad, aportando las propuestas correspondientes en los términos que se disponen en el artículo 10.a del Decreto 147/2014, por el que se regula la orientación educativa y profesional en el Principado de Asturias. Ahora bien, la realidad de los centros evidencia muestran que el proceso de elaboración del PAD se impulsa por el Equipo Directivo, elaborado por la Comisión de Coordinación Pedagógica, y asesorada por el equipo de orientación y teniendo en cuenta al claustro. Se considera el PAD como un documento vivo, que se elaborará progresivamente en el tiempo para permitir la reflexión y promover las medidas idóneas para el centro concreto.

También en la circular de inicio para el curso académico 2023-2024 indica que el PAD incluirá de forma detallada el alumnado destinatario y las medidas de atención a las diferencias individuales recogidas en el informe psicopedagógico del alumno/a o propuestas por el equipo docente derivadas del seguimiento y evaluaciones iniciales realizadas para cada uno de los alumnos o alumnas destinatarios".

Cabe destacar el alumnado de incorporación tardía al sistema educativo español; las 25 aulas abiertas que se han articulado en la región de Asturias para la atención de alumnado que presenta necesidades educativas especiales y que requiere ajustes significativos del currículo que no se pueden promocionar a tiempo total en el marco del aula ordinaria; estrategias de identificación e intervención inclusiva de alumnado de altas capacidades que se pondrán en marcha a través de reuniones informativas con los centros para explicar el funcionamiento.

Al actualizarse el PAD anualmente, incorporando o modificando cuantas medidas se requieran en función de la realidad del centro, tendrá que recoger el análisis de la situación y valoración de las necesidades instituciones, definiendo las medidas que se desarrollan y los recursos que se van a destinar, así como los procedimientos e instrumentos de evaluación y revisión (Álvarez-Arregui, 2017).

En este proceso de construcción y mejora continua plantean las siguientes fases:

- En primer lugar, la detección de necesidades. Se desarrolla a partir de la información proporcionada por el PE, la Memoria del curso anterior, los indicadores aportados por los centros de procedencia del alumnado, por los equipos de orientación, por otras entidades y por los padres cuando sea el caso.
- En segundo lugar, se procede a una reflexión sobre la respuesta más adecuada a las necesidades detectadas y establecimiento de los objetivos que se pretendan conseguir. Para después poder dar propuesta de respuesta a las necesidades educativas atendiendo a los recursos disponibles y las propuestas de optimización de estos.

A través de este proceso se propone construir y revisar la Redacción del Plan de Atención a la Diversidad. Y, donde la evaluación del PAD requiere adoptar una doble perspectiva, por un lado, evaluar su estructura y las decisiones que se adoptaron y, por otro, valorar los resultados obtenidos en el proceso de implementación.

Cabe destacar que en la LOMLOE la educación inclusiva se convierte en un principio fundamental. El objetivo es atender a la diversidad de las necesidades de todo el alumnado. Por tanto, se señala la necesidad de eliminar las barreras que limitan el acceso, presencia, participación y aprendizaje de aquellos que se encuentren en situación de vulnerabilidad socioeducativa y cultural.

Un ejemplo concreto de esta valoración de la educación inclusiva se puede encontrar en la disposición adicional cuarta de la LOMLOE, donde establece que "las administraciones educativas velarán porque las decisiones de escolarización garanticen la respuesta más adecuada a las necesidades específicas de cada alumno o alumna. El Gobierno, en colaboración con las Administraciones educativas, desarrollará un plan para que, en el plazo de diez años los centros ordinarios cuenten con los recursos necesarios para poder atender en las mejores condiciones al alumnado con discapacidad."

En definitiva, este documento pretende definir y dar respuesta a las necesidades de todo el alumnado. Es una herramienta de carácter preventivo y acción que contiene: el análisis de necesidades del alumnado, objetivos en materia de integración, diversidad, etc., estrategias, procedimientos, metodologías curriculares, organizativas para garantizar el desarrollo integral de todo el alumnado a través de procesos de reflexión y análisis continuados.

En este contexto nos parece importante retomar *El Plan de Coeducación del Principado de Asturias* que se ha planteado para el quinquenio 2023-2027 ya que aboga por una convivencia igualitaria y previene la violencia de genero al fomentar la igualdad y el respeto en el sistema educativo. En abril se publicó el Decreto 30/2023 del sistema educativo asturiano que regula la Coeducación, promoviendo igualdad y previniendo violencia de género.

El Plan trata de integrar la igualdad en las etapas educativas a través de estrategias y acciones de diagnóstico, coordinación, formación, recursos y materiales en materia de igualdad para elaborar un plan de coeducación de los centros docentes, y convertir la coeducación en una marca de calidad del sistema educativo asturiano. Atendiendo a los plazos establecidos, los centros docentes de naturaleza pública tendrán que implementar este Plan en la PGA y será supervisado por el Servicio de Inspección Educativa.

Plan de Acción Tutorial (PAT)

El PAT se refiere al acompañamiento que desde el centro educativo se realiza a todo el alumnado para facilitar su desarrollo personal: intelectual, social, emocional y físico. Se basa en la idea de que la educación va más allá de la transmisión de conocimientos y que el centro también debe ayudar y orientar al alumnado en su desarrollo integral

El PAT contiene las líneas básicas para las actividades de tutoría, relación con la familia y de orientación personal e individual para favorecer la integración y participación del alumnado en la vida escolar y lograr un impacto en lo personal, académico. y futuro profesional.

En este contexto y para su desarrollo se consideran los siguientes elementos: con relación al alumnado, se tiene en cuenta la evaluación inicial y el contexto aula; con relación al profesorado se planifican reuniones de los órganos de coordinación docente para adecuar las programaciones didácticas o docentes, la incorporación de metodologías activas, incluyendo el trabajo por proyectos para facilitar el aprendizaje de todo el alumnado; el desarrollo de programas de recuperación; la planificación de programas que incluyan la acogida socioemocional e integración del alumnado, prevención del suicidio en tercer ciclo de primaria, combate a conductas contra identidad sexual, prevención ciberacoso y acoso escolar, fomento de convivencia pacífica y coeducación en todos niveles. Por último y en todas las etapas, la jefatura de estudios planifica reuniones de coordinación de tutorías, que junto con la unidad de orientación realizarán un seguimiento y evaluación del PAT y elaborarán una memoria al final de cada curso.

En general, la comisión de coordinación pedagógica con el asesoramiento del servicio psicopedagógico escolar o equipo de orientación es la encargada de su elaboración, y este procedimiento suele estar recogido en el PEC, en el apartado referido al Plan de Orientación Educativa y Profesional. Aunque la planificación de trabajo en tutoría se concreta en la Programación General Anual.

Programa de Orientación para el Desarrollo de la Carrera (PODC)

El PODC viene definido por la Administración Educativa como un instrumento compuesto de actuaciones para potenciar el desarrollo y la madurez del alumnado, adquiriendo así el desarrollo de competencias necesarias para tomar decisiones, tanto académicas como profesionales, a las que se enfrentarán a lo largo de la vida. Sus acciones y actuaciones se enfocan en:

(I) El autoconocimiento, dirigidas al desarrollo de sí mismo.

(II) Exploración del entorno.

(III) El desarrollo del proceso de toma de decisiones.

(IV) Preparación para el trabajo, a través del desarrollo de hábitos y valores de trabajo.

(V) Vínculo entre lo académico-profesional para mejorar motivación y rendimiento.

(VI) Estimulación de vocaciones STEAM (competencia en ciencias, tecnología, ingeniería, arte y matemáticas), con especial atención en las alumnas.

Este programa implicará a todo el alumnado y la Administración Educativa establece lo siguiente:

> *"En Educación Infantil y Primaria contará con el asesoramiento de las unidades de orientación, teniendo en cuenta las aportaciones de la Comisión de Coordinación Pedagógica y de los tutores y las tutoras de los grupos. En Educación Secundaria, contará con el asesoramiento del Departamento de Orientación, teniendo en cuenta las aportaciones de la Comisión de Coordinación Pedagógica y de los tutores y las tutoras de los grupos. En los primeros niveles, cobrará importancia la configuración de las actitudes hacia el trabajo y hacia uno mismo, el autoconcepto, los valores y los hábitos de trabajo".*

Atendiendo a estas argumentaciones se puede deducir que este programa es una iniciativa educativa relativamente reciente (2015) que pretende guiar y apoyar al estudiantado en la planificación y construcción de sus trayectorias educativas y profesionales desde edades muy tempranas. A través de diversas actividades y recursos, se busca potenciar el autoconocimiento, el desarrollo de habilidades y competencias, la toma de decisiones en relación con la educación y las futuras oportunidades laborales. Esto implica brindar orientación en etapas claves de la educación, ayudando a identificar intereses, objetivos y posibles caminos a través de aprendizajes basados en la experimentación y en la reflexión ante una sociedad que cambian a ritmos acelerados.

Reglamento de Régimen Interno (RRI) y Plan de Convivencia

La LOMLOE en su Capítulo II referido a la Autonomía de los centros indica (artículo 124) que los centros educativos disponen de capacidad para elaborar, aprobar y ejecutar las Normas de Organización y funcionamiento del centro. Este documento institucional que si bien está incluido dentro del Proyecto Educativo debe ser un documento dinámico elaborado una vez establecida toda la estructura organizativa y los acuerdos adoptados en cuanto a reglas o preceptos referentes a las distintas dimensiones y elementos organizativos.

En el marco de normas referidas a la convivencia en el centro escolar, encontramos el Reglamento de Régimen Interno (RRI) y el Plan integral de Convivencia como documentos complementarios.

El RRI contiene las pautas y normas relacionadas con todas las dimensiones de un centro educativo para regular la vida interna del centro (organización y funcionamiento) y promover la participación de lodos lo miembros de la Comunidad Educativa. En el reglamento se concreta los siguientes apartados: Los derechos y deberes de todos los componentes de la comunidad educativa; la composición y funciones de los órganos de gobierno colegiados; el nombramiento y funciones de los órganos de gobierno unipersonales y las normas de convivencia del centro.

La legislación matiza la responsabilidad de su aprobación y control, siendo el Consejo Escolar el responsable de su aprobación a propuesta de la dirección del colegio. En el desarrollo y aplicación intervienen todos los estamentos del centro. La LOMLOE introduce cambios con respecto a LOMCE en la elaboración y contenido del RRI que afectan principalmente a los requisitos y funciones del equipo directivo y la participación. Se refuerza el papel y la responsabilidad del equipo directivo en la promoción de la equidad, inclusión, convivencia e igualdad de género. Al igual que se promueve una participación de toda la comunidad (familias, docentes, no docentes, estudiantado) en el proceso de elaboración y revisión del RRI. En definitiva, trata de fortalecer la autonomía de los centros, promover una participación más inclusiva y democrática, enfocarse en la prevención y resolución pacífica de conflictos en el entorno escolar, equidad e impulsar la igualdad de género.

Este programa busca promoción de la convivencia, la prevención de los conflictos (acoso escolar, violencia de género, conductas suicidas) y la resolución pacífica de los mismos. Es una herramienta que contiene las estrategias y normas de funcionamiento para mejorar la convivencia, evitar los conflictos y en el supuesto que ocurran gestionarlos de la mejor forma posible. La "comisión de convivencia", el órgano delegado del consejo escolar que promueve la mejora de la convivencia es el encargado de su elaboración, y se revisa anualmente considerando memoria anual.

El RRI y el Plan de Convivencia están incluidos en la PGA y vinculados al PAT. Por tanto, deben ser conocidos por todos los integrantes de la comunidad educativa (alumnado, profesorado, personal de administración y servicios y las familias) por lo que debe difundirse y estar disponible para cualquier consulta. Es de destacar el papel que se viene otorgando desde la LOE al consejo escolar del centro, y al importante papel que debe desempeñar la dirección, el Departamento de Orientación y los tutores para favorecer una comunicación fluida con las familias y los estudiantados.

Plan de Gestión

El artículo 120 de la LOMLOE presenta el Proyecto de Gestión del Centro, que es el documento marco que desarrolla las líneas generales de la autonomía económica del colegio definida en el PEC.

Este documento incluye la distribución del presupuesto, control de gastos, inventario, gestión de espacios y personal, buscando de optimizar todos los recursos. El equipo directivo bajo la figura del director coordina la elaboración del presupuesto y en todos los demás procesos de gestión económica.

Programaciones didácticas

En este documento se plasman las decisiones pedagógico-didácticas y afectan a las diferentes etapas educativas. Estas programaciones responden a las preguntas qué enseñar, cómo hacerlo, cuándo y qué, cómo y cuándo evaluar.

La Programación Didáctica recoge de manera detallada el plan de actuación de un departamento didáctico o de un equipo durante un tiempo determinado (curso, etapa) y permite anticipar, sistematizar, evaluar y revisar los procesos de enseñanza, de aprendizaje y de evaluación. Asimismo, aporta coherencia pedagógica y favorece la coordinación, aspectos imprescindibles en un modelo educativo que tiene como referente el desarrollo de unas competencias básicas, tanto para asegurar su desarrollo a lo largo de los cursos como por el hecho de que su adquisición va ligada a la transferencia de aprendizajes de un área o materia a otra y es responsabilidad compartida de todo el equipo docente de grupo.

La elaboración de la Programación Didáctica debe partir de lo acordado en la Memoria Final del curso anterior. Para ello, se hace necesario revisar los acuerdos adoptados e incorporar en los nuevos documentos de planificación las decisiones dirigidas a mejorar los procesos de enseñanza y de aprendizaje. Los esfuerzos se deben orientar hacia el logro de acuerdos consensuados y acciones coherentes desde todos los departamentos didácticos y equipos docentes de ciclo, asumiendo un relevante protagonismo el liderazgo pedagógico de los equipos directivos. Desde la reflexión compartida se elabora la programación didáctica. Es un momento en el que el profesorado vuelve a tomar decisiones, participando en la planificación colegiada del curso, al adaptar los elementos prescritos a las características del alumnado, a las condiciones del centro, a las situaciones del aula.

Los equipos docentes en Educación Infantil, en Educación Primaria y en Educación Secundaria son los responsables de realizar las programaciones didácticas desarrollando, completando, adecuando y concretando el currículo de cada área o materia a la secuencia de objetivos, competencias, contenidos y criterios de evaluación distribuidos por curso.

La Consejería de Educación y Cultura, por la que se aprueban las instrucciones que regulan la organización y el funcionamiento de las Escuelas de Educación Infantil y de los Colegios de Educación Primaria del Principado de Asturias establece que las programaciones recogerán, entre otros apartados claves que conforman el currículo, las medidas de atención a la diversidad. La Consejería de Educación y Cultura, por la que se aprueban las instrucciones que regulan la organización y funcionamiento de los Institutos de Educación Secundaria del Principado de Asturias, establece que los departamentos, elaborarán y/o revisarán, bajo la coordinación y dirección de la Jefatura del departamento y antes del comienzo de las actividades lectivas, la programación de las áreas, materias y módulos integrados en el mismo, de acuerdo con los currículos oficiales y con las directrices generales establecidas por la Comisión de Coordinación Pedagógica.

Se prestará especial atención en las programaciones didácticas de las áreas de la Educación Secundaria Obligatoria, a las medidas de atención a la diversidad, así como a las medidas a aplicar al alumnado que haya promocionado con algún área evaluada negativamente. También se tendrán en cuenta las características y necesidades del alumnado derivadas de sus diferentes procedencias, estadios de crecimiento individual o modos de aprendizaje.

Se deben contemplar de forma explícita en las programaciones las estrategias específicas de enseñanza y aprendizaje que contribuyan a la consecución de los objetivos descritos, así como determinar los contenidos fundamentales, complementarios y de refuerzo, priorizando materiales, plateando tareas diferentes, utilizando diversos agrupamientos, recurriendo a metodologías que incluyan el trabajo colaborativo o que hagan partícipe y responsable al alumnado de su proceso de aprendizaje dado que favorecen la adquisición de un nivel de logro adecuado de las competencias básicas atendiendo a su diversidad.

En la elaboración de la Programación Didáctica, el maestro de educación especial y el profesorado de la especialidad de Orientación Educativa asesorarán al profesorado tutor y al profesorado de área/materia, especialmente, en las cuestiones vinculadas con la metodología didáctica y las medidas de atención a la diversidad. Los Departamentos de Orientación, en Secundaria, y los Equipos de Sector en Primaria e Infantil serán los encargados de asesorar al profesorado en cuanto a la orientación y características de los programas de diversificación curricular que se desarrollen.

A manera de ejemplo presentamos las consideraciones que se hacen por parte de la Comunidad Autónoma del Principado de Asturias (BOPA Nº 188) Decreto 57/2022, de 5 de agosto sobre la regulación y ordenación del currículo de la Educación Primaria. A este respecto se indica que los Centros de Educación Básica concretarán y completarán el currículo de las distintas etapas educativas que se imparten mediante la elaboración de proyectos curriculares de etapa, cuyos objetivos, contenidos, metodología y criterios de evaluación, respondan a las necesidades del alumnado.

Los proyectos curriculares de etapa incluirán, al menos:

a) Directrices y decisiones sobre adecuación de los objetivos generales de las etapas educativas al contexto socioeconómico y cultural del centro, y a las características del alumnado; metodología didáctica; evaluación de los aprendizajes y promoción del alumnado; elementos educativos básicos de la Educación Primaria y Secundaria Obligatoria; criterios y procedimientos para organizar la atención a la diversidad; determinación de las materias optativas que ofrece el centro en la ESO; y criterios para evaluar y revisar los procesos de enseñanza y la práctica docente.

b) El plan de orientación educativa y de acción tutorial de cada etapa.

c) Las programaciones didácticas de los departamentos, en ESO.

d) Los proyectos curriculares de etapa y sus modificaciones anuales serán aprobados por el Claustro.

Programación General Anual (PGA)

La LOMLOE en su artículo 125 indica que "los centros educativos elaborarán al principio de cada curso una programación general anual que recoja todos los aspectos relativos a la organización y funcionamiento del centro, incluidos los proyectos, el currículo, las normas, y todos los planes de actuación acordados y aprobados".

En la PGA se concretan las intenciones del centro educativo para un año académico por lo que puede considerarse un documento a corto plazo y en él se especifican de forma pormenorizada las decisiones que se han adoptado para su puesta en práctica inmediata. Este documento también permite hacer operativos en el ámbito temporal que le es propio, los propósitos, la orientación y los compromisos formulados en el proyecto educativo del centro, garantiza la coordinación de todas las actividades, el correcto ejercicio de las competencias de los diferentes órganos y la participación de todos los sectores de la comunidad educativa.

Como indicadores de interés cabe desatacar los siguientes:

- Es documento que tiene un carácter instrumental, sin finalidad en sí mismo.
- Es un documento abierto y flexible, revisable y modificable.
- Concreta ideas, expectativas y necesidades y propone acciones para abordarlas.
- Se refiere al ámbito organizativo con implicaciones pedagógicas y de gestión.
- Supone un compromiso común para el profesorado y regula a los demás colectivos.
- Vincula a toda la comunidad educativa al ser aprobado por el consejo escolar.
- Establece una unidad de acción, de coordinación y de coherencia en el centro.
- No incorpora la legislación sobre cada punto ya que perdería operatividad.

En definitiva, es un documento sujeto a:

- *Revisión permanente:* Desde su condición de instrumento flexible y abierto deberá introducir las modificaciones que garanticen su utilidad, de modo que quede exento de todo sentido burocrático.
- *Participación y consenso:* Puesto que contempla la participación de toda la comunidad educativa, deberá llegarse a una propuesta consensuada con un alto protagonismo del equipo de profesores.
- *Coordinación: La interconexión entre el Proyecto Educativo, Proyecto Curricular y Plan Anual del Centro debe ser real y estar garantizada.*

La PGA se remite a la Consejería de Educación y Cultura para su supervisión por el Servicio de Inspección Educativa donde se revisará si cumple sus objetivos básicos, a saber:

(I) Ordenar la actividad del centro cada curso concretando las actuaciones educativas derivadas del PEC. Determina lo que se va a trabajar durante el año académico.

(II) Recoger las decisiones y acuerdos más relevantes que afecten a la organización y funcionamiento general del Centro.

(III) Garantizar la actuación coordinada de las estructuras organizativas y de los equipos de coordinación docente.

(IV) Propiciar la participación y colaboración de todos los sectores de la comunidad educativa.

(V) Definir la distribución responsable de las tareas y actividades para conseguir los objetivos del Centro.

(VI) Concretar y desarrollar para cada año escolar los documentos de planificación.

(VII) Establecer un plan de seguimiento y evaluación del PEC y las Programaciones Didácticas desde una perspectiva global y competencial.

Campus Aulas Virtuales
https://aulasvirtuales.educastur.es

Microsoft 365: correo, Teams, OneDrive, Forms, Sway...
https://www.office.com

El centro incluirá en su PGA el Plan de Digitalización en el que se contempla el desarrollo de la competencia digital desde la perspectiva de centro, profesorado y del alumnado. El Plan tendrá como referencia el Marco Europeo para Organizaciones Educativas Digitalmente Competentes (DIGCOM, de la comisión europea) y su herramienta de autoevaluación SELFIE que es gratuita para todos los centros educativo[1].

Educastur. Metodología y digitalización/Competencia digital:
https://www.educastur.es/competencia-digital

Europa. Educación digital:
https://education.ec.europa.eu/focus-topics/digital-education?etrans=es

Europa. Plan de Acción de Educación Digital (2021-2027):
https://education.ec.europa.eu/es/plan-de-accion-de-educacion-digital-2021-2027

SELFIE. Autodiagnóstico y seguimiento de la evolución en innovación y digitalización:
https://education.ec.europa.eu/focus-topics/digital-education/about/self-reflection-tools?etrans=es

INTEF. Marco de la Competencia Digital Docente
https://www.boe.es/boe/dias/2022/05/16/pdfs/BOE-A-2022-8042.pdf

SELFIE para profesores
https://education.ec.europa.eu/selfie-for-teachers

1 Circular inicio curso 2023-2024

La PGA se elabora al inicio de cada curso para ser entregada aproximadamente antes del 31 de octubre a la Inspección Educativa (circular inicio curso 2023-2034). Elaborada y aprobada por el equipo directivo del centro en función de su proyecto educativo, teniendo en cuenta las deliberaciones y propuestas del claustro y del consejo escolar en los aspectos de su competencia.

Al finalizar el curso, el Consejo Escolar, el Claustro y el equipo directivo, evaluarán la PGA y su grado de cumplimiento, recogiendo las conclusiones más relevantes en una Memoria final. Por último, la PGA debe remitirse a la Consejería de Educación para su supervisión por el Servicio de Inspección Educativa.

Memoria Anual (MA)

La MA es el informe de evaluación interna que realiza el centro, valorando los objetivos para cerrar el año académico. Para ello evalúa la PGA, propone mejoras internas y vincula programaciones de cursos. Claustro y Consejo Escolar evalúan, resumiendo en la memoria que finalmente es enviada a la Inspección Educativa de la Comunidad Autónoma correspondiente.

4.3. ORGANIZACIÓN Y GESTIÓN DE LAS PERSONAS

En este apartado se focalizará la atención sobre los diversos tipos de agrupamientos del alumnado en las organizaciones educativas, y revisaremos la importancia que tiene la participación de todos los sectores por lo que atenderemos algunas cuestiones que son relevantes en este contexto, a saber (Álvarez-Arregui, 2017):

- La normativa vigente como marco de referencia para la configuración de los modelos que vayan a adoptar.
- El espacio y las dimensiones del centro, así como el tamaño de su estructura.
- El Proyecto Educativo de cada centro.

Por prescripción legal el criterio cronológico es el que de forma general vertebra todos los demás a la hora de aplicar la enseñanza y promocionar, se tendrán que conjugar los otros criterios, según casos. La organización del alumnado en el centro, una vez admitido, debe atender a su clasificación donde se asignan las personas concurrentes a sus clases o aulas correspondientes en base a las decisiones que se hayan adoptado. A este respecto destacamos:

- Criterio cronológico. Tiene como indicar la edad cronológica (EC) cuya base se fundamenta en que señala normalmente una etapa de desarrollo en la vida humana. Concretamente la infancia y la adolescencia es un criterio para determinar el currículum del alumno/a.
- Criterio psicológico. Hace referencia a las características mentales de los/las alumnos/as, medidas a través de su Edad Mental (EM) y también del coeficiente Intelectual (CI).
- Criterio pedagógico o instruccional. Valora las experiencias y conocimiento del alumnado, es decir, su nivel educativo en el momento de su escolaridad y que se constata a través de una evaluación continua y final que dará paso a la promoción.
- Criterio sociológico. Se asocia con la integración social del alumnado en el grupo, aquí se valora el grado de aceptación puesto que el desajuste social es causa posible de fracaso escolar.

Las instituciones educativas tienen alternativas para el agrupamiento del alumnado; en este caso vamos a distinguir dos dimensiones

(I) La organización vertical

Con este sistema se organiza al alumnado a lo largo de toda su escolaridad. La trayectoria escolar queda dividida en grados, niveles o ciclos, en los que existe una jerarquización del currículo, aplicando cómo criterio básico la adscripción a cada nivel o grado, por la edad. Es muy utilizado porque se ajusta bien a las exigencias de escolarización porque al agrupar en función de la edad facilita la planificación y el control administrativo.

Se considera que es el modelo menos complicado para distribuir al alumnado en unas determinadas aulas y entre un número determinado de profesores. Sin embargo, las críticas más frecuentes suelen indicar que no suele favorecer el trabajo en colaboración del profesorado, y que no propicia estrategias metodológicas individualizadoras al no considerar el principio del progreso libre del alumnado.

(II) La organización horizontal

En este caso pretender ordenar al alumnado según las circunstancias académicas similares de escolarización en grupos, en la mayoría de los casos más pequeños para garantizar la atención a las diferencias individuales (Ejemplo: grupo A y grupo b)

Dentro de este modelo distinguimos tres tipos de agrupamientos:

- *Homogéneos:* clasifican los escolares en grupos semejantes, en torno a una o varias características personales comunes para realizar una determinada actividad educativa. Por ejemplo: la edad, el cociente intelectual, el rendimiento escolar, la combinación de dos rasgos o una pluralidad de estos).

- *Heterogéneos:* la clasificación de los escolares en función de las diferencias de cada uno de los componentes del grupo. Por ejemplo: escuelas unitarias o de maestro único, en las que se reciben alumnos de todas las edades.

- *Flexibles:* se establecen en función de la tarea que se realiza y por un tiempo determinado, son por lo tanto grupos variables que no tienen un carácter estable, duran en función de la tarea que se ejecuta. El agrupamiento flexible es un medio organizativo que desarrolla situaciones de aprendizaje diversas para situar a los escolares en los lugares más convenientes para su progreso académico. Por ejemplo: el sistema multiniveles, la organización del currículo por proyectos, los rincones o áreas de actividades y los talleres

- Proyectos. Esta modalidad agrupa al alumnado en función del propósito que guía cada proyecto, de forma que potencie el trabajo cooperativo y el estudio de un fenómeno, hecho o problema desde una orientación multidisciplinar. La organización de parte del currículum mediante proyectos potencia las capacidades de planificación, de evaluación y favorece la autonomía en el desarrollo de los trabajos.

- Rincones. Posibilita la organización del currículum o parte de él mediante agrupaciones flexibles. Están configurados en torno a tópicos dispuestos de manera que desarrollen determinadas capacidades.

- Talleres y centros de interés. Otra forma de organizar el currículum son los centros de interés en la línea clásica planteada por Decroly o en las clases cooperativas basadas en Freinet.

Organización de la participación de las familias

En relación con la organización y gestión de la participación de las familias en instituciones educativas, se observan distintos enfoques y desafíos que indican la complejidad de implementar la participación efectiva de las familias.

La fundamentación jurídica de la participación tiene sus referentes en los convenios internacionales sobre educación que recoge nuestra Constitución en su artículo 27 (libertad de enseñanza y derecho a la educación). En dicho artículo se reconoce a las familias el derecho a intervenir en el control y gestión los centros, tanto públicos como concertados, sostenidos con fondos públicos en los términos que la ley establezca. Nuestra posición al respecto es que, en la gestión y el control de los centros, no existe un derecho privativo para ninguna de las partes de la comunidad educativa por lo que toda profundización en la participación queda respaldada por nuestra Carta Magna y se ratifica en todas las Leyes Orgánicas desde la LODE (1985) hasta la actualidad.

La traducción del marco legal en la práctica no es fácil y son muchos los problemas que han ido emergiendo y sobre los que se han ido tomando decisiones más o menos acertadas, a saber:

- *La participación es formal y burocrática.* Se lleva a cabo a través de entrevistas y reuniones que se realizan por estar así establecido en el marco que regula la vida de los centros. En estos contactos se cumplimentan los trámites de forma rígida y burocrática y con un carácter impersonal, en la mayoría de las ocasiones.

- *La participación tiene carácter sancionador/defensivo.* Los contactos se producen cuando surgen problemas lo que da lugar a que el clima dificulte la participación al producirse acusaciones y actitudes defensivas que suelen ocultar la verdadera problemática que subyace a los problemas.

- *La participación no tiene entidad real.* Los centros suelen achacar a las familias su falta de interés ante los procesos educativos de sus hijos. Detrás de estas afirmaciones suele existir una falta de sensibilidad, a raíz de la cual los profesionales suelen eludir su compromiso con la institución en lo que se refiere a la relación de la escuela con la familia.

Las actitudes de las familias ante la participación podrían encuadrarse en las siguientes tipologías actitudinales:

Indiferencia: Las familias participan de manera burocrática, atienden a los requerimientos básicos que se les hacen desde el centro o desde las tutorías, pero su participación es testimonial.

- *Confrontación.* Se produce cuando hay intentos de fiscalización y control del profesorado en aspectos relativos a las entradas y salidas, al ejercicio de la tutoría, el absentismo, las tareas... Este estilo pone de manifiesto el deseo de participar, pero provoca reacciones de recelo, hostilidad y desconfianza por parte del profesorado que no favorece el desarrollo de una cultura participativa asentada en unas bases sólidas.

- *Colaboración.* Suele derivar en relaciones sumisas, serviciales y superficiales que no son una expresión fidedigna de las decisiones que se adoptan y, en ocasiones, suelen criticarse en otros contextos. Los padres buscan la máxima colaboración del profesorado en cuestiones que consideran importantes para sus hijos siendo conscientes que de otro modo no lo conseguirían. Este planteamiento dio lugar a que en ocasiones se manipulase a los padres consciente o inconscientemente para obtener apoyos necesarios para sus intereses.

Estrategias para fomentar la participación

La confluencia de intereses entre familias y educadores en una responsabilidad educadora común es lógica por lo que parece conveniente tener en cuenta algunas estrategias (Batanaz, 1998; Martín - Moreno, 2006 y Álvarez-Arregui, 2017) de las que destacamos:

- *Las familias como apoyo al centro educativo.* Actividades como charlas, prácticas relacionadas con diferentes sectores profesionales, la participación en actividades extraescolares o complementarias, coloquios... constituyen algunos de los ejemplos que se pueden llevar a cabo.

- *Participación de las familias en las actividades de aula.* A través de esta estrategia se da a las familias la oportunidad de observar a sus hijos en la compleja trama de interrelaciones que se dan en el aula, obteniendo información sobre distintas dimensiones de su desarrollo social e intelectual.

- *La acción tutorial.* El profesorado establece mecanismos de información, divulgación y formación relativos al proceso educativo de sus alumnos donde se buscaría una participación activa para alcanzar soluciones y compromisos desde las acciones que emprendan.

- *Visitas del profesorado al domicilio del alumnado.* La finalidad sería la de profundizar en el conocimiento del contexto en que se lleva a cabo la situación del alumnado y, que, en muchos casos, podría llevar a una mejora del ambiente doméstico y a un intercambio de opiniones que podrían facilitar y mejorar las acciones educativas hacia sus hijos.

- *Las escuelas de padres y madres.* Permiten potenciar la colaboración entre las familias y centro educativo. Desde este ámbito se podrían desarrollar conferencias, debates, coloquios, seminarios y grupos de trabajo sobre temas de interés que abarquen diferentes ámbitos.

El aprendizaje y uso educativo de las TIC podría ser un campo apropiado para evitar la exclusión de determinados colectivos y abriría la posibilidad de conocerse, formarse y educarse simultáneamente.

Las AMPAS, tendrían un papel muy importante para potenciar la comunicación canalizando la participación de las familias en el Consejo Escolar e informando, consultando y recogiendo las sugerencias y asuntos para estudio y decisión en aquel organismo. Al final parece que, aunque se haya establecido un marco jurídico para la participación en los centros educativos, no se da un claro correlato en la práctica y han surgido numerosas deficiencias en el modelo al haberlo interpretado restrictivamente y no haberse potenciado, desde los propios centros, actitudes y comportamientos más significativos para los individuos y grupos implicados.

Ingenuamente se ha pensado que por establecer el marco normativo ya iba a darse la participación y no se ha tenido en cuenta que es un proceso que se aprende y que lleva tiempo desarrollar. La participación debe gestionarse como un camino abierto porque, en el fondo, las preocupaciones de los padres tienden hacia una convergencia de intereses con los de la institución educativa para la solución de los problemas que se les planteen, y ahí es donde podrá desarrollar todo su potencial la implantación de una cultura participativa.

4.4. ORGANIZACIÓN Y GESTIÓN DEL ESPACIO

Las leyes orgánicas, los reales decretos y las disposiciones adicionales regularán los requisitos técnicos de edificación de aquellas organizaciones que imparten enseñanzas en las diferentes etapas del sistema educativo para garantizar que preste un servicio público en condiciones de calidad, equidad, seguridad y funcionalidad.

Sin embargo, el problema de la normativa es su interpretación coyuntural y situacional. De ahí que surjan desajustes entre las intenciones del legislador con lo que realmente sucede en la práctica. Junto a la arquitectura, se deben valorar otros factores en las construcciones escolares (Gairín, 1996; Álvarez-Arregui, 2017).

- *Variables ideológicas.* Están asociadas a la titularidad del centro dado que puede establecer prioridades sobre la escolaridad, la calidad de la enseñanza o la autofinanciación lo que incidirá necesariamente en el número de usuarios, de especialistas, de espacios disponibles, de recursos materiales o del tipo de servicios, entre otras cuestiones.

- *Variables económicas.* Se establece una vinculación entre la capacidad de financiación con la ubicación del centro, instalaciones, recursos y mantenimiento.

- *Variables sociales.* El perfil de los usuarios y la adaptación al entorno.

- *Variables pedagógicas.* Se asocian con la instrucción – en cuanto a las estrategias metodológicas utilizadas –la educación – en cuanto a la orientación escolar y profesional, a las tutorías, a los espacios para educación física, musical, religiosa, a la participación de la comunidad educativa...- y a la organización – en cuanto a agrupamientos de alumnos, sistemas de coordinación y comunicación.

El espacio también debe ser considerado desde la interpretación subjetiva que del mismo hacen las personas, pero también desde las subculturas y las culturas organizativas que se construyen en las instituciones; en estos casos siempre se desvirtúa la norma en cuanto a su utilización didáctica por los condicionantes existentes.

Es relativamente fácil demostrar el daño que pueden ocasionar los malos edificios. Un diseño equivocado de los pasillos puede crear espacios para el *bullying.* Estructuras deficientes y poco funcionales pueden desmotivar y desmoralizar. Techos con goteras, aulas poco espaciosas, o calefacción insuficiente suponen obstáculos muy directos para la consecución del éxito escolar. El profesorado es más importante que el edificio, pero también necesita construcciones que le ayuden a realizar su trabajo.

Santos Guerra (1994) ya profundizó hace años en otros significados educativos asociados al uso de los espacios, destacando la importancia de *democratizar su uso* y la necesidad de contemplar los espacios a la altura de la mirada de los niños y las niñas para comprender la percepción que tienen del mismo y la importancia de abrir el espacio a la expresión de los protagonistas para que se comuniquen.

El espacio en la educación tiene una relevancia *profesional, psicológica y social.* La significación psicológica influye en promover el trabajo interdisciplinario, la investigación, las reuniones entre docentes, etc. La *significación psicológica* porque impacta en su desarrollo físico e intelectual del alumnado, requiriendo adaptaciones según la etapa educativa para promover la iniciativa, colaboración y autogestión. Y, la significación social es obvia ya que la distribución de los espacios y de los materiales facilita o dificulta las interacciones y la comunicación.

La normativa respalda un modelo comprensivo de la enseñanza que aboga por la equidad y la calidad. Esto afecta al uso educativo del espacio, promoviendo proyectos que integren distintos ambientes para potenciar los agrupamientos flexibles, la diversificación de ofertas y la dinamización del trabajo cooperativo en las diferentes etapas. En resumen, el espacio se considera un elemento organizativo fundamental en las instituciones educativas que exige ser investigado desde sus diferentes significados para poder gestionarlo coherentemente.

4.5. ORGANIZACIÓN Y GESTIÓN DEL TIEMPO

La concepción del tiempo varía en cada etapa de la historia. El sentido mecánico, uniforme e inadaptable del mismo ha ido derivando hacia un tiempo subjetivo, multiforme y adaptable, que no se ha dejado sentir del mismo modo en las organizaciones lo que ha tenido repercusiones diferenciales ya que la vida escolar está condicionada por el tiempo. Por ello vamos a presentar sus dimensiones en cuanto a las posibles interpretaciones que se hacen del mismo y a los criterios de organización y gestión de los centros educativos.

Dimensiones del tiempo escolar

Hargreaves (1992) ha planteado cinco dimensiones interrelacionadas con el tiempo escolar que muestran su complejidad al iluminar distintas variables a la hora de debatirlo, organizarlo y gestionarlo en los centros educativos.

(I) Dimensión técnico – racional. El tiempo se interpreta como una variable objetiva que puede ser aumentada, disminuida, organizada y reestructurada situacionalmente para cumplir los objetivos de la organización por parte de la administración, los directores y los docentes. En estas coordenadas la eficacia en la gestión del tiempo vendrá determinada por su productividad, por el impulso o inhibición de proyectos pedagógicos y por su influencia en el desarrollo de unas culturas profesionales más colegiales y colaborativas que rompan el individualismo docente, que es uno de los males que siguen aquejando a los centros educativos a pesar de los esfuerzos dedicados a cambiar esta situación.

(II) Dimensión micropolítica. El tiempo se interpreta como un espectro que influye en las relaciones de poder y status en el seno de la escuela. Su percepción va más allá del cálculo racional y su distribución se basa en múltiples transacciones e intereses. Cuando se explora en el currículum, se focaliza la atención en el tiempo que se le asignan a las asignaturas en el horario, los beneficios y los beneficiarios del horario, el momento del día que se imparten clases, la disponibilidad de tiempo del profesorado, el peso de los departamentos en base a la carga horaria que tienen o en el tiempo de uso de los de recursos existentes.

(III) Dimensión fenomenológica. Esta perspectiva profundiza en la forma en que las personas sienten y viven el tiempo en la organización, en relación a proyectos, roles, actividades, etc. (Hargreaves, 1998).

En la gestión del cambio y de la mejora las concepciones monocrónicas (linealidad) y policrónicas (multitarea) tienen importantes repercusiones en la forma en las que personas trabajan y se relacionan, con implicaciones de género y conflictos. Las personas que operan monocromáticamente hacen una sola tarea de cada vez, siguen una progresión lineal, trabajan en los horarios establecidos, muestran una baja sensibilidad hacia el contexto y las tareas deben desarrollarse en el tiempo establecido. Esta concepción es más dominante en los hombres y se vincula con la concepción técnico-racional del tiempo. En cambio, las personas que operan en un marco policrónico realizan varias tareas a la vez, procuran cerrar los procesos, tienen mayor sensibilidad hacia el contexto y los imprevistos, y mayor libertad temporal para la ejecución de las tareas. Esta concepción es dominante en las mujeres (Hall, 1984).

(IV) Dimensión sociopolítica. Esta dimensión está íntimamente ligada a la capacidad de decisión en el uso del tiempo escolar. Hargreaves (ob. cit.) indica que los administradores tienen un esquema monocrónico del tiempo – asociado a los objetos – mientras que los docentes tienen un esquema más policrónico – asociado a las relaciones – lo que genera distintas situaciones controvertidas donde la separación y la colonización se convierten en aspectos claves. La perspectiva y el esquema del tiempo en las organizaciones se considera de distinta forma si eres administrador (gobierno) o docente, lo

que genera situaciones controvertidas; los docentes ven los cambios como precipitaciones, mientras los administradores los ven como lentos y tratan de colonizar los tiempos, priorizando la productividad. Lo timbres, las jornadas afectan a la dinámica educativa e influenciados por estereotipos difíciles de cambiar.

En este contexto cabe señalar que la jornada escolar ha sido paradigmática en España dado que no es uniforme al moverse entre la denominada jornada continua y la jornada partida – mañana y tarde – con diversos horarios. En esta implementación diferencial residen muchos intereses implícitos que han sido traumáticos en muchas ocasiones porque han dado lugar a enfrentamientos entre familias, profesorado, entre asociaciones, de manera combinada y, en último término, con la Administración. Ponerse de acuerdo no es fácil por lo que consideramos necesario, al igual que otros autores (Bernal, Cano y LaCruz, 2014; Álvarez-Arregui, 2017) valorar el tipo de jornada más adecuada teniendo en cuenta:

- Peculiaridades del entorno en que se ubica el centro educativo.
- Capacidad para decidir sobre aquella jornada que mejor se adapta a las necesidades de los diferentes colectivos implicados.
- Velar porque las decisiones que se adopten no beneficien o vayan en contra de colectivos concretos o mayoritarios.
- Diferenciar el tiempo de los estudiantes, de los profesionales y de la apertura y cierre del centro a la comunidad.

Entender las actividades extraescolares como una parte fundamental en la formación requiere un tiempo específico para su desarrollo.

- Plantear los centros educativos como instituciones al servicio de la comunidad por lo que su papel va más allá de la vertiente curricular y deben plantearse como dinamizadores de la vida cultural y local desarrollando múltiples actividades fuera del horario lectivo.
- Interpretar el papel de las instituciones educativas desde la complejidad por lo que deben superarse las visiones restrictivas en su organización y tener presente que son muchos y diversos los agentes educativos implicados, que son muchas y variadas las demandas y que siempre serán limitados los recursos públicos para hacerles frente de ahí que haya que optimizarlos.

Los equipos directivos prefieren planificar el tiempo desde un enfoque racional cuando promueven cambios pueden generarse conflictos de difícil pronóstico (periodos de adaptación, jornada escolar, créditos...) que prefieren evitar.

Además, la Administración planifica externamente el tiempo bajo sistemas burocráticos provocando conflictos de intereses en las comunidades educativas porque las partes implicadas se repliegan para preservar "privilegios" adquiridos en base a transacciones de distinto signo y entre los docentes la antigüedad se convierte en referente lo que limita la capacidad de desarrollo y de adaptación de las organizaciones.

4.6. ORGANIZACIÓN Y GESTIÓN DE LOS MATERIALES

Los recursos educativos se vienen planteando como aquellos instrumentos o medios impresos, audiovisuales, materiales o tecnológicos utilizados habitualmente en los procesos de comunicación educativa, puestos en acción en las instituciones escolares y que, como tales, son susceptibles de tratamiento didáctico – organizativo (Álvarez-Arregui, 2017).

Con la apertura de los centros a la comunidad y con la incorporación de las TIC se ha abierto un espacio educativo con múltiples escenarios que desde distintos ámbitos, instituciones y entidades ejercen funciones de muy diversa índole (tabla 3.1) que no deben ser desaprovechadas (Gairín, 1994; Álvarez-Arregui, 2017). El contenido de los recursos también debe delimitarse para establecer criterios que permitan identificar los elementos referenciados:

- *Equipamientos.* Pueden ser fijos, como armarios y tabiques, o móviles, como mesas y sillas, entre muchos otros. Las decisiones relativas al equipamiento suelen tomarse fuera del ámbito escolar y, aunque a veces se consulta, no estaría de más que se tuviese en cuenta las propuestas de las personas que tienen experiencia sobre la utilización que se a dar a esos elementos.

- *Medios.* Se suele asociar a los procesos de comunicación; de aquí que haya que tener en cuenta el contenido a transmitir, el entorno físico y el destinatario. De este modo los medios adquieren su sentido si se conciben en función del ecosistema de trabajo.

- *Recursos.* Instrumentos que se utilizan en el proceso de enseñanza – aprendizaje como apoyo a la consecución de las metas previstas.

- *Materiales.* Objetos usados como recurso para que, mediante su manipulación, observación o lectura aportan oportunidades de aprender algo, o bien con su uso se intervenga en el desarrollo de alguna función de la enseñanza.

- *Tecnología.* Medios o instrumentos que tienen que ver con los datos, la información y el conocimiento a la que se tiene acceso en base a las decisiones que se adoptan y a los avances tecnológicos en electrónica, informática o robótica, entre otros.

Los recursos educativos incluyen diversos formatos como libros, plataformas digitales y laboratorios. Proyectos COTEC la escuela lo primero[2] y plataformas editoriales digitales proporcionan contenidos interactivos y multimedia. El metaverso y los portales educativos, como el INTEF, y las comunidades autónomas a través de los centros de recursos, ofrecen herramientas variadas y acceso a informes, normativas, currículos, formación docente y recursos de creación y colaboración en línea. Las TIC brindan nuevas oportunidades, pero es necesario formar a los docentes para un uso efectivo.

Tabla 4.2. Funciones de los materiales

FUNCIÓN	DESCRIPCIÓN	EJEMPLO
Motivadora	Primer efecto que provoca su uso. Atrayente para el usuario. Puede incrementar la ansiedad ante el aprendizaje.	El despliegue multimedia en adultos con escolarización deficiente y escasos hábitos de trabajo intelectual puede ser un factor limitador al inicio del proceso. La novedad que proporciona el Metaverso también resulta motivador para los colectivos concurrentes y ofrece posibilidades de todo tipo.
Innovadora	Cada nuevo medio modifica el contexto de aprendizaje. La incorporación de un nuevo medio debe planificarse y valorar su impacto.	Un vídeo en una clase modifica los sistemas de comunicación por lo que una tarea importante del docente es regularlas según los objetivos. Lo mismo ocurre con los video-juegos interactivos o con el trabajo en el entorno virtual en 3D a través de avatares.
Estructuradora	Los medios representan y traducen la realidad. En su diseño se codifica, organiza y ordena la información y los procesos singularmente. Esta estructuración depende de los criterios de diseño y de las capacidades técnicas del medio.	Un libro de consulta representa la realidad en función de la intención del autor y con un mayor grado de abstracción que un vídeo documental. Las presentaciones interactivas muestran la realidad en flashes visuales que condensan ideas. Los accesos que se proporcionan actualmente a través de QR han ampliado exponencialmente las posibilidades de trabajo con estos materiales.
Orientadora y reguladora del aprendizaje	Capacidad para facilitar y organizar las acciones instructivas. El medio permite orientar el proceso de enseñanza - aprendizaje.	El libro no sólo ofrece contenidos (escritos, visuales) sino que incluyen recomendaciones, ejercicios, orienta las respuestas, y genera preguntas.
Condicionante del aprendizaje	Los medios tienen un impacto diferencial sobre el aprendizaje condiciona el tipo de procesamiento de información que el sujeto va a realizar.	El ordenador, la Tablet, el móvil como medio de enseñanza en sujetos con hábitos de estudio centrados en el dominio lectoescritor en soporte impreso genera distorsiones de difícil pronóstico.

4.7. ORGANIZACIÓN Y GESTIÓN DEL DESARROLLO PROFESIONAL

La formación continua y el desarrollo profesional de los directores, los docentes y del resto de profesionales requiere de una planificación sistemática e intencional proyectada en el tiempo y, partiendo de la base de la cultura organizativa de partida. Al considerar que existe una relación directa entre la calidad y el desarrollo

2 https://cotec.es/proyecto/la-escuela-lo-primero-2/8758092c-0d3f-a80b-4a02-ba6ca1d9553c

organizativo con la capacitación de los docentes y profesionales, se cree conveniente promover una participación del equipo directivo para que aflore la reflexión, la experimentación y el reconocimiento.

Las formas de estimular el desarrollo profesional en la comunidad educativa son variadas, pero desde nuestra perspectiva consideramos que debe estar incluida como un ámbito prioritario en el Programa de Dirección. Así pues, los directivos deberían promover un modelo interno de formación para cada centro en base al estadio de desarrollo organizativo del que puedan servirse los diferentes sectores sociales de la comunidad educativa. La propuesta deberá concretarse situacionalmente pero su incidencia dependerá de los espacios, los tiempos específicos y la finalidad que se persiga y donde tengan cabida familias, profesorado, alumnado, a título individual o colectivo.

La formación si se entiende como un proceso que dura toda la vida y afecta a los distintos ámbitos profesionales debe tener un claro reconocimiento institucional. El desarrollo profesional debe plantearse con proyección en el tiempo por lo que debe quedar explícito lo que se espera de las personas para concretar los proyectos educativos singulares que se promuevan. Este enfoque siempre va a provocar reacciones de distinto signo en base a las culturas organizativas que se hayan asentado por lo que se van a apoyar las iniciativas de cambio o se van a defender los intereses y preferencias de los grupos de poder y de personas concretas. Aunque haya calma aparente nunca van a existir son posiciones neutras, sino que habrá adhesiones o rechazos en función de la credibilidad e influencia que tengan sus promotores.

En este escenario cualquier equipo directivo deberá tener siempre presente el hecho de que, si se cuestiona lo que ocurre en una organización, siempre habrá que plantear alternativas para la mejora. Una buena base de partida es presentar propuestas de intervención abiertas y flexibles desde las que se promueva la reflexión y la crítica constructiva y se estará estimulando intelectualmente a las personas afectadas.

La credibilidad se gana en el día a día desde las propuestas que se establecen, las actitudes que se perciben y la importancia que se conceden a unos aspectos u otros. Por esa razón la consideración individual del trabajo docente debe respaldarse por parte de los directivos entendiendo que en educación no hay soluciones únicas y hay distintos caminos para lograr los objetivos. Algunas actividades que se podrían promover son:

- Informar sobre programas de formación y valorar las propuestas que se hagan.
- Promover reuniones donde se comenten los cursos que se están realizando, los materiales que aporta, su posible utilización...
- Centrar la atención de los equipos de profesores en temas relacionados con los proyectos que se están desarrollando.
- Pedir opinión acerca de las actividades que realizan, de sus sentimientos sobre los asuntos del aula, sobre sus expectativas, sobre las posibilidades que se brindan ...
- Promocionar la investigación–acción.
- Facilitar la experimentación de técnicas innovadoras.
- Reconocer los progresos de cada profesor.
- Asesorar a los docentes con dificultades específicas en su práctica, en la elaboración de instrumentos, en la planificación, con la acción tutorial...
- Seguimiento de la formación, de la capacitación obtenida y de su impacto...

Además, los responsables siempre deben dar ejemplo ya que el convencimiento de los demás se produce cuando se percibe una coherencia entre lo que se dice y lo que se hace. Por tanto, la promoción de actitudes asociadas al desarrollo organizativo y a la participación en tareas satisfactorias para ellos mismos y para el resto de las personas implicadas tiene mucho que ver con el aprendizaje organizativo de una ética profesional.

4.8. ORGANIZACIÓN Y GESTIÓN DEL CONOCIMIENTO

Este apartado pretende mostrar la importancia de estructurar, administrar y aprovechar el conocimiento dentro de una organización, con el objetivo de conseguir la mejora continua de las personas implicadas y de las diferentes dimensiones de la organización. La necesidad de retroalimentación de cualquier propuesta institucional hace necesario el desarrollo de estrategias de gestión del conocimiento.

La evaluación sistemática y formativa con vocación inclusiva aportará datos para actuar consecuentemente en los diferentes ámbitos operativos. Los diagnósticos, el análisis, la reflexión, el debate, la presentación de alternativas y la implementación de propuestas e intervención suponen un aprendizaje continuo. En este contexto, se trata de promocionar organizaciones que aprenden, emprenden y orientan la cultura organizativa hacia la mejora, pero debemos ser muy cautos a la hora de decidir los datos a recabar y el modo en que dichos datos van a ser analizados. El desafío es aprovechar el potencial de los datos recopilados como palanca de cambio y evitar las connotaciones negativas mencionadas y más cuando estemos hablando de grupos o centros educativos considerados en peligro de marginalización, exclusión o bajo rendimiento.

Esta forma de trabajo transforma la información en conocimiento cuando se aplican sobre procesos de racionalización, de interpretación y de crítica. La Memoria Institucional puede ser el primer eslabón para implementar mejoras en los centros. Las contribuciones que realicen se pueden convertir en indicadores que promueva la autoevaluación y comparación con evaluaciones externas para potenciar la mejora continua. Las evaluaciones externas podrían llevarse a cabo por otros profesionales o por la Administración Educativa, pero para ello la Inspección Educativa deberá de huir de la estandarización y del control y orientar sus recursos hacia la supervisión y al desarrollo de las instituciones y de las comunidades educativas. La Universidad u otras instituciones públicas, privadas o sociales podrían ser otras entidades que colaborasen en los procesos de diagnóstico, de evaluación y de investigación sobre el impacto de los proyectos educativos desplegados en los centros. En cualquier caso, las iniciativas que se promuevan deben contar con el aval de la comunidad educativa lo que requeriría una información y formación previa de las personas implicadas.

La evaluación se convierte en una herramienta para reorientar y ajustar procesos, para reajustar los proyectos, justificar intervenciones y aportar datos confiables a diversas partes interesadas que se estén desarrollando. Este planteamiento podría favorecer la construcción de una cultura de colaboración y de participación ya que ahora se tendría información relevante y transparente para debatir, tomar decisiones fundamentadas, invertir en recursos o reutilizarlos y elaborar estrategias de intervención.

La problemática que puede emerger con los datos es que pueden utilizarse como un arma de doble filo. Así, pueden considerarse como un referente para la mejora continua cuando proporcionan indicadores de progreso de los estudiantes, de las intervenciones educativas o de la eficacia de las políticas educativas avalando la transparencia y la responsabilidad. La cara negativa es que también puede proporcionar indicadores de rendimiento insuficientes, incluso inadecuados, por lo que su influencia puede ser muy perjudicial ya que pueden ocultar más que mostrar, pueden inducir a malentendidos y, lo que es peor, pueden tener un efecto negativo en la conducta de los profesionales. Este hecho ha llevado a describir la "cultura de auditoría" como la "tiranía de la transparencia" (Strathern, 2000).

El cambio de orientación en la gestión del conocimiento es una necesidad palpable pero su promoción no es fácil ya que son muchos los intereses y los interesados. Para promoverlo, se requiere la colaboración del sector público, el sector privado y el tercer sector por lo que las instituciones públicas, las empresas, las asociaciones, las fundaciones y las organizaciones no gubernamentales que pueden participar activamente en la mejora de los servicios socioeducativos y en la construcción de entornos de formación inclusivos.

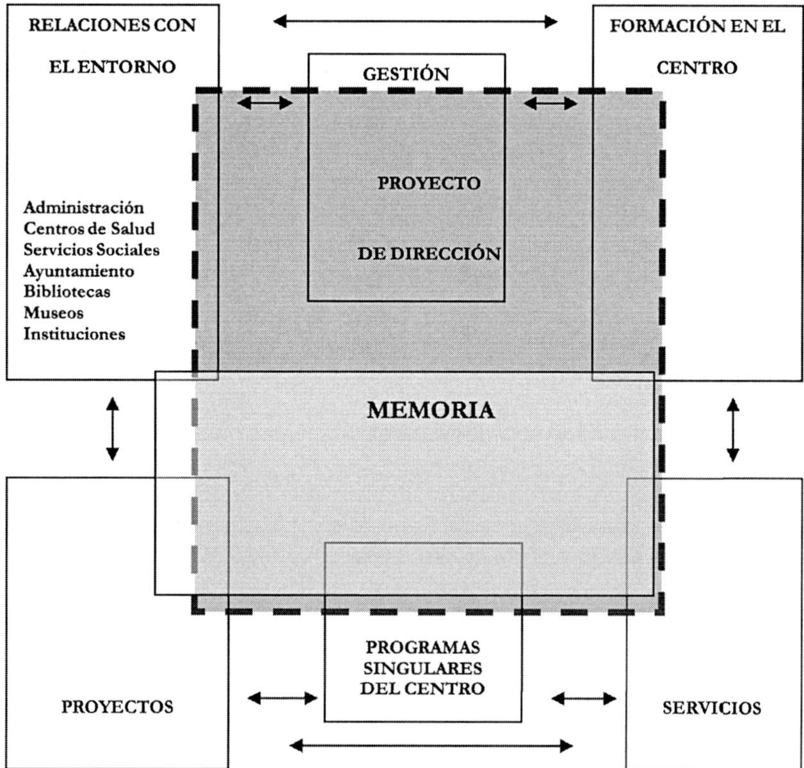

Figura 4.1. Gestión del conocimiento desde la Memoria

4.9. REFLEXIONES DE SÍNTESIS

Una sociedad compleja y dinámica exige una reflexión sistemática y continuada sobre la situación de sus instituciones socioeducativas, en concreto, sobre lo que se están haciendo y lo que se podría hacer para mejorarlo. Esto requiere de una planificación intencional que permita clarificar la ruta a seguir, más si cabe cuando los recursos son limitados, las demandas se incrementan de manera exponencial y los profesionales se sienten desbordados. En este escenario, el proceso de planificación entendemos que debe ser inclusivo y contextualizado, por lo que se tiene que desarrollar un análisis real. La tarea no es fácil porque el carácter específico de las instituciones socioeducativas - situación espacial, histórica, cultural, funcional...- hace que cada una de ellas adopte una planificación singular, es decir, un modelo propio que quía las acciones en función de las necesidades, los recursos y las decisiones que se van adoptando por las personas desde sus diferentes ámbitos de responsabilidad.

En este módulo se ha tratado cómo se debe de atender a las necesidades de cada alumno para así poder mejorar su rendimiento, haciendo especial énfasis en lo que se denomina en la última ley educativa "garantizar la inclusión educativa, atención personalizada, prevención de dificultades de aprendizaje y mecanismo de refuerzo ante dificultades" (LOMLOE,2023).

Por lo que estamos de acuerdo en considerar que la planificación depende en gran medida de cómo se aplique en la práctica. La utilidad de la planificación estará condicionada a cómo se integre y adapte a contextos y realidades específicas. Algunos argumentan que la planificación puede limitar la creatividad al tener todo predefinido y estructurado. En nuestro caso consideramos que toda planificación tiene que ser estratégica, integral e inclusiva, apoyada en la creatividad, la originalidad, la innovación, la colaboración, la confianza y la credibilidad. Por lo que se debe desplegar como una acción colectiva donde las organizaciones y las personas aprenden y emprenden desde la participación, la adaptación, la reflexión y el conflicto. Esta planificación estratégica inclusiva tiene múltiples dimensiones, atendiendo a su carácter.

- *Situacional* puesto que puede adecuarse a las peculiaridades de cada comunidad, al entorno inmediato, al estadio de desarrollo, al marco sociolaboral y a la normativa.

- *Utilitario* puesto que permite concretar las intenciones en proyectos, su financiación, los recursos necesarios y los servicios que se prestan.
- *Regresivo* y *Multidimensional* ante la trayectoria del centro y sus diversos ámbitos
- Ho*lístico y procesual;* perspectiva integrada, estableciendo secuencias de actividades.
- Su *carácter proyectivo* puesto que permite visualizar el futuro de la organización.
- Su *carácter formativo* puesto que atiende a la capacitación de los implicados.
- Su *carácter flexible y dinámico* al atender a los cambios y su evolución
- Su *carácter actitudinal* puesto que se asumen compromisos, se comprometen esfuerzos y se está atento al grado de satisfacción de los diferentes sectores.
- Su *carácter simbólico e inclusivo* puesto permite identificarse con las intervenciones que se plantean, se desarrollan o se reconstruyen desde los mecanismos de retroalimentación. Al igual que debe tener presentes a todas las personas. Así entendida respaldamos aquella planificación que *determina metas, marca objetivos, indica pautas de funcionamiento, establece los medios para su actuación, facilita el conocimiento y la colaboración de sus integrantes, aúna esfuerzos en la misma dirección...* (Casanova, 1996, p. 428).

Esta *Planificación Estratégica Integral* puede entenderse desde una perspectiva amplia, haciendo énfasis en todos los componentes (Adaptado de Álvarez-Arregui, 2017).

Movimiento de Las Escuelas Eficaces (EE)
En este tipo de centros las principales operaciones se centran en planificación, coordinación, discusión, observación y evaluación conjuntas. Este proceso es común a otras estrategias innovadoras, la nota dominante en las EE es el desarrollo de acciones conjuntas con lo que carecen de sentido los proyectos individuales.
Desarrollo Organizacional (DO)
Este planteamiento modifica los objetivos institucionales, un cambio en las estructuras, una alteración de los procesos y una revitalización de las dinámicas relaciones. La idea que subyace es la consideración del centro como lugar de cambio y de formación, con capacidad de aprender y genera cambios en la cultura. Pone el énfasis en la organización y el desarrollo de técnicas de intervención a diferentes niveles: liderazgo, comunicación, desarrollo de equipos o coordinación. Usa evaluadores externos y aporta una visión contextualizada.
Revisión Basada En La Escuela (RBE)
Es otra estrategia que implica el diagnóstico sistemático sobre el funcionamiento global o de un subsistema completo de la misma dirigida a su mejora y desarrollo. Sus propósitos de cambio y mejora se asocian a la planificación, el diseño, la puesta en práctica y la evaluación de un programa dirigido a alumnos y miembros de la institución. Proporciona una visión de las instituciones dónde se requiere que el trabajo sea con y para la organización, favorece el compromiso de sus componentes con la innovación y el cambio. La estrategia se desarrolla a partir de las personas de la organización sin necesidad de ayudas externas y posibilita un desarrollo profesional a través de procesos de diálogo, reflexión, colaboración y aceptación de la crítica. Las dificultades están en los centros sin sentido institucional y una escasa cultura colaborativa.
Desarrollo Colaborativo (DC)
El desafío de esta propuesta estriba en adoptar una ideología y llevar a cabo unas prácticas congruentes con ella, de tal modo que todo el proceso de auto renovación y control resida en la escuela. Esto significa que la escuela no solamente es lugar del cambio y de formación del profesorado, sino generadora de su propia cultura, con lo que enlaza en algunos aspectos con los presupuestos de las organizaciones que aprenden y con la teoría crítica (Escudero, 1990) Esta estrategia busca la reconstrucción del contexto institucional y de la cultura escolar, mediante procesos colaborativos que identifican la realidad, priorizan las mejoras, buscan soluciones conjuntas y planifican, aplican y evalúan.

Tabla 4.3. Estrategias integrales de innovación.

O bien se puede plantear a través de estrategias de innovación específicas de las que desatacamos de manera sintética las siguientes (Adaptado de Álvarez-Arregui, 2017).

Estrategia De Vínculos Interinstitucionales (VI)
Se fundamenta en la relación entre organizaciones (escuela, centros sociales y universidad). Integra los modelos de solución de problemas, interacción social e investigación y desarrollo. Se produce un acercamiento entre teoría y práctica, investigación y cambio, profesionales dedicados a descubrir conocimiento, integrarlo y a comunicarlo. La innovación, como mejora de la práctica, puede servir de encuentro entre la investigación y la práctica reflexiva. A este respecto la colaboración multidisciplinar e interinstitucional es un buen contexto de trabajo para la mejora, para crear métodos de trabajo, para validar la teoría pedagógica en la práctica. Al final se pasa de un enfoque personalista a uno colaborativo.
Red de Escuelas (RE)
Esta estrategia ofrece al profesorado y escuelas un dispositivo permanente para el perfeccionamiento y la mejora educativa. La metodología se orienta a la resolución de problemas prácticos planteados por los centros y profesionales de la red. Aquí, la institución aporta las soluciones encontradas, hace partícipes a las demás de sus problemas y cuenta con una estructura mínima para dar y recibir información.
Formación Clínica De Los Profesores (FCP)
La FCP apoya la formación institucional y tiene en cuenta el conocimiento disponible de la investigación científica y la experiencia de los profesionales. Fijados unos objetivos y desde la colaboración entre los implicados internos y externos se analizan situaciones y se resuelven problemas de la práctica educativa u organizativa.
Estrategia Técnica – Atenuada De Implementación (ETAI)
Los objetivos se agrupan en torno al diagnóstico, la implementación y la evaluación. Identifica necesidades y problemas y las transforma en metas de mejora profesional.
Cambio de la Realidad Escolar (CRE)
Se focalizada sobre la fase de implementación. Fullan (1988) considera la institución como lugar de cambio, la cultura escolar como construcción social y pretende la mejora escolar. La finalidad es la optimización de la institución en su conjunto, en su cultura y concomitantemente el desarrollo profesional del profesor y mejora del rendimiento de los alumnos. Cubre tres amplios campos de objetivos: institucionales, profesionales y de aprendizaje discente. La innovación la considera un proceso en espiral de mejora permanente.

Tabla 4.4. Estrategias específicas de innovación.

En nuestro caso, y a continuación dirigiremos la mirada hacia la organización y gestión de los documentos institucionales, los recursos –humanos, materiales, espaciales y temporales–, el desarrollo profesional de los miembros del equipo y la gestión del conocimiento dentro de la institución.

4.10. TRANSFERENCIA

Actividad 1

Atendiendo a los desarrollos que se vienen haciendo en este módulo y en los anteriores vamos a dar respuestas a algunas cuestiones, a saber:

¿Cuáles son los desafíos de la nueva ley educativa?

¿Qué es el Proyecto Educativo y la Memoria Anual en un centro educativo, y qué relaciones se establecen este estos dos documentos?

¿Cuáles son los principales desafíos que enfrentan las familias al intentar participar en los centros educativos? ¿Qué soluciones propones?

¿Cuáles son los aspectos más destacados a tener en cuenta al elegir una jornada continua o partida en un centro educativo? ¿Cómo crees que podría influir en el proceso de aprendizaje del alumnado?

Actividad 2

Atendiendo al Plan de Digitalización y a su implementación en las instituciones educativas se propone lo siguiente:

Actividad: Ruta hacia la Competencia Digital Integral

Objetivos:

- Fomentar la comprensión y aplicación de la competencia digital en el entorno educativo.
- Promover la colaboración entre el centro, el profesorado y el alumnado para avanzar en la digitalización y el desarrollo de habilidades digitales.
- Utilizar la herramienta de autoevaluación SELFIE para identificar áreas de mejora en la competencia digital y establecer objetivos.

Pasos de la actividad:

1. Sensibilización y Presentación (Centro y Profesorado):

- El equipo directivo organiza una sesión de sensibilización sobre la importancia de la competencia digital y la digitalización en la educación. Se destaca el enfoque en el Marco DIGCOM y la herramienta SELFIE.
- Se presenta a todo el profesorado los elementos clave del Marco DIGCOM y se resalta cómo se relacionan con las prácticas pedagógicas.

2. Autoevaluación con SELFIE (Centro y Profesorado):

- El centro se inscribe en la plataforma SELFIE y el profesorado realiza la autoevaluación individual y/o en equipos. Esto ayuda a identificar áreas de fortaleza y áreas que requieren mejora en cuanto a competencia digital.

3. Análisis y Planificación (Centro y Profesorado):

- Se analizan los resultados de la autoevaluación en una reunión conjunta entre el equipo directivo y el profesorado.
- Se establecen objetivos claros para mejorar las competencias digitales a nivel individual y colectivo, así como para la integración efectiva de la tecnología en la enseñanza y el aprendizaje.

4. Diseño de Talleres Colaborativos (Profesorado y Alumnado):

- El profesorado colabora para diseñar talleres y actividades que desarrollen competencias digitales específicas. Estos talleres pueden abarcar desde la búsqueda en línea hasta la evaluación crítica de información y la creación de contenido digital.
- Los estudiantes son involucrados en la planificación de estos talleres, permitiéndoles expresar sus necesidades y preferencias en cuanto a habilidades digitales.

5. Ejecución de Talleres (Profesorado y Alumnado):

- Se llevan a cabo los talleres en colaboración con el alumnado. Los profesores facilitan la adquisición de habilidades digitales y fomentan la aplicación práctica en contextos relevantes.

6. Seguimiento y Evaluación (Centro y Profesorado):

- Se establecen mecanismos de seguimiento para evaluar el impacto de los talleres en el desarrollo de competencias digitales en profesorado y alumnado.
- Se ajustan las estrategias según los resultados obtenidos y se comparten los logros con la comunidad educativa.

7. Reflexión y Celebración (Centro y Comunidad):

- Se realiza una reflexión colectiva sobre los avances en la competencia digital y la integración tecnológica.
- Se celebra el progreso mediante eventos, exposiciones o presentaciones de proyectos digitales creados por el alumnado.

4.11. LECTURAS COMPLEMENTARIAS

ÁLVAREZ PÉREZ, L., SOLER, E. y HERNÁNDEZ, J. (1998). *Un proyecto de centro para atender a la diversidad.* S. M.

GIMENO, J. (1991). Los materiales y la enseñanza. *Cuadernos de Pedagogía, 194,* 10-15.

RODRÍGUEZ-MARTÍN Y ÁLVAREZ-ARREGUI (2014). *Fundamentos didácticos y organizativos para la inclusión educativa.* Ediuno.

4.12. VIDEOTECA DE APOYO

- **Rebelión en las aulas**

  https://www.rtve.es/play/videos/escala-humana/rebelion-aulas/6134123/

- **Trabajo por rincones**

  https://www.youtube.com/watch?v=J_v4-0jCe0E

- **Organización creativa del aula**

  https://www.youtube.com/watch?v=TG5CUWyn9tM

- **Aprendizaje proyectos**

  https://www.youtube.com/watch?v=ahxDLOiR15Y

4.13. RECORDATORIO BÁSICO

Algunas cuestiones que deberías de recordar una vez que hayas trabajado este módulo son las siguientes.

1. ¿Qué es el Proyecto Educativo y la Memoria Anual?

2. Cita cuatro estrategias para fomentar la participación.
3. ¿A qué equivale el proyecto educativo en una empresa?
4. ¿Cómo pueden participar las familias en los centros educativos? Descríbelos.
5. Menciona los tipos de organización en los que se puede agrupar el alumnado.
6. Menciona cuatro rasgos/características de la Planificación Estratégica Integral Inclusiva.
7. ¿Cuáles son los principios sobre los que debe fundamentarse el Proyecto Educativo?
8. Según Hargreaves ¿Cuáles son las dimensiones escolares?
9. ¿Qué funciones tienen los materiales o los recursos educativos en los centros educativos?
10. Defiende al menos dos aspectos positivos y dos aspectos negativos de la jornada continua como estrategia de la organización del tiempo escolar.
11. Defiende al menos dos aspectos positivos y dos aspectos negativos de la jornada partida como estrategia de la organización del tiempo escolar.
12. ¿Qué ámbitos se evalúan con la memoria?

Módulo

5

Las organizaciones como ecosistemas dinámicos. Una mirada esperanzada hacia su capacidad de desarrollo

5.1. PRESENTACIÓN

Objetivo de aprendizaje

El objetivo de aprendizaje de este módulo es comprender las ideas fundamentales asociadas al desarrollo de las organizaciones, entendidas como ecosistemas dinámicos. Para ello nos adentraremos en los diversos estadios de desarrollo, en la diferencia entre organizaciones que aprenden y emprenden, y la influencia del liderazgo transformacional y la inclusión en el proceso de cambio en la cultura organizacional.

Preguntas introductorias

- ¿Qué implica el cambio en una organización; una reforma, una renovación, una mejora o una innovación?
- ¿Es lo mismo liderazgo que dirección?
- ¿Qué significa que una organización sea inclusiva?
- ¿Qué sabes o crees que sabes sobre este tema antes de empezar a leer?
- ¿Cuáles son tus expectativas o suposiciones iniciales sobre este tema?
- ¿Qué te interesa más o te intriga sobre el tema?
- ¿Tienes alguna experiencia previa relacionada con este tema?

5.2. CONCEPTUALIZACIÓN DEL CAMBIO

Las reformas educativas, como respuesta a un entorno cambiante, han provocado una reorganización de las instituciones dirigida externamente (UNESCO, Datos comparativos, etc.). Sin embargo, el problema que nos encontramos es que cuando se quiere hacer un cambio de hondo calado exige un proceso de reculturización que necesita tiempo para asentarse y múltiples estrategias para su implementación efectiva.

Las reformas no se consolidan cuando los agentes encargados de llevarla a cabo no interiorizan los principios que las inspiran. Como resultado, las pretensiones de las reformas se acabarán asumiendo burocráticamente y no llegarán a sus destinatarios de la forma como se habían originado.

Parece por tanto necesario dar voz a los participantes y promover la innovación como estrategia si se quiere consolidar un cambio que incida real y positivamente en la gestión, los contenidos, los procesos de aprendizaje y la actitud de todas las personas vinculadas a las comunidades educativas. La tarea no es fácil ya que los puntos de partida difieren por lo que deberemos conocer la capacidad de las instituciones para gestionar los procesos de cambio orientados a la mejora. Bajo este planteamiento tampoco se puede obviar que los entornos socioeducativos se construyen por dos tipos de factores, externos e internos, que interactúan continuamente, potenciándose o condicionándose, en función de las situaciones existentes. De este modo,

- *Los factores externos* se configuran a partir de los condicionantes socioculturales de carácter general o próximo y adoptan formas adecuadas a las necesidades del contexto, del marco normativo y de la ordenación que se hace de los sistemas social y educativo.
- *Los factores internos* se refieren a la ordenación de los elementos estáticos de la organización (planteamientos institucionales, estructura y sistema relacional) y los aspectos dinámicos (dirección y funciones organizativas: planificación, distribución de tareas, actuación, coordinación, evaluación e innovación). Sobre estos factores inciden los planteamientos ideológicos que se llevan a cabo para ordenar y/o justificar las acciones sobre la realidad (Gairín, 1996).

En este contexto habrá que valorar la autonomía con que ha dotado el Gobierno a las organizaciones socioeducativas, cómo la han utilizado, si ha sido suficiente. Por lo que también deberá tenerse presente la historia singular de cada institución.

El papel de las administraciones podrá valorarse positivamente cuando doten a los centros de flexibilidad para permitir interiorizar las innovaciones como propias y, desde una concepción inclusiva, promover un currículum abierto que sirva de plataforma para diseñar y aplicar estrategias que mejoren la calidad del sistema educativo, de los proyectos, del aprovechamiento del entorno y de la atención singular que se dispensa a cada persona en concreto.

Así entendida, la innovación se convierte en un proceso complejo de construcción y de participación social (Escudero, 1990). En este contexto, respaldamos una conceptualización de las instituciones socioeducativas como *unidades de cambio* el considerar a las instituciones socioeducativas como entidades intrínsecamente capaces de generar cambio. En definitiva, deben ser semilleros de ideas que se traduzca en innovación aplicada, sostenible. Esto fomentará un aprendizaje organizacional enfocado en el desarrollo integral de personas, equipos, instituciones, comunidades y la sociedad en su conjunto.

Actualmente nos encontramos ante un cambio social complejo que necesita desarrollar en los centros educativos un proceso de reculturización, buscando abrirse a la reflexión y al debate para mejorar su capacidad de *aprender a emprender* para hacer frente a los problemas y obrar en consecuencia.

Compartimos con Fullan sus planteamientos sobre el cambio cuando indica que "*como la balanza de la complejidad se acelera en la sociedad postmoderna, nuestra habilidad de sintetizar los polos opuestos donde es posible y trabajar con su coexistencia donde es necesario, es un punto clave para desarrollar un cambio de armonía*" (Fullan, 1993: 41). En nuestra opinión no se puede seguir perdiendo el tiempo añorando tiempos pasados o seguir poniendo parches en los sistemas vigentes hay que ser valientes, ser visionarios y ser proactivos para proyectarnos hacia un futuro deseable construyendo los centros educativos que queremos.

En buena parte de la literatura sobre organización se viene utilizando de forma equivalente los términos *mejora, renovación, reforma e innovación* al entender que comparten el significado de cambio y de adaptación de las instituciones socioeducativas a las exigencias del entorno, sea este próximo (comunidad) o amplio (sociedad) si bien deben tenerse algunas cuestiones que consideramos de interés.

¿Qué ocurre cuando se presenta el cambio como "mejora"?

Esta perspectiva se relaciona con el componente valorativo del cambio (Bolívar, 1999) porque afecta a las cualidades humanas En las organizaciones no todo el mundo presupone que se va a producir una renovación por la incorporación de un cambio que será valorado de manera positiva, negativa o circunstancial según el punto de vista que se adopte y con las ventajas e inconvenientes que se le suponen.

A este respecto se hace necesario reflexionar sobre quién promueve el cambio, con qué intenciones, a quién afecta, qué beneficios conlleva, por qué se orienta a la eficacia –mayor aprovechamiento de los recursos– por qué se orienta hacia la equidad –se distribuyen los beneficios de manera más igualitaria entre los miembros de la organización–. Es en la mejora donde se incrementa la complejidad y problemática del cambio (Coronel, López y Sánchez, 1994) al exigir la construcción e interpretación de las situaciones desde una actitud reflexiva y deliberada sobre qué se debe cambiar, las razones para hacerlo y las intenciones de hacerlo.

El cambio se favorecerá cuando las personas lo aceptan y lo adaptan a sus necesidades, cuando existen condiciones personales, materiales y estructurales, cuando se promueven espacios de colaboración, cuando la Inspección lo respalda, cuando la dirección la dirección lo promueve y cuando los profesionales se comprometen y el cuándo se hace partícipe a la comunidad.

¿Qué ocurre cuando se presenta el cambio como "reforma"?

El cambio se presenta como una estrategia planificada para la modificación de aspectos del sistema social y/o educativo de un país, con arreglo a un conjunto de necesidades, de resultados específicos, de medios y de métodos adecuados. Afecta al marco general, a la estructura, a la organización y a la innovación y a los aspectos que se consideren necesarios (González y Escudero, 1987), tiene su origen en factores socioculturales, políticos y económicos y conlleva una modificación de gran amplitud.

El éxito dependerá del grado de difusión de sus fines, de las estrategias y de la metodología, pero, sobre todo, del grado de aceptación de las personas responsables de su implementación por lo que la dirección, el profesorado, la inspección y la comunidad jugarán un papel relevante.

¿Qué ocurre cuando se presenta el cambio como "renovación"?

El cambio como renovación conlleva cierta ambigüedad porque se usa en un doble sentido, como cambio en las ideas pedagógicas o como cambio en la estructura educativa y curricular (ej. Programas Renovados). Es decir, renovar supone mejorar el sistema existente introduciendo algunas adiciones para ponerlo a punto. Así se puede aplicar a las teorías curriculares, a los modelos de organización, a la formación continua, al diseño de materiales, al cambio en los contenidos curriculares, a las orientaciones metodológicas o a los sistemas de evaluación.

¿Qué ocurre cuando se presenta el cambio como innovación?

La fundación COTEC define el término Innovación como "todo cambio (no solo tecnológico) basado en conocimiento (no solo científico) que genera valor (no solo económico)".

Havelock y Huberman (1980) lo entienden como un tipo especial de cambio donde se realiza un esfuerzo deliberado, orientado a obtener mejoras relevantes en el sistema. También se entiende como un mejoramiento sensible, mensurable, deliberado y duradero que no se produce frecuentemente.

Por tanto, la innovación, al referirse tanto a los procesos como a los cambios consolidados en las ideas, materiales o prácticas, conlleva introducir en la realidad educativa, dinámicas que alteran las ideas, las concepciones, los roles, las metas, los contenidos, la metodología, la organización espacial, la gestión del tiempo, la utilización de los recursos o la orientación de la evaluación.

Una característica fundamental de la innovación es su internalización o consolidación, lo que la diferencia de otros proyectos experimentales o experiencias de innovación en los que no se llega a consolidar el cambio a nivel institucional; se trata de cambios menos complejos y duraderos, más esporádicos y concretos en sus objetivos.

Algunas cuestiones que no deben olvidarse sobre la innovación (De la Torre, 1998; Álvarez-Arregui, 2002, 2006, 2017) tienen que ver con:

- La innovación puede ser promovida externa o internamente pero su contenido básico será determinado por las organizaciones o por los profesionales que trabajan en equipos o de manera individual.
- Las innovaciones que se diseñan son más profundas y tienen que ver más con lo que se hace (funciones, tareas, tipos de práctica e interacciones) que con lo que se piensa (principios, creencias, valores y normas).
- Las innovaciones que se generan dentro de las organizaciones pueden calificarse como de pequeña escala dado que afectan a uno o pocos aspectos – curriculares, organizativos o profesionales – tienen una proyección temporal más corta, no requieren muchas decisiones y suelen utilizar recursos propios.
- Las innovaciones singulares suponen la adopción, por parte de la organización, de algo que representa una novedad. El matiz diferencial tiene que ver con el momento en que el cambio es adoptado; caso de una institución que incorpora, antes que otras de su zona, algún proyecto.
- La innovación es un proceso que no concluye hasta que no se ha consolidado algún cambio en la cultura de la institución donde tiene lugar.
- La innovación constituye el planteamiento inicial de un proceso que, cuando se ponga en práctica, generará variaciones no previstas en el diseño inicial que pasarán a formar parte de la innovación.
- La dimensión evaluadora no representa un último elemento del proceso, sino que tendrá que abarcar todos aquellos cambios que se hayan producido en la planificación y en el proceso de implementación.

- La evaluación permitirá conocer el grado de internalización y consolidación del cambio con lo que podremos diferenciar entre experiencia e innovación.

- El diseño de la evaluación de una innovación cuando adopta un planteamiento holístico se inicia con un diagnóstico de necesidades, continúa con el análisis sobre el diseño, el proceso seguido en su aplicación y concluye con la evaluación de todos los cambios que se hayan producido a lo largo de todo el proceso y con la valoración de su impacto.

En estas cuestiones compartimos con De la Torre (1998) su planteamiento integrador, comprensivo y estratégico ya que, desde el enfoque sociocultural que adopta, permite considerar la innovación como la interacción entre las condiciones socioculturales, contextuales y personales de quienes deciden iniciar un proyecto de innovación inclusivo. A partir de aquí argumenta que la naturaleza de la innovación educativa es un proceso dinámico y abierto, de carácter multidimensional y complejo, inserto en una realidad sociocultural y humana que busca el crecimiento personal, institucional y mejora social, por lo que requiere estrategias de participación colaborativa (figura 5.1). Partiendo de este marco la innovación deberá fundamentarse en un diagnóstico profundo de realidad existente por lo que deberá valorar el pasado, el presente y la visión de futuro de la organización para desarrollar estrategias colaborativas multidimensionales que tengan proyección en el desarrollo personal, profesional, institucional y comunitario.

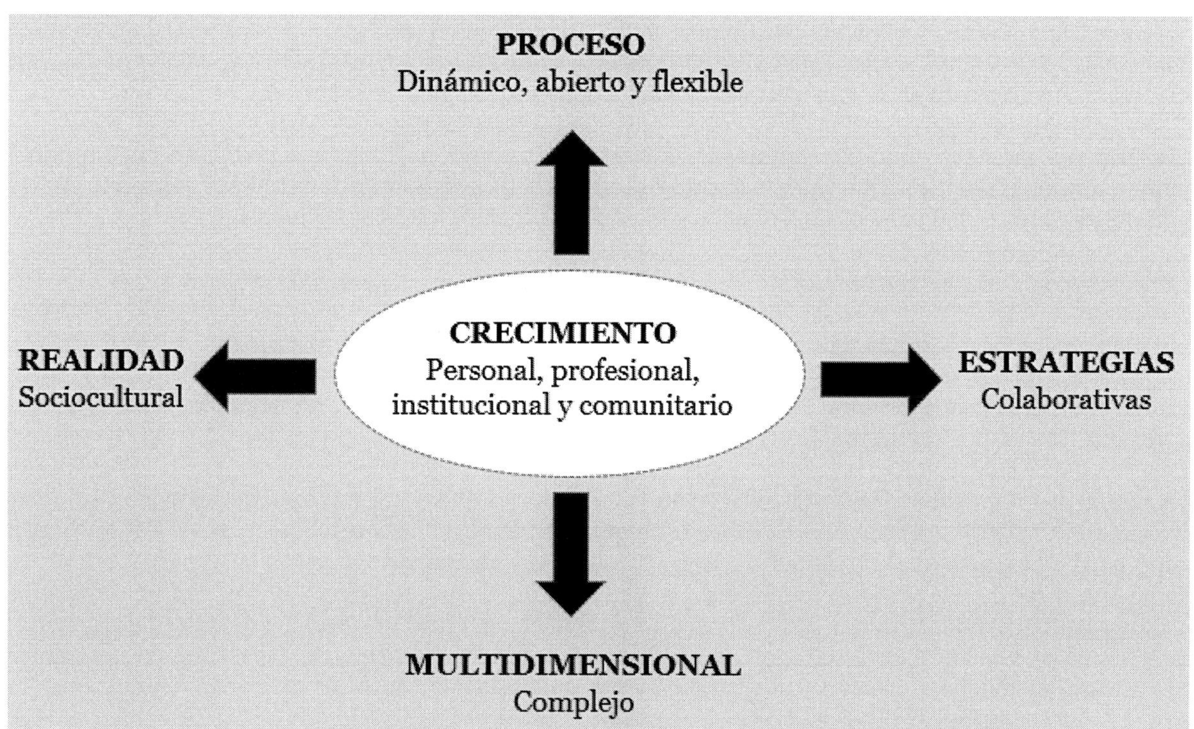

Figura 5.1. Naturaleza de la innovación educativa (Adaptado, De la Torre, 1998, p. 23)

5.3. ESTADIOS DE DESARROLLO DE LAS ORGANIZACIONES

Cuando se aborda el cambio como un proceso de mejora se otorga un voto de confianza a las instituciones para abordar su reestructuración y reculturización. Este enfoque presupone que las organizaciones son singulares porque tienen diferentes estadios de desarrollo organizativo que pueden determinarse a través de diagnósticos situacionales. El tiempo que se dedique a ese proceso será fundamental para disponer de indicadores que permitan tomar decisiones fundamentadas en el desarrollo de estrategias de intervención institucionales de manera autónoma o con el apoyo de otros agentes o instituciones externas. Cuando se busca introducir un cambio en una organización, es primordial reconocer que las metas a corto plazo son solo un inicio, siendo necesario establecer también objetivos a medio y largo plazo. Esto es vital para desarrollar una cultura organizacional basada en el compromiso, aglutinando los esfuerzos de todos los involucrados en la educación.

Las personas con experiencia en la implementación de proyectos de innovación encontramos diferentes limitaciones en las organizaciones: sea por su historia, por la débil articulación, por la baja capacidad para actuar situacionalmente, por la permeabilidad de los equipos directivos a las presiones corporativas, por las restricciones que provoca la propia administración ante las demandas burocráticas o por la selección de prioridades que satisfagan las necesidades inmediatas. Estos indicadores deben ser tenidos en cuenta porque se acaban incorporando en las culturas institucionales y se vuelven parte de la resistencia al cambio real. Esto sucede cuando se pone más énfasis en la reestructuración (reorganización) que en la reculturización (transformación cultural), y no se implementan procesos graduales en las formas de trabajo; interacción, compromiso, gestión y revisión, según sean necesarios.

Al igual que Schein (1992) consideramos que en un mundo en cambio las organizaciones deben generar un *sistema de aprendizaje continuado* que se incorpore a la vida organizativa lo que vinculará la cultura organizacional con las organizaciones que aprenden y emprenden. A este respecto nos parece importante reseñar que la cultura organizativa *debe y puede ser aprendida* porque se adquiere y transmite por la observación, la experiencia y el estudio; *debe y puede ser compartida* porque afecta a todos los miembros del grupo así como a su desarrollo personal y profesional; *debe y puede cambiar las percepciones* acerca de las cosas y de las situaciones; *debe y puede tener capacidad de adaptación* ya que se basa en la capacidad que tienen el ser humano para acomodarse al cambio; *debe y puede ser transgeneracional* ya que se acumula y pasa de una a otra cohorte; *debe y puede ser interinstitucional* porque pueden exportarse las buenas prácticas y promover la cooperación entre las organizaciones; debe y puede ser multidimensional porque tiene que integrar el entorno presencial, virtual e inmersivo; y *debe y puede ser proyectiva* si se enfoca hacia el futuro con intención de mejora (Álvarez-Arregui, 2002, 2007; Álvarez-Arregui y Rodríguez-Fernandez, 2023).

En este escenario es importante conocer aquellas estrategias que faciliten el cambio cultural. Un primer referente nos lo proporciona Hall (2000) cuando distingue cuatro estadios de desarrollo organizativo en base a la forma en que gestionan los conocimientos y los valores. Las tipologías aluden a una:

Organización autocrática vertical

El conocimiento se sustenta en unos datos aislados proporcionados por registros objetivos que permiten hacer millones de transacciones, caso de los bancos. Esta información ofrece un escaso valor añadido para las personas y las organizaciones que los manejan ya que lo que se comparte es muy limitado y la ausencia de valores conducen a un liderazgo autocrático.

Este tipo de organización puede ser interesante en situaciones en las que se requiera una toma de decisiones rápida y coherente. Aunque puede limitar la creatividad, implicando unas consecuencias negativas en el compromiso y productividad en el medio o largo plazo. Imagínate que eres la propietaria y creadora de una pequeña empresa de fabricación de muebles. La organización es autocrática y vertical, con una estructura jerárquica clara. La toma de decisiones se concentra en la dueña y fundadora, seguido de un gerente general y supervisores. La comunicación es unidireccional, y los empleados no participan en las decisiones ni se espera que contribuyan con ideas. La estructura es rígida y los cambios se implementan de manera autoritaria.

Organización vertical estratificada

En este tipo de organización la jerarquía se estructura en varios niveles intermedios de gestión, cada uno con sus responsabilidades. El conocimiento que se aporta tiene un carácter utilitario ya que procede del análisis situacional en el que se desenvuelve una organización y permite a sus gestores orientarse en una dirección u otra para adaptarse a su entorno. El liderazgo burocrático sería el referente. Si lo trasladamos al ámbito educativo nos encontraríamos con unos programas que se transmiten jerárquicamente. La eficiencia es un valor prioritario. Este tipo de organización puede ser interesante en empresas grandes que requieren una coordinación y gestión cuidadosa, aunque también puede encontrar problemas de falta de comunicación y compromiso que deben ser trabajados.

Organización que aprende

Este estadio supone un salto cualitativo importante porque ahora los valores enfatizan la relación personal para utilizar la información de múltiples maneras y ajustarla a las necesidades que puedan presentarse. Al tratar de entender la información, el aprendizaje se convierte en un factor crítico para la organización pues el objetivo será satisfacer las demandas. La información se organiza con unos propósitos específicos de forma que puedan derivarse acciones, reflexiones, decisiones e iniciativas específicas. Una o varias personas serán las que interactúen a partir de las bases de datos aportadas y la incorporación de los procesos de revisión les permitan mejorar de manera continuada en los diferentes ámbitos organizativos.

En resumen, este tipo de organización tiene la capacidad de aprender y adaptarse en respuesta a los cambios de su entorno, buscando de forma continua y activa el aprendizaje y la mejora en todos los niveles; desde la cultura organizativa hasta la toma de decisiones y la innovación. Como ejemplo, podemos imaginar que tenemos una empresa de innovación educativa y tecnológica, donde queremos promover una cultura de aprendizaje. Para ello contamos con un equipo interdisciplinario que abordan diversos retos, fomentan la retroalimentación y la difusión de conocimientos; donde existe un liderazgo transformador que promueve el desarrollo, la mejora continua y la experimentación. El aprendizaje se visualiza en toda la organización y recursos humanos, como ventaja competitiva en una sociedad que cambia a ritmos acelerados. De esta forma, la organización se puede adaptar fácilmente a las nuevas tendencias a través del desarrollo del equipo y de la organización.

Colaboración asociativa

En el último estadio de desarrollo el aprendizaje organizativo se produce a través de la generación de conocimiento; pero a diferencia de las organizaciones que aprenden, ahora la perspectiva se amplía y el objetivo se fundamenta en la mejora de la calidad de vida humana. Concienciarse de lo que sucede se sobrepone al resto de los valores y el liderazgo se orienta a la facilitación de la colaboración entre iguales para que la sabiduría práctica se sustente en asociaciones fuertes, donde las soluciones se expandan dentro y fuera de la organización de manera creativa (figura 5.2.).

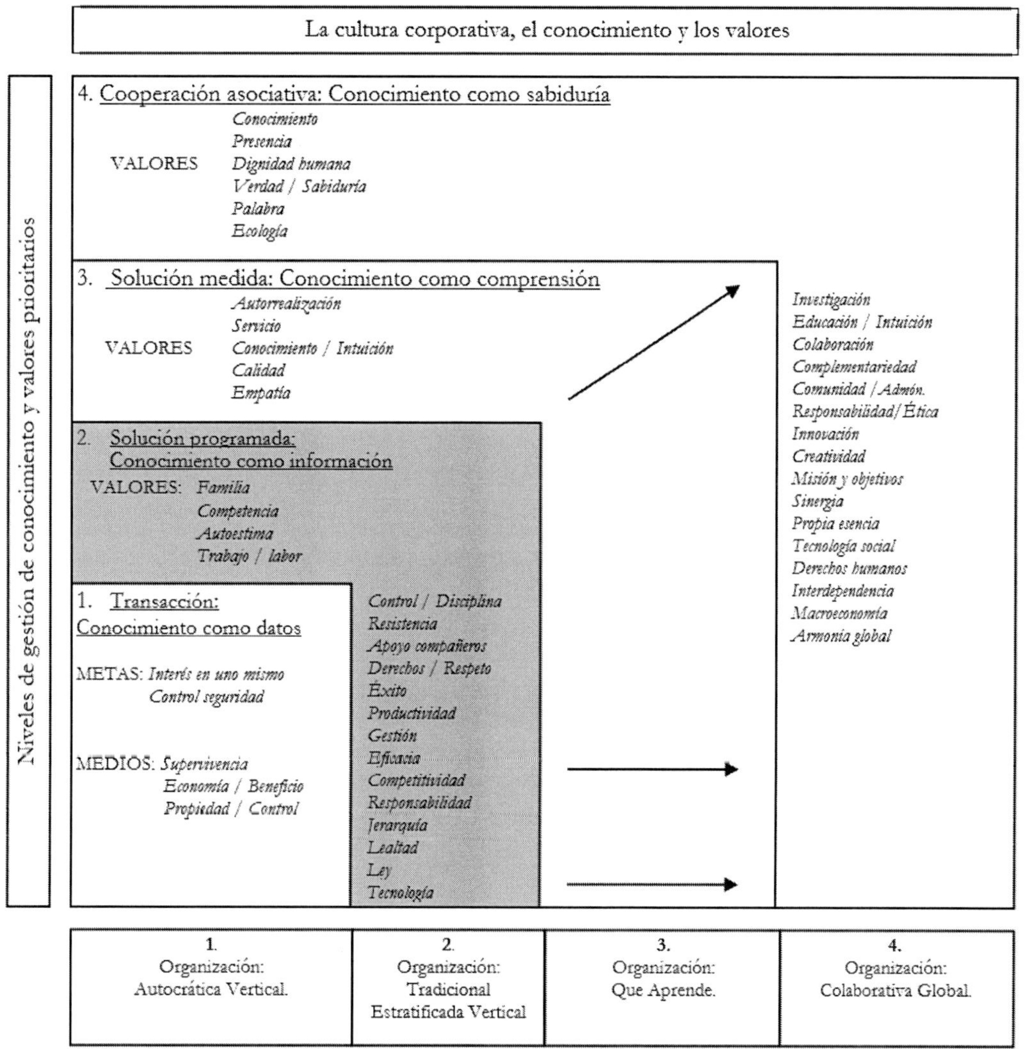

Figura 5.2. La cultura corporativa, el conocimiento y los valores (Hall, 2000, p. 37)

Un ejemplo de este último estado puede ser la Alianza para la Conservación del Medio Ambiente de una región, reuniendo a organizaciones empresariales, sociales, educativas, etc. de diversos sectores y disciplinas, pero interesadas en trabajar juntas para un fin común De esta forma se aprovechará los conocimientos y recursos de cada uno para lograr el objetivo común planteado.

Los estadios de desarrollo que pueden alcanzar las organizaciones quedan vinculados a los valores que predominan internamente, a la calidad del conocimiento que producen y a su grado de proyección en el entorno lo que supone culturas organizativas diferenciadas que favorecen o dificultan su crecimiento. Por lo que es importante considerar la estructura de organización y el estilo de liderazgo en función de las necesidades de la empresa en particular.

La realidad práctica nos indica que la mayoría de las organizaciones se encuentran situados en el segundo nivel, un pequeño porcentaje transita hacia el tercer nivel y son muy pocas las que se encuentran en el último estadio. Por tanto, las instituciones no pueden presentarse como homogéneas por lo que resulta disfuncional desplegar iniciativas bienintencionadas y generalizadas, desde las administraciones o desde los equipos de dirección, sin tener en cuenta la singularidad e historia de cada organización lo que requiere la articulación de medidas concretas.

A este respecto Hopkins (1996) ha puesto de manifiesto algunas estrategias para el desarrollo institucional, que comentamos a continuación:

> *Estrategias de tipo I: Permiten que las instituciones socioeducativas con altos índices de fracaso puedan alcanzar una mayor eficacia.*

- Estas organizaciones se muestran incapaces de ayudarse a sí mismas y necesitan un alto nivel de apoyo externo.

- La atención se focalizará en aspectos básicos de la organización y el currículum de manera que se sienten las bases para implicase en un proceso de mejora de manera continuada.

A modo de ejemplo podemos imaginar una escuela en una comunidad desfavorecida que ha presentado índices de bajo rendimiento académico y alto abandono escolar durante varios años consecutivos.

La organización ha estado trabajando por mejorar los resultados, pero sin éxito por lo que sería necesaria la estrategia de tipo I ya que implica que esta escuela requiere un alto nivel de apoyo externo (consultores, organización sin ánimo de lucro, especialistas, etc.), que tendrán que identificar aspectos básicos de la organización que requieren ser mejorados. Esto podría incluir la capacitación del profesorado, revisión de las programaciones didácticas, implementación de estrategias para mejorar el proceso de aprendizaje, mejora de la gestión, etc.

El paso siguiente sería establecer una estrategia haciendo participe a la escuela para lograr la eficacia, eficiencia y promover un desarrollo de mejora continuado y sostenible a medio y largo plazo.

La estrategia puede establecer programas, planes de actuación para su evaluación y desarrollo continua.

Otro ejemplo podría ser el ayudar a una escuela a superar desafíos educativos mediante la introducción de enfoques pedagógicos más efectivos con la asistencia de expertos externos.

> *Estrategias de tipo II: Son las que posibilitan que los centros con cierta eficacia logren cotas más altas de desarrollo.*

Los planteamientos institucionales son más relevantes cuando se canalizan los esfuerzos y los compromisos de los participantes. Aquí cabe diferenciar:

- Estrategias centradas en procesos de innovación de enseñanza – aprendizaje con apoyo externo. Los "Modelos de Enseñanza" (Joyce, Wolf y Calhoun, 1993) serían un posible ejemplo.

- Estrategias iniciadas por el propio centro con un apoyo externo puntual. Aquí se situarían proyectos como "Mejora de la Calidad de la Educación para Todos" (IQEA) (Hopkins, Ainscow y West, 1994) y la "Mejora mediante la Planificación" realizada en Inglaterra y Gales (OFSTED, 1994) y que fue descrita por inspectores.

Aquí podemos imaginar una escuela que quiere emprender en su proyecto educativo un programa interno de mejora de la calidad educativa para mejorar el rendimiento del alumnado promoviendo un clima de aprendizaje basado en la colaboración.

En primer lugar, el equipo de dirección y profesorado identifican, el área concreta que quiere mejorar son las competencias STEAM y en qué curso académico concreto. En segundo lugar, busca apoyo puntual externo con experiencia en las enseñanzas STEAM para abordar el reto. En tercer lugar, el equipo externo trabajara con el profesorado para analizar y realizar observaciones para poder desarrollar la estrategia de enseñanza más efectiva; ofreciendo talleres, seminarios, recursos, etc. El proceso de evaluación de la estrategia e intervenciones será continuo para ajustar las proactivas en función de los resultados. Con el tiempo, la escuela observa mejoras en el rendimiento del estudiantado en competencias STEAM. El estudiantado muestra un mayor nivel de comprensión y confianza en la materia, y los resultados académicos generales de la escuela mejoran. En este caso, hemos observado que aplicando esta estrategia de tipo II, la colaboración con un equipo externo permite al centro adquirir conocimientos y herramientas específicas para abordar áreas de mejora identificadas.

> *Estrategias de tipo III: El apoyo externo no es necesario dado que las organizaciones generan sus propias redes de apoyo e intercambian experiencias colaborando con otros centros en el desarrollo de programas.*

Estas organizaciones se han capacitado para autodesarrollarse a partir de la implementación de procesos institucionales, de autoevaluaciones y de estrategias de apoyo global al centro educativo que generan aprendizaje organizativo. No se tratará únicamente de tener proyectos sino de promover un cambio actitudinal en los docentes, potenciar programas y extender las actividades dentro y fuera de la organización. Aquí se incluyen proyectos como la "Liga de Escuelas Profesionales" (Glickman, 1990) o en EEUU. A modo de ejemplo, la Coalición de Escuelas Esenciales se fundamenta en una serie de principios que tratan de transformar la educación pública en los siguientes aspectos clave; Aprendizaje Personalizado, Metas Claras y Altas; evaluación basada en proyectos; verdaderas comunidades de aprendizaje; alta participación; Currículo Significativo que promueva el pensamiento crítico y habilidades aplicables en el mundo real; profesores como aprendices. El enfoque se basa en la individualización, la alta expectativa y la participación del alumnado. Alcanzar el último estadio de desarrollo no es fácil, pero si se van consolidando las estrategias de tipo III estaremos hablando de organizaciones educativas inteligentes ya que enseñan, aprenden y comparten su conocimiento con otras instituciones incorporándose en un proceso de mejora continuada.

5.4. ORGANIZACIONES QUE APRENDEN Y EMPRENDEN

El título de este apartado se refiere a las instituciones que adoptan una cultura y mentalidad orientada a la innovación aplicada y la mejora continua, asentadas en la reflexión, el cambio y la búsqueda de la calidad y progreso. Esta metáfora, Organizaciones que aprenden y emprenden, combina dos conceptos importantes:

Organizaciones que Aprenden, referido a la capacidad que tienen de aprender de sus experiencias y de adaptarse a los cambios. Las características principales es que son organizaciones que fomentan la reflexión, evaluación y la retroalimentación constante para aprender de los fracasos y éxitos. Por otro lado, Organizaciones que Emprenden porque son proactivas en la búsqueda de oportunidades y soluciones innovadoras y en su implementación, dispuestas asumir riegos para encontrar nuevos yacimientos de crecimiento.

La espiral ontológica de la generación de conocimiento diferencia como agentes creadores del mismo a los individuos, los grupos, las organizaciones y el nivel interorganizacional; aunque, en un sentido estricto, el conocimiento solamente lo crean los individuos (Nonaka y Takeuchi, 1995). En nuestro caso, compartimos este planteamiento por lo que, al considerar que la organización aprende, nos referimos a la capacidad que tienen las personas en sus instituciones para gestionar, preservar y poner en valor los conocimientos disponibles hayan sido estos generados en el pasado, en el momento actual, desde la institución o desde fuera de ellas. A partir del conocimiento disponible planteamos la posibilidad de emprender nuevos caminos, desarrollando iniciativas creativas e innovadoras a través de distintas estrategias lo que conlleva riesgos que se asumen cuando se considera que de los aciertos y errores que se van sucediendo en la gestión e implementación de los proyectos también se aprende.

Una vez establecido el marco general cabe diferenciar en las organizaciones dos tipos de aprendizaje, de bucle único o de doble bucle (Argyris, 1992). En el primer caso, se buscan y se encuentran soluciones para las desviaciones detectadas en los resultados sin estudiar las causas que las produjeron.

En el segundo caso, una vez detectadas las desviaciones, primero se estudian los principales valores incorporados en las pautas de actuación de un individuo u organización y, posteriormente, se predicen los futuros errores operativos o estratégicos. Este doble proceso cuestiona todo el sistema de toma de decisiones y se adapta a las nuevas condiciones de operación, configurándose como aprendizaje *deuteronómico* (reflexivo y profundo) que permite, por un lado, la detección de errores y, por otro, corregirlos de forma que se modifiquen las normas, objetivos y prácticas existentes para la adquisición de conocimientos en la organización. Es decir, es un proceso por el que se aprende a aprender (Argyris y Schön, 1978).

El aprendizaje de bucle único estará asociado a las actividades individuales de solución de problemas mientras que desde el doble bucle se potencia la reflexión y transferencia colectiva de los procesos de solución de problemas y del problema en sí. Este enfoque nos obliga a adentrarnos en la complejidad porque exige considerar las posiciones racionales, interpretativas y críticas de manera integrada y va más allá de la mera descripción instrumental de las situaciones.

Fiol y Lyles (1985) exponen que el aprendizaje de bucle único se basa en la actividad rutinaria que se desarrolla dentro de la estructura organizativa existente, teniendo por resultado cambios en el comportamiento o en los niveles de rendimiento de actividades concretas de la organización. Por su parte, el aprendizaje de doble bucle supone la reflexión y transferencia colectiva de los procesos de solución de problemas y del problema en sí; tiene una dimensión más estratégica, no es ni rutinario ni repetitivo y se fundamenta en una comprensión completa de los procesos y elementos cognitivos. Altera los sistemas y procedimientos lógico-deductivos de utilización del conocimiento y crea nuevas historias y mitos que modifican la cultura de la organización.

Organizaciones inteligentes emprendedoras abiertas al aprendizaje

Si las instituciones educativas que quieran convertirse en organizaciones inteligentes emprendedoras abiertas al aprendizaje deberán evitar dar saltos en el vacío por lo que deben pertrecharse para recorrer el cambio, partiendo de unos supuestos iniciales donde se tenga en cuenta (Álvarez-Arregui, 2017):

- La *sensibilización* de las personas con las que se vaya a realizar el nuevo proyecto por lo que hay que prestar especial atención al momento de comunicar lo que se va a hacer, las condiciones que se proponen y los condicionantes existentes *(con quién contamos)*.

- La *racionalidad*, que incorpora la disposición lógica de los elementos y la dinámica organizativa en relación con los objetivos que se pretenden alcanzar. El diagnóstico de partida exige revisar la organización a fondo, partiendo de sus objetivos, de la estructura formal e informal y de su cultura, pues la estructura organizativa es el soporte que permite alcanzar los objetivos; esto conlleva necesariamente a conjugar los criterios de equidad y calidad junto a la ética de las prácticas que se promueven *(con qué contamos)*.

- La *flexibilidad*, como elemento adaptativo al entorno de los cambios y las demandas de la sociedad. Este referente es fundamental para abordar la complejidad que se genera en contextos dinámicos, en contraposición a aquellas posiciones más rígidas y uniformes que se asocian en mayor medida con la ineficacia, la burocratización de los procesos y estructuras y la parálisis de la propia institución. En base a las circunstancias se requerirá una mayor o menor sensibilización hacia la mejora y el cambio, de tal forma que se construyan estructuras moldeables en las que se integren personas con capacidad de iniciativa, creatividad, innovación, es decir, profesionales emprendedores *(cómo adaptamos lo que contamos)*.

- La *permeabilidad*. Entendida como la capacidad para establecer y desarrollar sistemas multidireccionales de relación de la institución socioeducativa con las exigencias del entorno socioeconómico en que está inmersa *(con quién lo contamos)*.

- La *colegialidad* en la toma de decisiones, a través de una coordinación vertical y horizontal que se sustente en criterios compartidos y que se apoye en una evaluación institucional con intención de mejora, eliminando el individualismo y promocionando una mayor autonomía organizativa, funcional y financiera articulada en base a la capacidad de gestión de la institución *(cómo lo contamos).*

- La *autonomía,* requisito necesario para gestionar los ámbitos pedagógicos, organizativos, económicos y evaluativos (*hasta dónde podemos contar).*

Estas visiones pueden conducir a la organización hacia entornos más estables y ordenados ya que es capaz de generar conocimiento a partir de su propia experiencia (Nonaka; Byosiere y Toyama, 2000) y gestionarlo en su propio desarrollo; por lo tanto, la planificación integral, desde el aprendizaje continuado, puede presentarse como un marco atractivo para la acción institucional si se generan las condiciones para ello.

A este respecto cabe destacar de la revisión realizada por Cantón (2004) sobre las principales corrientes que asocian el aprendizaje organizativo con la gestión del conocimiento, las siguientes:

- Corriente centrada en la creación de conocimiento en las organizaciones (Nonaka y Takeuchi, 1999).

- Corriente que estudia la conversión del conocimiento individual en organizativo (Nonaka y Takeuchi, 1999).

- Corriente que focaliza la atención en la adquisición de conocimiento por parte de la organización (Huber, 1991; Sivula, Vand den Bosch, y Elfring 1997; Davenport y Prusak, 2001).

- Corriente que vincula el aprendizaje organizativo a la creación de capacidades organizativas o rutinas (Marengo, 1991; Andreu y Ciborra, 1996; Grant, 1997).

- Corriente que relaciona el aprendizaje organizativo con la resolución de problemas organizativos (Rivilla, 1995).

- Autores que presentan el aprendizaje organizativo como cambio y evolución (Nevis, Dibella y Gould, 1995).

En este contexto cristalizan las aportaciones de Bod Garret (cit. Gairín, 1996) en una entrevista definía una *Learning Organization* como: "*Se trata de un entorno en el que se fomenta un ambiente propicio y se establecen procesos que permiten a todos los miembros de la organización aprender de manera consciente a partir de su trabajo. Este aprendizaje se comparte y se transmite de manera efectiva a los líderes de la organización. Como resultado, se garantiza que el aprendizaje, tanto interno como externo, se emplee de manera constante para impulsar la transformación y el cambio continuo en la organización.*" Por tanto, las directrices en las que se sustente la gobernanza serán fundamentales y, en nuestro caso, nos parece necesario revitalizar aquellos liderazgos que se hayan ido encorsetando bajo roles burocráticos y de control que no parecen válidos en una sociedad compleja que exige diagnósticos precisos y capacitación para planificar estrategias emprendedoras inclusivas que se consoliden.

5.5. ORGANIZACIONES QUE NI APRENDEN NI EMPRENDEN

Cuando nos referimos a Organizaciones que ni aprenden ni emprenden estamos refiriéndonos a entidades que no están interesadas en cambiar e innovar con nuevas acciones ni mejorar aprendiendo de sus errores y aciertos, perjudicando así a una sociedad que está en evolución constante.

Las causas que dificultan el aprendizaje y el emprendimiento en las organizaciones se deben a múltiples factores; en unos casos son endógenas, en otras exógenas y en las mayorías de los casos mixtas y vinculadas a las culturas organizativas que se hayan ido consolidando. Somos conscientes de los desafíos a los que se enfrenta una institución socioeducativa son constantes, complejos, interdependientes, inesperados ante una sociedad cada vez más global, más tecnológica, digitalmente muy avanzada, con alta influencia de las redes sociales, y con un neoliberalismo como referente hegemónico que condiciona las políticas sociales y educativas y, por tanto, los proyectos en las instituciones. Por esos motivos descritos, la cultura organizacional (las normas no escritas, los valores, las creencias y las prácticas compartidas dentro de una organización) tendrá un impacto en la capacidad de las instituciones para adaptarse a las demandas del entorno, Por lo tanto, la cultura organizacional es un componente importante que puede afectar negativamente en la capacidad de aprender y emprender en este entorno cada vez más global e interconectado.

Las investigaciones de campo realizadas indican que han sido muchas las instituciones sociales y educativas que han ido perdiendo su capacidad de aprendizaje porque los documentos de centro destinados a guiar su desarrollo (proyecto educativo, plan estratégico, plan de convivencia, etc.) no se han convertido en guías efectivas. Esto se ha debido a la influencia burocrática de líderes y la falta de interés en construir una cultura organizacional que ha provocado que esos documentos se consideren más como administrativos en lugar de herramientas de guía y orientación para el desarrollo de la entidad (Álvarez-Arregui, 2017).

El aprendizaje de las organizaciones se ha visto perjudicado por diversos factores que detallamos a continuación:

(I) Cuando los equipos directivos y los sistemas de coordinación intermedia no han asumido su responsabilidad institucional en el desarrollo de proyectos compartidos, y han preferido optar por modelos organizativos restrictivos donde prevalecen: las propuestas jerárquicas sobre las horizontales, donde unos colectivos quedan relegados en detrimento de otros, donde se utilizan los órganos colegiados como mecanismo de legitimación formal de las políticas educativas y donde se ha secuestrado la reflexión, el debate constructivo, la planificación de la intervención, el despliegue de los procesos y la toma de decisiones en base a las revisiones adoptadas.

(II) Cuando existe apatía hacia la planificación, y el principal objetivo es justificarse ante la Administración o ante el equipo directivo. La desconexión entre los referentes institucionales y las Programaciones de Aula es una clara evidencia. Así, son las editoriales a través de los libros de texto junto con las guías didácticas las que marcan el desarrollo curricular.

(III) Cuando no existe coherencia entre lo que se dice, lo que se hace y lo que se puede. A menudo existen errores en la forma en el que se ha llevado a cabo el cambio en las instituciones educativas porque no se deben hacer propuestas de futuro si no se dan las condiciones necesarias para su implementación, ya que pueden producir conflictos.

A este respecto se hace necesario hacer algunos comentarios ya que, cuando se asume el reto de dirigir, gestionar una institución y de dinamizarla, se deberá fundamentar su visión (la perspectiva de la entidad) desde una planificación coherente, evitando aquellos errores destacados desde la investigación y la literatura (Johnson, 1972) sobre las dificultades para aprender y para emprender:

- *Error psicológico*: Se enfatiza en los individuos sin tener en cuenta las relaciones de roles, normas y valores de la organización que conforman el sistema del cual forman parte.

- *Error sociológico*: Se piensa que los cambios en la estructura organizativa redundarán en un cambio de conducta de los miembros y que ese cambio se va a producir en el sentido planificado en un principio.

- *Error racionalista*: Se cree que hablando a las personas sobre la conveniencia del cambio se va a producir. También tiende a darse por sentado que un cambio justificado (Katz y Kahn, 1966) racionalmente, redundará en el bien de una institución y se adoptará automáticamente. El cambio de actitudes es fundamental (Hovland, Janis y Kelley, 1953) ya que los argumentos racionales influyen positivamente en las opiniones, sobre todo entre los que dudan o aún no están comprometidos; de aquí que deban introducirse propuestas coherentes y realistas.

- *Error temporal*: Se produce cuando no se plantea el cambio en el momento adecuado dado que hay otras causas que preocupan más a las personas, sean éstas problemas laborales, conflictos internos, exceso de burocratización, demasiados cambios simultáneamente.

- *Error cultural*. Se provoca cuando no se tiene en cuenta que en las organizaciones existen diferentes subculturas y no se actúa para evitar que alguna de ellas se imponga a las otras de una colonización cultural encubierta.

Además, es fundamental para cualquier directivo tener en cuenta que existen diversas actitudes hacia las visiones del futuro de la institución como se muestra en el cuadro adjunto (Watson, 1967), y al presentar el futuro deseable para la institución también deben recordarse las lecciones de Senge (ob. cit.) cuando nos indica que:

Tabla 5.1. Actitudes ante la visión institucional. Adaptado de P. Senge (1990, p. 278)

Actitud de Compromiso hacia la visón de la entidad: Se quiere la visión, creen que pueden operativizarla, se ven capaces de generar las estructuras para desarrollarla y se corresponsabilizan de llevarla adelante. El verdadero compromiso suele ser raro ya que los directivos pretenden que los trabajadores participen de la visión, pero ese planteamiento se asienta en un liderazgo transaccional, es decir, intentan "vender" la visión en lugar de involucrar a los empleados.
Actitud de Alistamiento de la visón de la entidad: Se admite la visión, se está dispuesto a hacer lo que sea posible dentro de lo que marque la Ley, pero se sigue viendo como la visión del otro. El alistamiento deja libertad de elección y, aunque se respalda la visión, aún no se siente copartícipe por lo que habrá que abrir espacios para compartirla incorporando otras aportaciones y hacerlos partícipes de ella. Lo que parece evidente es que ni el alistamiento, ni menos aún el compromiso, se están generalizando en nuestros centros educativos y las diferentes modalidades de acatamiento parecen ser la norma.
Actitud de Acatamiento de la visón de la entidad Acatamiento: 1) Genuino: Se considera que la visión es beneficiosa por lo que se hará todo lo que se espera y más siguiendo la letra de la Ley. 2) Formal: Se ven los beneficios de la visión, pero se hará solo lo que se espera. 3) A regañadientes: No se ven los beneficios, pero tampoco se quiere perder el empleo por lo que se hará casi todo lo que se espera, pero no se vinculan con ella.
Desobediencia: No se ven los beneficios de la visión y no se hará lo que se espera ya que consideran que no se les puede obligar. Ante la desobediencia y la apatía habrá que intentar escuchar en unos casos las razones y en otros intentar ilusionar, pero habrá que actuar situacionalmente en función de las circunstancias reflexionando sobre los por qué, pero siendo conscientes de que lo mejor es evitar la hipocresía o generar falsas expectativas que a la larga deriven en enfrentamientos, chantajes encubiertos y en conflictos abiertos.
Apatía: No se está ni a favor ni en contra de la visión, pero no se muestra interés ni energía. Cuando se parte o se adoptan posiciones de partida radicales excluyentes, poco se puede hacer.

5.6. SISTEMAS INCLUSIVOS PARA LA MEJORA

Como nos indicaba hace más de una década Mel Aisscow (2003) la educación inclusiva debe ser abordada dentro del contexto de un debate internacional más amplio sobre la "Educación para Todos" (EPT). Este debate iniciado ya en la Conferencia Mundial celebrada en 1990 en Jomtien, Tailandia ha ido evolucionando hasta nuestros días hacia el reconocimiento de que la educación inclusiva debe ser un factor fundamental del movimiento EPT en su conjunto, combatiendo la discriminación y mejorando la eficacia del sistema educativo (UNESCO, 1994) .

El enfoque inclusivo en la educación conlleva crear modificaciones en la enseñanza y en la organización escolar para que se pueda beneficiar todo el alumnado, no solo aquellos que tengan dificultades que es a lo que estábamos acostumbrados. A modo de ejemplo, imaginemos una escuela donde un estudiante tiene dificultades de lectura y se le ofrece un programa específico para ayudarlo en su desarrollo. En este caso, el proceso de enseñanza está centrado en el alumnado con dificultades. Sin embargo, en una escuela inclusiva se podría implementar un cambio de modelo, se podrían introducir métodos que beneficien a todo el alumnado; técnicas activas que ayuden a mejorar la habilidad de lectura de todo el alumnado y no solo del alumnado con dificultades. Es decir, la búsqueda del beneficio grupal y no solo de un estudiante

En resumen, una escuela inclusiva promueve la diversidad, la participación de todo el estudiantado y donde todo el alumnado pueda prosperar. Sin embargo, la realidad es que son muchos los desafíos y debates a los que nos enfrentamos en su implementación. Este cambio de paradigma implica poner el foco en la equidad en lugar de la competición, donde la conexión y colaboración entre instituciones permitirá el desarrollo y mejora continua. Bajo este planteamiento, la visión edusistémica inclusiva adquiere todo su significado ya que las iniciativas que se desarrollan por una persona, un profesional, un equipo o una institución afectan a todos los demás.

En estas cuestiones nos parece importante retomar la diferenciación que establece Michael Fielding (1999) entre colaboración y colegialidad. La *colaboración* se centra en objetivos específicos, donde los participantes son considerados como recursos y donde una vez que se alcance el objetivo se disuelve la colaboración. De lo contrario, la colegialidad se fundamenta en valores, objetivos comunes, sin estar vinculados a objetivos predeterminados, y con una visión más amplia que los lleva a tener relaciones a más largo plazo al entender que la participación es beneficiosa.

En este escenario es más probable que la educación inclusiva se despliegue en una entidad donde la cultura de colegialidad esté más fundamentada.

5.7. LIDERAZGO DIRECTIVO Y CAMBIO CULTURAL

El término Liderazgo directivo y cambio cultural hace referencia a la responsabilidad y funciones de los líderes de una organización en la promoción y dirección de un cambio en la cultura organizacional El tipo de liderazgo educativo que se lleve a cabo es fundamental para transformar una cultura organizacional y crear un ambiente escolar inclusivo. Las contribuciones más destacadas fruto de la experiencia son las siguientes (Fullan, 1991; Álvarez-Arregui, 2017):

- no se puede mandar lo que debe hacerse,
- el cambio es un viaje, los problemas son nuestros amigos,
- la visión se va construyendo entre todos,
- el individualismo y el colectivismo tienen igual poder,
- ni la centralización ni la descentralización funcionan aisladamente,
- cualquier persona puede convertirse en un agente de cambio,
- las culturas organizativas internas tamizan las prescripciones externas,
- las relaciones con el entorno pueden ser críticas,
- los planteamientos lineales son insuficientes y
- la construcción de conocimiento organizativo válido es compleja porque tiene que ser capaz de relacionar, contextualizar y globalizar de manera secuencial y simultánea en distintos planos.

Los problemas de un cambio están relacionados con su liderazgo. Así, la primera lección para un director es reconocer que el simple otorgamiento de autoridad no determina la posibilidad de modificar pautas de conducta de quienes ejecutan la tarea. Por tanto, los equipos de dirección deben entender cómo ejercen influencia y cómo se percibe afecta a los resultados de la institución. (Álvarez-Arregui, 2002). Teniendo en cuenta estos referentes, el liderazgo directivo (figura 5.3.) se ejerce *cuando existe una influencia diferencial, desarrollada a través de una relación interpersonal de crecimiento mutuo, que se resuelve a través de un poder cualificado, íntimamente unido al grupo y no exclusivamente posicional. El respaldo moral a su propuesta quedará asociado a su trayectoria profesional y personal previa, así como con los compromisos que se asumen institucionalmente desde la visión que se plantea sobre el futuro deseable para la organización y las estrategias que pretende promover* (Álvarez-Arregui, 2002).

A este respecto cabe plantear (Álvarez-Arregui, 2017) que las personas que dirigen las organizaciones deberían ser elegidas en función de su trayectoria y de la evolución de los proyectos que planteen para la institución. El caos, la burocratización, la estandarización y la desprofesionalización son otras caras que irán emergiendo cuando no existen unas directrices o estrategias proactivas viables. Por lo que un compromiso firme y fuerte de los miembros, el desarrollo de comportamientos y mecanismos de aprendizaje a todos los niveles, el desarrollo de infraestructuras que favorezcan el funcionamiento, la incorporación de sistemas de diagnóstico para fundamentar la planificación, la implementación, la evaluación y la investigación del impacto debe de ir acompañado de un liderazgo pedagógico, transformacional, delegado e inclusivo que tenga proyección institucional y comunitaria.

Un ejemplo podría ser la dirección de una escuela que, a través de relaciones cercanas y de crecimiento mutuo con los maestros/as y el personal, ejerce una influencia positiva en la mejora de la enseñanza y el aprendizaje. La dirección no solo se basa en su posición de autoridad, sino que también comparte su experiencia y conocimiento, y trabaja en estrecha colaboración con el equipo para establecer una visión compartida de una educación de calidad. El respaldo moral a su liderazgo proviene de su historial de éxito en la educación y su compromiso con la misión y los valores de la escuela. El compromiso se potenciará cuando se concreten objetivos, se definan procesos, se delegue liderazgo, se escuchen otras visiones, se incorporen sugerencias, se cubran las necesidades, se atiendan las demandas de la comunidad educativa y se promueva la colaboración. La evaluación formativa y la investigación generarán conocimiento que será válido cuando se redistribuya, y se oriente hacia la mejora en base a las disfunciones detectadas. Adoptar esta actitud generará confianza lo que favorecerá la comunicación, la extensión del liderazgo y la dinamización de la cultura interna.

La incorporación de procesos bajo estos supuestos permitirá ir construyendo una visión que irá orientada hacia una cultura organizativa favorable al aprendizaje continuado, donde la mejora se oriente bajo los principios que guían una educación para todas las personas, ver figura.

Esta perspectiva abre la posibilidad de gestionar el cambio desde un aprendizaje continuo con la participación de todas las personas, de forma que la acción cultural del director se oriente hacia la integración de las diferentes subculturas para que no se produzcan quiebras irrecuperables. Por tanto, el liderazgo se construye con relaciones personales sólidas, habilidades y compromiso y su valor se incrementará si se genera un foco cultural fuerte y plural alrededor de los compromisos asumidos desde el proyecto educativo con la comunidad.

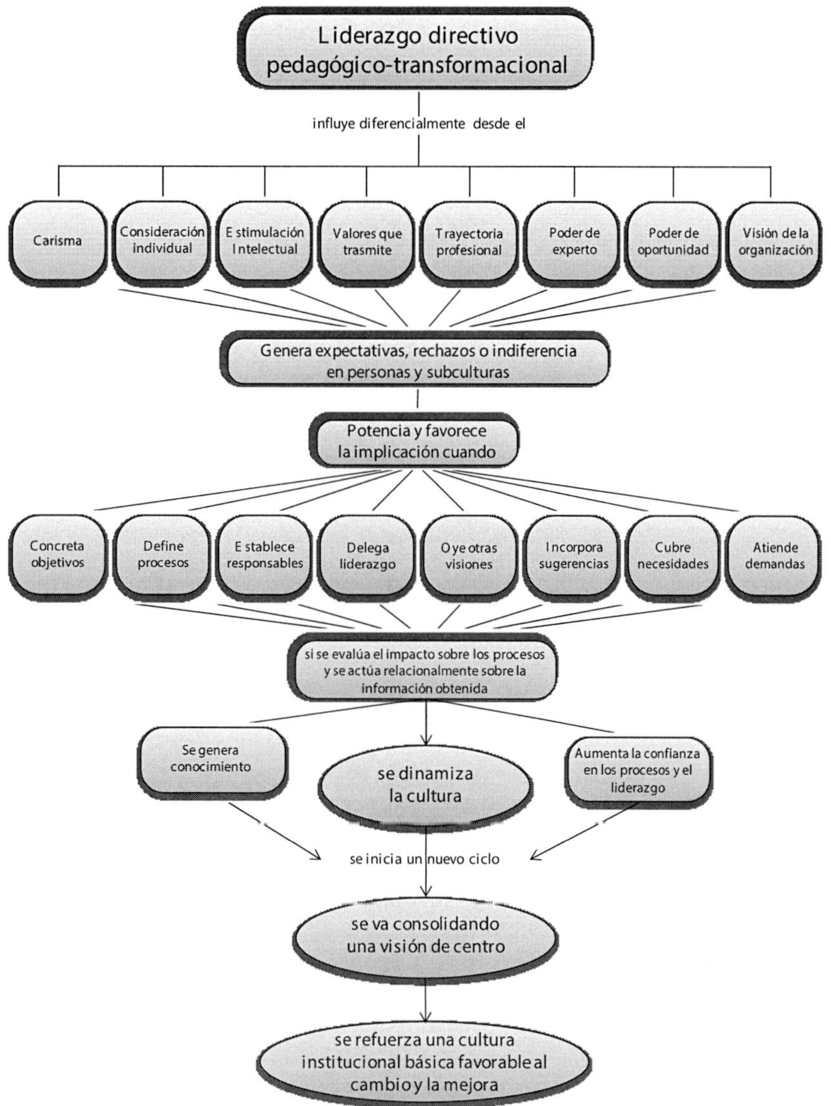

Figura 5.3. Liderazgo directivo y dinamización de las organizaciones que aprenden y emprenden

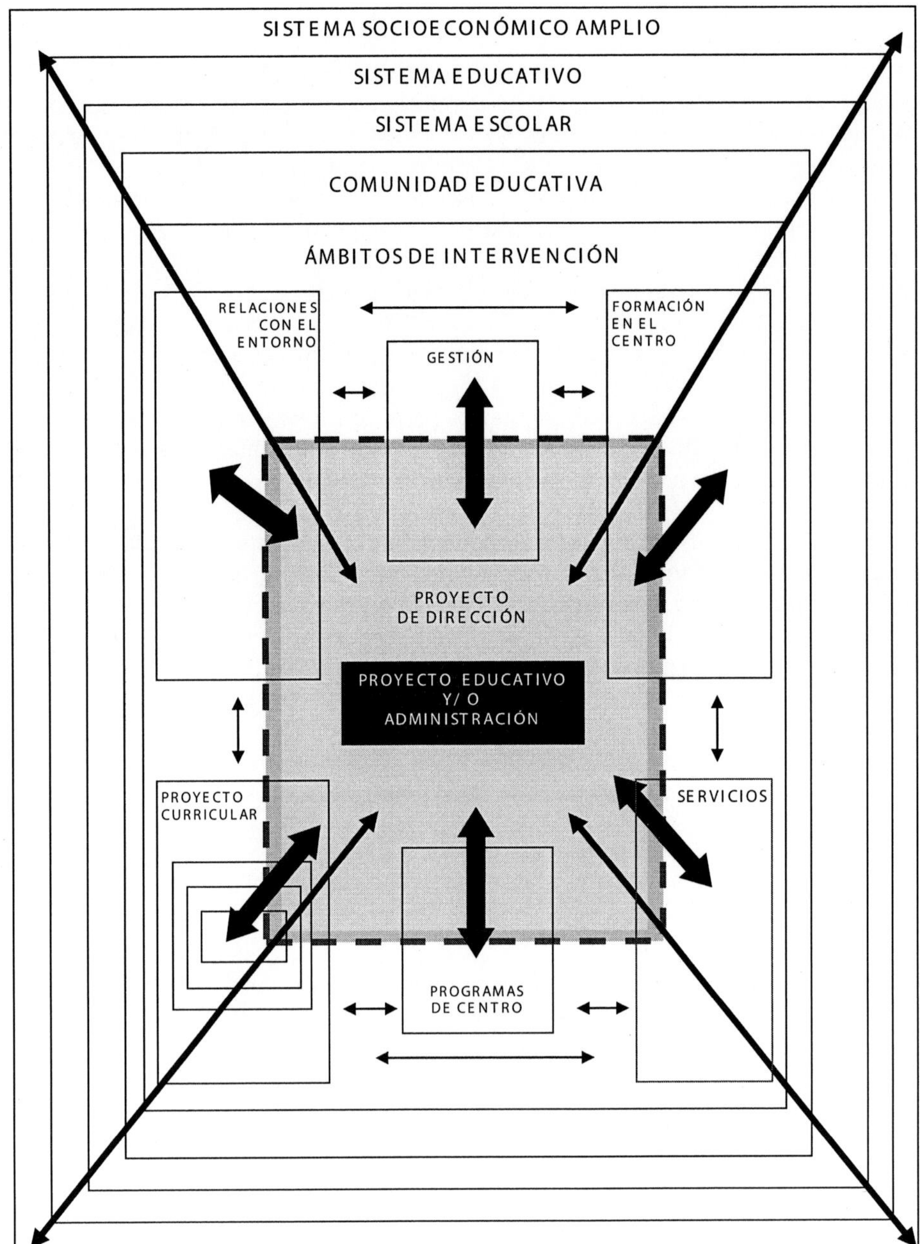

Figura 5.4. Gestión de una institución socioeducativa desde una perspectiva global

Al final, las políticas educativas, la administración y las instituciones sociales y educativas deben acomodarse a las demandas de educación inclusiva que plantea una sociedad dinámica y plural. El desaliento, el enfrentamiento o la crítica constante no cambiarán este hecho; de ahí que deba afrontarse el cambio cultural como un reto constante que requiere esfuerzo conjunto. La relevancia del liderazgo institucional es mayor aun cuando se visualizan las relaciones que se establecen con el sistema social, como marco general, al subsistema educativo como indicador prescriptivo, y al entorno próximo como donante y receptor de bienes y recursos. En este proceso, ver figura 5.4:

- Las instituciones se fortalecen internamente cuando se gestionan como comunidades profesionales guiadas por enfoques inclusivos y externamente – abriéndose a la comunidad inmediata a través proyectos, estableciendo conciertos y entretejiendo redes de colaboración con instituciones y asociaciones sociales, laborales, educativas, sanitarias y culturales.

- El sistema escolar debe reorientarse para apoyar situacionalmente la implementación de los proyectos de intervención desde la perspectiva planteada en el apartado anterior sin supeditarlos.

- El sistema educativo debe convertirse en un referente marco que sirva de referente para desplegar proyectos multidimensionales integrales, otorgando la autonomía que requieran las organizaciones educativas para su desarrollo.

- El sistema socioeconómico amplio será donante y receptor final de las iniciativas y procesos desplegados en los diferentes subsistemas implicados.

- El cambio de orientación se proyecta desde dentro hacia fuera, desde fuera hacia adentro, de arriba hacia abajo, de abajo hacia arriba y con apoyos laterales, ver figura. En Proyecto Educativo o Plan Estratégico de una institución que se desarrolla como guía para los componentes de la entidad deberá ser dinámico, abierto e inclusivo para poder reconstruirse, ampliarse y adaptarse a las necesidades, y a los proyectos que se promuevan para su implementación dentro y fuera de la institución.

En la figura 5.5 se representa un modelo que adopta sus peculiaridades en función del grado de desarrollo organizativo alcanzado y de las necesidades situacionales; si las instituciones tienen proyectos consolidados, la pirámide se abrirá por arriba, los programas de dirección se harán más pequeños y se focalizará la atención en la implementación de los programas y en las disfunciones emergentes. En caso contrario, la capacidad de desarrollo se estancará o decrecerá con lo que la dependencia externa, la burocratización y la competitividad se incrementarán.

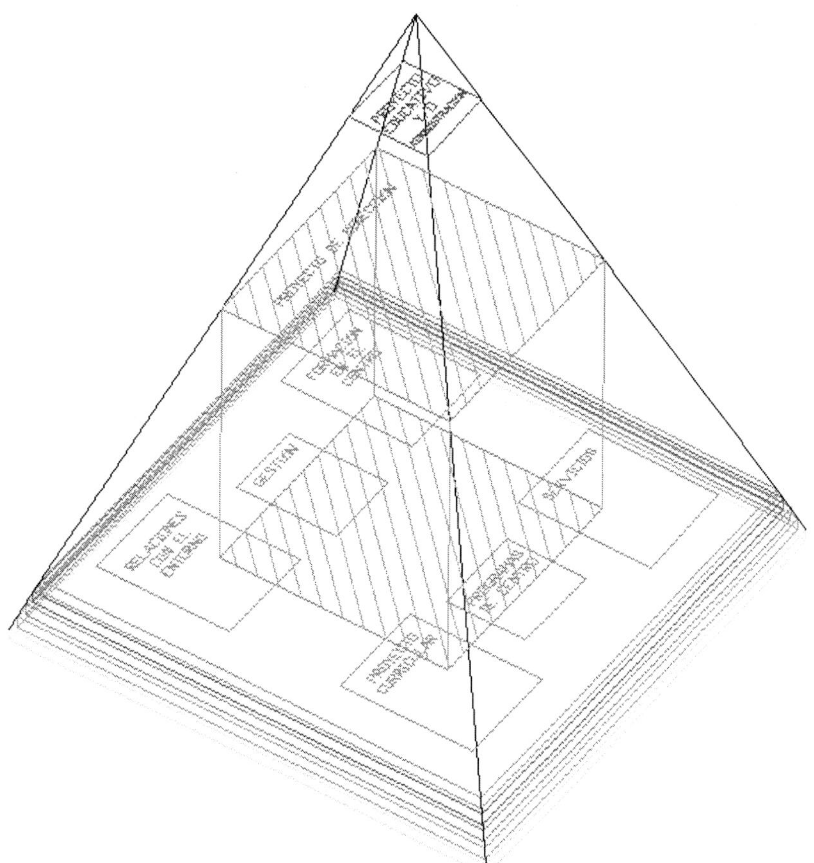

Figura 5.5. Gestión de centro desde una perspectiva proyectiva inclusiva

La cultura de la institución está en sintonía con la estrategia y el liderazgo para así promover el tipo de organización deseado. En nuestro caso optamos por:

- Reorientar el proceso de cambio desde el paradigma cultural pluralista a partir de las referencias que se han ido formulando.

- Seguir los principios que guían las organizaciones que aprenden, emprenden, y prestan servicios a la comunidad inmediata.
- Gestionar los centros de manera más autónoma y profesional desde un liderazgo pedagógico–transformacional con proyección institucional y comunitaria.
- Adoptar perspectivas sistémico-estratégicas integrales orientadas hacia un cambio cultural que acompañe el proceso desde sus inicios, a lo largo de su implementación y aparezca al final bajo otras formulaciones.
- Potenciar el desarrollo de redes de formación institucionales, interinstitucionales, interinstitucionales y transinstitucionales en base al estado de madurez de la organización, a las necesidades detectadas y a las posibilidades en su entorno.

Actuar bajo estos criterios requiere adoptar una perspectiva ecológica de las organizaciones. Para ello las instituciones deben disponer de una mayor autonomía institucional, deben potenciar las comunidades de profesionales y deben desplegar un liderazgo pedagógico transformacional delegado con proyección comunitaria por lo que deben ser inclusivas.

La normativa vigente será la que determine los límites y las posibilidades de intervención de las instituciones socioeducativas para convertirse en comunidades de aprendizaje. De tal forma que las personas tienen que crear conexiones interconectadas en las que se compartan buenas prácticas y se basen en principios inspiradores como la inclusión, reciprocidad, colegialidad y solidaridad.

5.8. REFLEXIONES DE SÍNTESIS

Las organizaciones que aprenden y emprenden serán aquellas que están continuamente transformándose a sí mismas, desarrollando propuestas creativas e innovadoras. En este tipo de institución se incorpora el aprendizaje en todos los niveles de la organización, donde hay una preocupación por la formación de sus miembros en base a sus necesidades. Además, se caracteriza porque está atentas a los diagnósticos y a las evaluaciones continuas para detectar los errores, dado que es capaz de aprender de los errores porque los asume y los corrige incorporando procesos de mejora continuada.

Las organizaciones que aprenden a emprender deben respaldar a sus equipos en materia de liderazgo, y asentando unas bases sólidas sobre las que ir articulando las estrategias de intervención. El proceso de implantación busca crear un proyecto colaborativo con impacto a partir de las contribuciones individuales, grupales, institucionales y comunitarios.

Un paso más allá, las Organizaciones consideradas como inteligentes y emprendedoras abiertas al aprendizaje, que enfatizan la importancia de una planificación reflexiva antes de iniciar cambios significativos en las organizaciones; tratando de no dar pasos impulsivos sino de ser cuidadosos antes de emprender el viaje del cambio y mejora. Al igual que consideran el aprendizaje como un proceso profundo de autoevaluación y cuestionamiento, lo que lleva a cambios más fundamentales, abordar las raíces profundas de los problemas, y a la prevención de problemas profundos (aprendizaje de doble bucle) Un ejemplo podría ser un centro educativo que este constantemente buscando nuevas formas de mejorar su enfoque educativo, fomentando la innovación, adoptando tecnologías emergentes y promoviendo una cultura de colaboración y desarrollo integral y continuo del personal de la institución y alumnado para adaptarse a las cambiantes demandas educativas y promover un aprendizaje significativo.

5.9. TRANSFERENCIA

Actividad 1

En este contexto en el que estamos trabajando vamos a ejemplificar una Organización Tecnológica Innovadora que Aprende. Imagina una empresa de tecnología que se dedica a desarrollar software y hardware y se esfuerza por ser una organización que aprende y emprende a través de las siguientes cuestiones:

- Cultura de Aprendizaje: La empresa ha fomentado una cultura de aprendizaje en la que se valora la curiosidad y la búsqueda de conocimiento. Los empleados sienten que tienen permiso para cometer errores y aprender de ellos en lugar de ser castigados por equivocarse.

- Equipos de Aprendizaje: Se han formado equipos de aprendizaje interdisciplinarios en la organización. Estos equipos reúnen a personas de diferentes áreas, como ingeniería, diseño, marketing y ventas, para abordar problemas y desafíos complejos.

- Retroalimentación Continua: Los empleados se sienten alentados a proporcionar retroalimentación constante sobre procesos, productos y estrategias. Esta retroalimentación se recopila y se utiliza para tomar decisiones informadas.

- Difusión de Conocimientos: La empresa utiliza tecnologías y plataformas internas para compartir conocimientos y mejores prácticas en toda la organización. Los empleados pueden acceder fácilmente a recursos y compartir sus propios aprendizajes.

- Experimentación y Mejora Continua: La empresa fomenta la experimentación y la mejora continua. Los equipos de desarrollo de productos prueban nuevas características y recopilan datos para mejorar sus productos. Se implementan ciclos de retroalimentación rápida para iterar y perfeccionar.

- Liderazgo Transformador: Los líderes de la organización ejemplifican un liderazgo transformador al promover el aprendizaje y el desarrollo personal. También apoyan activamente iniciativas de aprendizaje y proporcionan recursos para el desarrollo profesional.

En esta organización:

- El aprendizaje se considera una ventaja competitiva, ya que permite a la empresa mantenerse a la vanguardia en un mercado tecnológico en constante cambio.

- La flexibilidad y la capacidad de adaptación son valores fundamentales, lo que permite a la organización ajustar su estrategia y productos en función de la retroalimentación y las nuevas tendencias del mercado.

- La organización está comprometida con el desarrollo constante de sus empleados y su capacidad para aprender y crecer en sus roles.

- En resumen, busca de manera activa el aprendizaje y la mejora continua en todos los niveles, desde la cultura organizativa hasta la toma de decisiones y la innovación.

Actividad 2

A continuación, detallamos un marco de referencia sobre el que podrían reflexionar los centros educativos atendiendo a cuatro dimensiones que presentan una serie de indicadores asociados (Ainscow, 2005; Ainscow et al, 2006):

Conceptos

- *La inclusión se considera un principio general que orienta las políticas y las prácticas educativas.*

- *El programa y los sistemas de evaluación están diseñados para tener en cuenta a todas las personas.*

- *Las instituciones están al servicio de las personas, servicios sanitarios, sociales y el voluntariado.*

- *Los sistemas incluyen procedimientos para supervisar la presencia, la participación y el éxito de todos.*

Políticas de educación

- La promoción de la educación inclusiva se refleja en la documentación y en las actitudes de la administración educativa.

- Los dirigentes ofrecen liderazgo en materia de inclusión educativa.
- Las autoridades de todos los niveles expresan aspiraciones políticas consistentes para el desarrollo de proyectos y prácticas inclusivas en los centros educativos.
- Los líderes y los responsables institucionales combaten abiertamente las prácticas no inclusivas en los centros educativos.

Estructuras y sistemas educativos

- *Se proporciona un especial apoyo a los grupos más vulnerables.*
- *Todos los servicios e instituciones involucradas con los estudiantes trabajan en colaboración coordinando las políticas y prácticas inclusivas.*
- *Todos los recursos se distribuyen de forma que beneficien a los grupos más vulnerables.*
- *Está claramente especificado el rol y las funciones de la provisión de servicios especializados, como los centros y unidades de educación especial, con objeto de promover la educación inclusiva.*

Prácticas inclusivas

- *Los centros educativos tienen estrategias para estimular la presencia, la participación y el éxito de todas las personas.*
- *Las escuelas ofrecen apoyo a todo el alumnado vulnerable a la marginación, la exclusión, o en riesgo de un bajo rendimiento.*
- *Los formadores de docentes están preparados para enfrentar la diversidad entre el estudiantado.*
- *Los docentes tienen la oportunidad de ampliar su desarrollo profesional en el campo de las prácticas educativas inclusivas.*

En la promoción de una educación inclusiva los responsables de los centros educativos juegan un factor fundamental para plantear, desarrollar y evaluar estrategias de intervención bajo este enfoque. Reflexiona críticamente sobre las oportunidades y las dificultades que conlleva desarrollar una educación inclusiva en un centro educativo y sobre la importancia que tiene la dirección y su equipo para desarrollarla.

Actividad 3

Narrar una historia de organizaciones (videoconcepto, videonoticia, videotema).

La actividad consiste en elaborar un video que describa algún concepto interesante de alguno de los temas de la materia o presentar las líneas generales de un tema o presentar una noticia vinculada a la importancia de la organización y gestión de las instituciones socioeducativas. La duración no debería superar los dos minutos.

Actividad 4

Denominación: "Reflexión para construir una escuela más inclusiva"

- Dinámica grupal. Dividir a los miembros del centro en grupos pequeños y proporcione información de las cuatro dimensiones de una organización (conceptos, política de educación, estructuras y prácticas inclusivas).
- Discusión en grupo acerca de cómo en su centro se compara con los indicadores asociados a esa dimensión. ¿En qué aspectos cumplen con esos indicadores y en cuáles pueden mejorar? Después, cada grupo puede compartir sus observaciones y sugerencias con el conjunto del centro educativo en una

discusión más amplia. Esta actividad fomentará la reflexión y la colaboración en torno a la inclusión educativa y colaboren para identificar y co-construir estrategias que promueva una educación más inclusiva.

- Dinámica individual En el caso de escoger una actividad individual, cada miembro del centro puede reflexionar sobre las cuatro dimensiones mencionadas (Conceptos, Políticas de educación, Estructuras y sistemas educativos, Prácticas inclusivas) en relación con su propia experiencia en la institución. Para ello puede escribir sus reflexiones y observaciones sobre cómo la institución se alinea o no con los indicadores asociados a cada dimensión. Luego, pueden considerar qué acciones individuales o colectivas podrían tomar para mejorar la inclusión en la institución. Esto fomentará la autorreflexión y la generación de ideas para la mejora de la inclusión educativa a nivel personal.

Actividad 5

Desarrolla un proyecto innovador siguiendo la guía práctica que ofrece la Fundación Telefónica en este enlace.

https://www.fundaciontelefonica.com/cultura-digital/publicaciones/341/

5.10. LECTURAS COMPLEMENTARIAS

ÁLVAREZ-ARREGUI, E. (2002). *Acción directiva y cultura escolar. Influencia del liderazgo en el desarrollo institucional de los centros educativos.* Universidad de Oviedo.

ÁLVAREZ-ARREGUI, E. (2006). La evaluación de los centros desde una perspectiva de cambio: barreras y vías para la intervención. *Aula Abierta, 88* (1-2), 3-36.

ÁLVAREZ-ARREGUI, E. (2007). Mosaicos culturales para la acción directiva: influencia del liderazgo en los centros educativos. *Revista Española de Pedagogía, Bordón 59*(1), 177-214.

DAVENPORT, T. H. y PRUSAK, L. (2001). *How organizations manage what they know.* Harvard Business School Press.

FULLAN, M. (1991). *The Meaning of Educational Change.* Teachers College Press.

GAIRÍN, J. (1996). *Manual de organización de instituciones educativas.* Escuela Española.

HALL, B. (2000). El desarrollo de los valores y las organizaciones que aprenden. En A. VILLA (Coord.), *III Congreso Internacional sobre Dirección de Centros Educativos: Liderazgo y organizaciones que aprenden* (pp. 27-53). ICE de la Universidad de Deusto

5.11. VIDEOTECA DE APOYO

- **Organizaciones que aprenden**

  https://www.youtube.com/watch?v=DSpAB5isOQg

- **Peter Senge: La Quinta Disciplina**

  https://www.youtube.com/watch?v=zHOPRKoGaq8

- **DUA: Diseño Universal para el Aprendizaje – Educación Inclusiva y Modelo Pedagógico**

  https://www.youtube.com/watch?v=u8tK8UkoAmM

5.12. RECORDATORIO BÁSICO

Algunas cuestiones que deberías de recordar sin problema una vez que hayas trabajado este módulo son las siguientes.

1. ¿Cómo podrías aplicar lo que aprendiste en este tema en tu vida o trabajo?
2. ¿Qué preguntas adicionales o áreas de investigación te surgen a raíz de esta lectura?
3. ¿Cómo ha cambiado o se ha ampliado tu comprensión sobre el tema después de leerlo?
4. ¿Qué aspectos del tema te sorprendieron o te llamaron más la atención?
5. ¿En qué medida tus expectativas iniciales se cumplieron o cambiaron después de leer el tema?
6. Indica cuáles son las formas de interpretar el cambio y explica con la que más te identifiques.
7. Revisa qué indicadores tienen en cuenta las organizaciones que aprenden y comenta el que consideras como más importante para ti.
8. Diferencia entre líder y dirigente. Cómo se ejerce la influencia diferencial desde el liderazgo.
9. Indica cuáles son los ámbitos de intervención que deben tener en cuenta los equipos directivos que lideran instituciones socioeducativas.
10. Cuando se adopta una visión inclusiva del cambio, qué conceptos se deben tener presentes.
11. Si se adopta una visión inclusiva del cambio, cómo se deben de plantear las prácticas educativas.

Módulo

6

Las organizaciones como edusistemas. Una mirada desde la práctica para avanzar hacia el futuro: Modelo Eduaces

6.1. PRESENTACIÓN

Objetivo de aprendizaje

Las instituciones socioeducativas reinterpretan su visión, su misión, sus estrategias, su organización y su gestión en base a las variables concurrentes en cada momento histórico. En una Sociedad como la actual, con una crisis económica de hondo calado y donde las reformas educativas se van sucediendo una tras otra en periodos de tiempo cada vez más cortos, parece lógico que los países, las instituciones y los profesionales busquen caminos para dar respuestas situacionalmente a las demandas que emergen en un entorno global, internacional, nacional, autonómico y local.

La tarea no es sencilla ya que para actuar se necesita conocer, con la mayor precisión posible, lo que está ocurriendo para obrar en consecuencia; de ahí que cada vez se preste mayor atención a las indicaciones que proporcionan las organismos internacionales (Comisión Europea, OIT, OCDE), a las evaluaciones que se hacen de los sistemas educativos (PISA, TALIS, Sanghai) y a las propias informaciones que se recogen en la práctica cotidiana (Álvarez-Arregui y Rodríguez-Martín, 2010, 2011, 2012, 2013, 2014, 2015; Álvarez-Arregui, 2017, 2018, 2019, 2020, 2021, 2022; Álvarez-Arregui y Rodríguez-Fernández, 2023). En su desarrollo no nos olvidamos de que el reto para la educación en este siglo es formar a las actuales y futuras generaciones de ciudadanos en el desarrollo de competencias genéricas y específicas, en creatividad emprendedora, en capacidad de crítica, en inclusión, en sostenibilidad y en solidaridad humana. Estas intenciones se hacen viables cuando se rompen las barreras que imponen los contenidos disciplinares y se desarrollan modelos de aprendizaje ecoformadores desde los que exploran nuevas posibilidades que den respuestas más ajustadas a la compleja realidad que estamos viviendo en el ámbito educativo, social y laboral.

A lo largo del módulo nos iremos adentrando en el proceso de transformación que han experimentado las organizaciones para adaptarse a sus propias necesidades y a las derivadas de la sociedad actual. También presentaremos el Edusistema EDUACES un modelo de organización y gestión dinámico para aprender a emprender en colaboración, que se construye y se reconstruye en base a las condiciones singulares que concurren en los procesos de enseñanza-aprendizaje en los que participamos los autores de este libro. Con este modelo se pretende dar una respuesta coherente a las directrices derivadas del desarrollo del Espacio Europeo de Educación Superior (EEES) por lo que presentaremos su fundamentación, el sistema de planificación, la forma en que programamos y el método que tenemos para ir mejorando continuamente he incorporado los nuevos avances científicos, tecnológicos y sociales que se van consiguiendo y donde nuevas herramientas vinculadas a la inteligencia artificial y al metaverso están irrumpiendo con fuerza, abriendo un mundo nuevo de oportunidades y de incertidumbres. Por lo que serán muchos los debates sobre el cambio a los que nos enfrentaremos en todos los ámbitos.

Preguntas Introductorias

- ¿Cuál es la importancia de que las instituciones socioeducativas se adapten y transformen de acuerdo con las demandas cambiantes de la sociedad?
- ¿Qué papel juegan las instituciones internacionales como la Comisión Europea, la OIT y la OCDE en la orientación de las políticas educativas a nivel nacional?
- ¿Cómo influyen las evaluaciones internacionales como PISA en la toma de decisiones en el ámbito educativo de tu país?
- ¿Cuáles son las competencias genéricas y específicas que crees que son esenciales para las futuras generaciones de ciudadanos en la sociedad actual?
- ¿Qué barreras percibes en la enseñanza tradicional basada en contenidos disciplinares y cómo se pueden superar?
- ¿Cuál es el papel de la creatividad, la inclusión, la sostenibilidad y la solidaridad humana en la educación del siglo XXI?

- ¿Cómo crees que la inteligencia artificial y el metaverso están cambiando la educación y en qué medida pueden influir en las oportunidades y desafíos futuros?
- ¿Cuáles son los principales debates sobre el cambio en la educación que podrían surgir en un mundo influenciado por la inteligencia artificial y el metaverso?

6.2. SOCIEDAD COMO CONTINENTE Y REFERENTE DE LOS EDUSISTEMAS EDUCATIVOS

Las organizaciones socioeducativas nunca han sido ajenas a lo que ha venido ocurriendo en su entorno y cuando ha sido necesario se ha adaptado a los condicionantes económicos, sociales, estructurales, tecnológicos, políticos y funcionales concurrentes en cada momento histórico. Las decisiones adoptadas siempre han sido controvertidas porque no son ni ideológica ni políticamente neutras, pero acaban determinando unas culturas institucionales ligadas a los sistemas de poder vigentes donde quedan legitimadas normativa y democráticamente para disponer de una gran capacidad de influencia en los ámbitos que les son propios.

Entender estas cuestiones es importante porque las misiones de estas instituciones quedan ligadas a sus contextos y evolucionan con ellos. En nuestro caso consideramos que los entornos educativos y de formación requieren una ordenación racional de los componentes que permitan diseñar, desarrollar y evaluar un propuesta educativa y formativa coherente lo que requiere integrar y entender los distintos elementos organizativos y funcionales caso de los espacios, tiempos, agrupamientos, recursos y sistemas de evaluación en cada circunstancia y nivel educativo.

Las arquitecturas posibles de los espacios de aprendizaje han ido variando a lo largo del tiempo en función de los autores de referencia que las promovieran. En nuestra trayectoria profesional venimos trabajando en el diseño e implementación de una propuesta educativa desde el que se pretenden proporcionar respuestas sistémicas, específicas o especializadas a los colectivos que se determinen en base a las problemáticas y oportunidades educacionales situacionales.

En los últimos años hemos estado diseñado y poniendo en práctica un modelo que denominamos Ecosistema de Educación Creativo, Emprendedor y Sostenible (EDUECES) que se va asentando en el tiempo ya que la combinación de sus componentes le permite adaptarse y evolucionar articulando propuestas curriculares flexibles, modulares y escalables en base a las revisiones periódicas que se desarrollan. El modelo, ver figura, se fundamenta en la literatura científica de las organizaciones (Álvarez-Arregui, 2017) y en la práctica desde los proyectos en los que se ha aplicado (Álvarez-Arregui, 2010; Álvarez-Arregui y Rodríguez-Martín, 2012, 2013, 2015; Álvarez-Arregui y otros, 2017; Álvarez-Arregui y Arreguit, 2019, 2020; Rodríguez-Martín y otros, 2020; Álvarez-Arregui y otros, 2021, 2022). En su formulación básica plantea una visión ecológica donde distingue entre población, entorno, relaciones y tecnología.

El componente población, lo integran las personas físicas y jurídicas que concurren en un entorno formando un ecosistema integrado por el alumnado, el profesorado, las familias, los/as asesores/as externos/as, el personal de administración y servicios, la administración local, los/as responsables y profesionales de distintas entidades políticas, sociales, educativas y laborales en función del proyecto.

El componente comunicación se articula en base a un sistema de relaciones que será estático cuando nos refiramos a los organigramas o a las relaciones formales mientras que será dinámico cuando nos refiramos a las interacciones informales, ad hoc, de formación, de asesoramiento, de investigación o de innovación.

Estas vinculaciones podrán ser simbióticas cuando se orientan a la colaboración para el desarrollo de las tareas, pero siempre emergerá transversalmente "el poder en base a los intereses de las personas participantes que darán lugar a conflictos y negociaciones de distinta índole que deberán ser reconducidos hacia el cumplimiento de los objetivos y a la mejora continua de las personas, la institución y el entorno. Cuando es necesario se abordan los niveles de competencia, las divergencias ideológicas, las emociones, la experiencia o la dependencia.

El componente tecnología, se asocia con la energía que necesitan las organizaciones para sobrevivir por lo que necesitan disponer de herramientas pertinentes y singulares para captarla, transformarla, reutilizarla y proyectarla. En la imagen pueden verse algunos proyectos habituales asociados a entornos socioeducativos si bien éstos cambiaran en base al tipo de proyecto, la población y al contexto.

El componente entorno, diferencia entre las estructuras tangibles (infraestructuras, espacios, tiempos, recursos y materiales), las intangibles (espacios virtuales personales interpersonales, administrativos, académicos, políticos, empresariales...), las simbólicas (asociadas al clima y las culturas que se generan en las organizaciones) y las políticas que vienen determinados por los sistemas de liderazgo que se establecen en distintos niveles.

También centra la atención en el aprendizaje de los valores que se desarrolla a través de las actividades que se despliegan desde los diferentes proyectos en función de los objetivos perseguidos y donde se pretenden superar las limitaciones de aquellos modelos organizativos más rígidos, reduccionistas y burocráticos lo que añade un valor añadido a los principios, los diseños de las fases, las acciones educativas que se implementan y el impacto en los diferentes colectivos implicados.

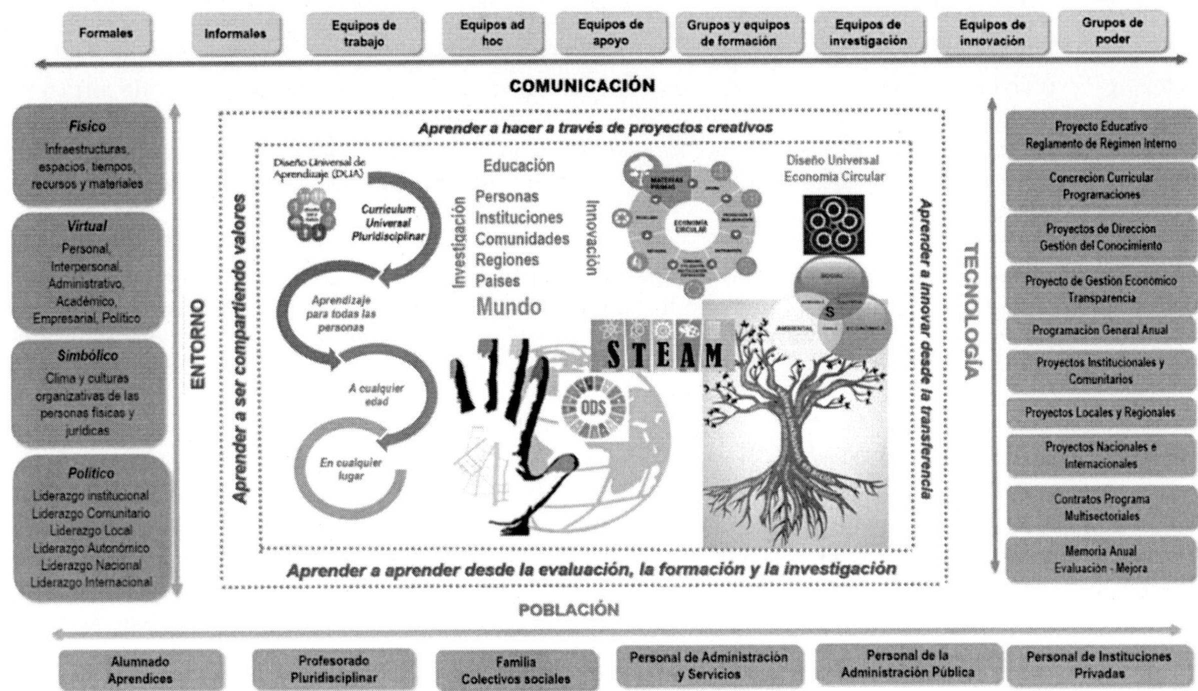

Figura 6.1. Componentes básicos de un EDUECES. Adaptado de Álvarez-Arregui, 2017.

6.3. EDUCACIÓN Y FORMACIÓN EN EXPANSIÓN: EL METAVERSO

Si se ha imaginado en algún momento de la vida que lo que está viviendo no es la realidad sino la vida de un personaje de un mundo virtual, o tal vez, ha imaginado una vida en la cual pueda ingresar a un mundo virtual para trabajar o encontrarte con otras personas, puede haberse imaginado el Metaverso. Algo que hace años lo veíamos lejano, parece que ya ha llegado y es una realidad que está en la ciudadanía.

Para conocer un poco más su significado vamos a ir a la raíz de su denominación: METAVERSO que se divide en dos partes META que significa más allá y VERSO que hace referencia a universo por lo que podríamos decir que es el Universo del Más Allá.

Muchas personas han intentado buscar una definición lo más aproximada posible, pero vamos a quedarnos con la que ha expuesto el creador de Facebook Mark Zuckerberg.

"Es una especie de internet del futuro; una experiencia social y síncrona a la que podríamos conectarnos con nuestros avatares universales desde cualquier dispositivo: nuestro móvil u ordenador o nuestros visores de realidad

aumentada. En esta realidad paralela desarrollaríamos nuestras funciones sociales, laborales y lúdicas: conversaríamos, trabajaríamos y jugaríamos a videojuegos en línea en un mismo lugar"

Figura 6.2. Actividad práctica

Por lo tanto, podríamos decir entonces que nos encontraríamos ante una nueva realidad 3D o un nuevo mundo dónde realizar nuestro día a día y en el que nos permitiría conectar el mundo real con el mundo virtual. Aunque parece raro, seguramente ya se ha experimentado muchas de las posibilidades que ofrece el Metaverso, todo ello gracias a videojuegos como Fortnite, dónde a través de avatares se puede participar en su Party Royale y disfrutar de eventos, conciertos y relacionarte con gente de otras partes del planeta, artistas como Travis Scott ya han realizado un concierto a través de esta plataforma dónde han acudido miles de personas.

Otro de los videojuegos en el que se puede experimentar todas estas posibilidades es Minecraft, a través de avatares personalizados puedes realizar construcciones junto a otras personas y crear relaciones dentro de ese mundo virtual. Vamos a poner un ejemplo para entenderlo mejor: a causa de la pandemia y el no poder asistir presencialmente a las clases, estudiantes de la Universidad de Bloqueley de Estados Unidos, crearon un campus personalizado dentro del videojuego, https://www.youtube.com/watch?v=QLv7gkc784Y, dónde podían asistir a clases e incluso realizaron la ceremonia de graduación con profesorado visitante. Este es uno de los muchos ejemplos de las posibilidades que puede ofrecer el METAVERSO.

En este sentido, es muy importante tener en cuenta las posibilidades que el METAVERSO nos va a ofrecer en un corto periodo de tiempo. Actualmente ya permite generar ingresos económicos a través de actividades sociales como el concierto de Travis Scott que comentamos anteriormente, o el desarrollo de videojuegos en plataformas como ROBLOX. Es por ello por lo que son muchas empresas tecnológicas las que se encuentran invirtiendo en el METAVERSO, una de ellas y que todos/as conocemos es Facebook, apostando por la realidad virtual (VR) y creando sus propias gafas OCULUS QUEST.

Figura 6.3. Actividad práctica

Gracias a esta apuesta Facebook ha creado dos nuevas realidades "Facebook Horizon u Horizon Worlds" donde han apostado en acercar las redes sociales al mundo virtual y "Infinite Office" dónde a través de la realidad virtual las personas pueden trabajar desde sus casas teniendo acceso en todo momento a documentos, materiales y cualquier recurso que podrían tener en su propia oficina física. Pero no solamente ha sido Facebook la que ha apostado en este campo, Microsoft a través de sus gafas Hololens implementa la realidad aumentada en el trabajo (AR) una nueva vertiente que consiste en la superposición de imágenes digitales en el entorno real, a modo de ejemplo podríamos decir que los/as médicos/as podrían simular operaciones médicas, los/as arquitectos/as proyectar guías en un terreno, se podría visualizar contenido en video, realizar videollamadas, entre otras muchas opciones.

Como hemos podido ver, si en un futuro el Metaverso podrá tener su réplica del mundo real, muchos sectores podrán beneficiarse de esta oportunidad. El Marketing y las empresas podrán explotar todas las posibilidades que el Metaverso les puede ofrecer.

A través de estos mundos 3D las personas podrán experimentar el realizar compras, showrooms, ver galerías ya sea con productos reales o virtuales, siendo las personas usuarias activos/as en el que puedan construir nuevos espacios y darle su visión personal. Muchas marcas como Dyson ya han decidido apostar por la Realidad Virtual, creando experiencias 3D en donde las personas puedan ver sus productos reales en formato 3D.

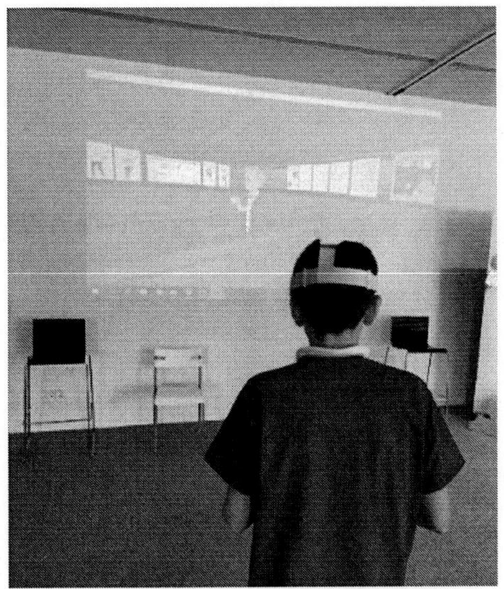

Figura 6.4. Actividad práctica

Así como marcas de ropa como Ralph Lauren o Gucci, que han sacado productos virtuales (prendas de ropa virtual) que las personas puedan comprar, bolsos virtuales de edición limitada que no existen en la vida real, entre otras muchas cosas.

Los videojuegos formarán una parte fundamental en este sector, donde la publicidad jugará un papel primordial, al igual que en el mundo real podemos visualizar publicidad en marquesinas, carteles etc. lo mismo se podría traducir a marquesinas virtuales, vallas publicitarias virtuales etc. En definitiva, nos acercamos a un horizonte en el que el marketing y las marcas van a cobrar un papel muy importante. Si en el pasado el METAVERSO era una opción o algo que parecía sacado de una película de ciencia ficción, en la actualidad es una realidad. Nos acercamos a un futuro muy prometedor en este sentido, en el que tendrá un fuerte impacto en industrias innovadoras. Sólo queda esperar y aprovechar tanto nuestra trayectoria como nuestro futuro para comprobar las oportunidades y retos que el METAVERSO nos puede ofrecer.

6.4. ITINERARIOS STEAM

Figura 6.5. Actividad práctica

La Educación STEAM podría conceptualizarse como un modelo de enseñanza aprendizaje que utiliza recursos físicos, humanos y tecnológicos con la intención de abordar los problemas sistémicos a los que se enfrenta la población y el medio ambiente desde un enfoque multidisciplinar, transversal y creativo.

El enfoque STEAM requiere espacios presenciales y virtuales para la construcción de un proyecto común donde todas las personas participantes enseñan y aprenden en colaboración.

La metodología asociada a esta propuesta curricular conlleva:

Inter, multi y transdisciplinariedad para agrupar el conocimiento científico, tecnológico, ingeniero, artístico y matemático, que permitiría a las personas participantes adoptar un enfoque holístico del aprendizaje, lo que afecta al modo en que interpretamos y construimos el conocimiento. Así como la forma en que resolvemos los problemas. Este enfoque global favorece una alfabetización educomunicativa crítica.

Figura 6.6. Algunos de los participantes en el proyecto Despertando Vocaciones

6.5. ORIENTACIÓN CONTINUA E INTEGRAL

La emergencia de nuevos entornos profesionales y la transformación de los existentes hace necesaria una orientación integral y coordinada, personal, social, educativa y profesional. No podemos olvidarnos que la Orientación desde sus orígenes ha intentado buscar una definición que se adecúe a la concepción amplia del término, ya que debido a sus campos de acción, objetivos y perspectivas se hace muy complicado delimitar una definición que englobe la importancia del concepto.

En nuestro caso nos sentimos más identificados con la definición de Bisquerra (2010) que realiza la siguiente aproximación: "Proceso de ayuda continuo a todas las personas, en todos sus aspectos, con objeto de potenciar el desarrollo humano a lo largo de la vida". En cambio, Molina (2001), al analizar tan diferentes puntos de vista, articula tres enfoques, que engloban las aportaciones anteriores, y que se citan a continuación:

- *Enfoque vocacional:* en la línea de la orientación profesional, otorga una vital importancia al proceso de toma de decisiones, y a la ayuda al alumnado en su progreso tanto académico como laboral.

- *Enfoque personal:* alude al proceso de ayuda al desarrollo integral de la persona, siempre teniendo en cuenta sus capacidades, habilidades, destrezas y conocimientos, y como estos le permitirán un mayor conocimiento de sí mismo.

- *Enfoque educativo:* asume la orientación educativa como un proceso de ayuda al alumnado de cara a encarar las dificultades que le vayan surgiendo durante cada etapa formativa, esto es, obtener un buen rendimiento a través de la solución de los posibles problemas de aprendizaje.

Figura 6.7. Algunos de los participantes en el proyecto

Acerca de esta orientación cabe indicar que:

- Es un asesoramiento realizado por profesionales en la toma de decisiones de unos estudios o de una profesión valorando todos los elementos que intervienen.

- Trata de ayudar a las personas a ser independientes y críticas en sus criterios de elección, favorecer la toma de decisiones y ser capaces de construir un proyecto de futuro por ellas mismas facilitando las herramientas necesarias.

- Es un proceso continuo y gradual que nos acompaña a lo largo de toda la vida, incluso después de la jubilación. Por lo tanto, incumbe a personas de cualquier edad y nivel de estudios. Es necesario tener presentes las diferentes etapas formativas: primaria, secundaria, formación profesional, universidad... Y toda la formación complementaria y de reciclaje que deberemos recibir a lo largo de nuestra vida.

- El proceso de orientación es un acto vinculado al pasado, ya que parte de la trayectoria y la experiencia formativa, profesional o vital de la persona, y, sobre todo, al futuro, contribuyendo a la toma de decisiones académicas y/o profesionales.

- Es necesario ser realista, no engañarse a uno mismo y tener alternativas claras por si fallan las cosas o por si no se cumplen las previsiones.

- Es importante no tener miedo a equivocarse a la hora de escoger unos estudios o una profesión, ya que se está priorizando un itinerario o un camino de forma momentánea. Siempre se pueden explorar otras opciones que puedan interesar más, además de realizar un continuo trabajo de autoconocimiento.

- La orientación es un proceso continuo y presente en las diferentes etapas de la vida de la persona y es el fruto de un buen proceso de reflexión. Para poder tomar una decisión fundamentada, es muy importante reflexionar sobre todos los elementos que influyen en éstas.

Figura 6.8. Algunos de los participantes en el proyecto

Tipos de Orientación

- *Orientación Profesional.* Proceso continuo y gradual que nos acompaña a lo largo de toda la vida y que favorece la toma de decisiones profesionales sobre una base de análisis de las diferentes profesiones (actuales y emergentes) y el conocimiento de la situación y las tendencias del mercado laboral.

- *Orientación Educativa.* Proceso de ayuda continua y sistemática, dirigida a todas las personas, en todos sus aspectos, poniendo un énfasis especial en la prevención y el desarrollo personal, social y de 1ª carrera, que se realiza a lo largo de toda la vida, con la implicación de diferentes agentes educativos (tutores/as, orientadores/as, profesores) y sociales (familia, profesionales y para profesionales). Es sistemática, científica, objetiva, y constituye un proceso continuo que se dirige a todas las personas de cualquier edad. Buscar ayuda a resolver problemas planteados en los diversos ámbitos de la vida, estando sujeta a un código deontológico y persiguiendo contribuir al desarrollo integral de la persona a través de la guía y el asesoramiento (Martínez de Codés, 2001).

- *Orientación Personal.* Es un elemento clave para lograr un crecimiento integral que se entiende como un proceso de acompañamiento a una persona en la resolución de sus problemas, movilizando los recursos de los que dispone. Se centra en el presente e intenta promover el crecimiento, el desarrollo, la maduración y la capacidad de funcionar mejor y afrontar la vida de manera más adecuada.

En nuestra opinión, la Orientación para el desarrollo de carrera es un objetivo estratégico para enseñar al alumnado a ser responsable de su propia vida, a liderar su proceso de planificación vital de modo que esté preparado para afrontar cualquier situación que suponga cambios o transiciones en su vida no sólo en la vida académica o laboral sino escolar, familiar, social, personal o cualquier otra. Por tanto, la orientación para la carrera supone un reto mayor que el de informar sobre futuras opciones académicas o laborales ya que primordialmente implica preparar programas que enseñen al alumnado a planificar su vida en sentido amplio antes de que terminen su trayectoria de educación formal.

Figura 6.9. Trabajando e un IKIGAI desarrollado por el alumnado

A la hora de preparar estos programas estamos de acuerdo con Lewis (2001), cuando indica que el trabajo, al ser parte integrante de la vida, ha de abordarse en relación e interdependencia con otros aspectos de la vida de las personas. De forma que es importante no hacer compartimentos estancos para que el alumnado no piense que son aspectos distintos.

Los programas de orientación para la carrera han de adoptar un enfoque integrador de la persona, pues las cuestiones personales están absolutamente implicadas con sus proyectos. Siguiendo la expresión de Savickas (1993, p. 212): career is personal, podemos plantearnos que la orientación para la carrera tiene como meta preparar para la autogestión de la propia vida en sentido amplio, por lo que no es la suma de habilidades y conocimientos orientados a tomar una decisión de carácter académico o profesional.

Cada vez es más evidente la gran importancia que tienen las cualidades personales y las actitudes. Más que disponer de las capacidades necesarias para determinadas tareas, las empresas valoran mucho más las cualidades y las competencias de las personas trabajadoras, así como las actitudes para afrontar su trabajo. Es decir, se trata de saber desarrollar respuestas emocionales que nos permitan afrontar las diferentes situaciones que se nos plantean en nuestras vidas. Nos estamos refiriendo al ámbito de las competencias que podemos agrupar de la siguiente manera: competencias técnicas (saber) competencias metodológicas (saber hacer), competencias participativas (saber estar) y competencias personales (saber ser).

Si hay algo seguro con relación al futuro del trabajo es que todo es incierto. Por eso, es fundamental saber navegar en la incertidumbre por lo que tenemos que formarnos en la gestión de las organizaciones, trabajar en equipo, resolver problemas, tener creatividad, ser resilientes, así como mantener el optimismo y el entusiasmo

6.6. REFERENTES DE LA PLANIFICACIÓN

La Unión Europea es consciente de que las soluciones simples, excluyentes o generalizables no son viables para solucionar los problemas a los que se enfrenta la humanidad en el siglo XXI. De ahí que haya planteado la necesidad de poner límites y reorientar el actual modelo de desarrollo. En este contexto, la Agenda 2030 se ha presentado internacionalmente como uno de los referentes para hacer frente a los retos sociales, económicos y medioambientales a los que nos estamos enfrentando. En ella, se pone el foco de la atención en las personas, el medio ambiente, la prosperidad y la paz, bajo el lema de "no dejar a nadie atrás". Los calendarios y los compromisos que se establecen en este documento iluminan distintos caminos a seguir desde sus recomendaciones, pero su ejecución no es sencilla puesto que conlleva un cambio cultural de hondo calado. Esta transformación requiere movilizar a los sectores público, privado y plural, estableciendo alianzas a nivel nacional, autonómico y local alrededor de proyectos de I+D+i transdisciplinares, porque afectan a todos los ámbitos en sus diferentes niveles de responsabilidad.

Somos conscientes de que el desafío es enorme, pero inaplazable y urgente, porque requiere liderar y gestionar desde una visión sistémica los diferentes componentes ya que el esfuerzo debe ser conjunto si se quiere que tengan un impacto positivo. Las múltiples manifestaciones de pobreza, desigualdades y desempleo que están emergiendo y que van acompañadas de un deterioro medioambiental son inaceptables (Álvarez-Arregui, 2019). En este contexto venimos trabajando desde la Economía Social de Asturias, ASATA, y desde la Universidad de Oviedo en el desarrollo de proyectos que integren las culturas políticas, académicas, sociales y empresariales para generar y dar a conocer buenas prácticas que puedan servir de guía para el desarrollo de nuevos proyectos que vayan consolidando esta visión. En nuestro caso hemos puesto el foco de atención en el ámbito socio-educativo desplegando una propuesta a manera de guía que facilite el desarrollo de proyectos transdisciplinares de I+D+ie incorporando políticas, teorías, investigaciones, prácticas y valores.

PLANIFICACIÓN SOSTENIBLE

La planificación sostenible que se plantea requiere seguir un método que entendemos como un proceso sistemático de toma de decisiones en las fases pre-activas, activas y postactivas. Como puede verse en la figura en la fase pre-activa centramos la atención en las fuentes del curriculum ya que consideramos que una buena fundamentación es primordial para orientar la estrategia y las acciones educativas hacia la innovación. Este planteamiento da coherencia interna a los proyectos si bien la guía externa se asocia con los principios que guían los ecosistemas de educación-formación que atienden las recomendaciones de la Agenda 2030. Como es lógico el desarrollo personal y profesional de los promotores/as, las situaciones de las instituciones, de las personas participantes y de los contextos receptores, serán valorados desde diferentes perspectivas para acomodar situacionalmente las propuestas de intervención que se planteen (Álvarez-Arregui, 2017).

Atendiendo a esta estructura presentamos en los siguientes apartados los tres tipos de diseños – educativo/organizativo, instrucción e investigación – que tenemos en consideración cuando desarrollamos las actividades en nuestros proyectos.

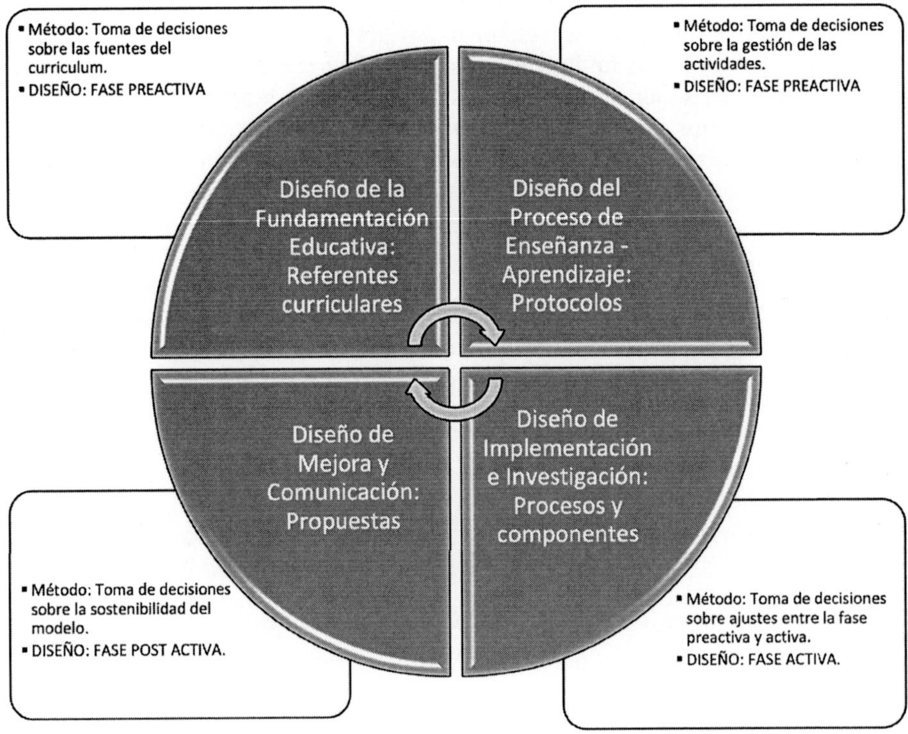

Figura 6.10. Estructura del Proceso de Planificación. A partir de Álvarez-Arregui y Rodríguez-Fernandez (2023).

6.7. FUNDAMENTOS DEL CURRICULUM

La educación es un fenómeno de naturaleza muy compleja en el que hay que tener en cuenta aspectos históricos, ideológicos, psicológicos, sociológicos, prácticos, políticos, tecnológicos, filosóficos y culturales. Las teorías, presupuestos, visiones y aportaciones que se han ido generando históricamente deben interpretarse desde los efectos globales y locales de la situación que estamos atravesando actualmente. Este planteamiento nos va a permitir entender el impacto del desarrollo científico-tecnológico en los ejes que guían la vida de las personas y los diferentes posicionamientos que se están adoptando en el mundo con relación a las visiones neo liberales, socialdemócratas, comunistas o antiglobalización. En este contexto tan polivalente es donde se seleccionan los currículos, de ahí que esencial entender las decisiones que fundamentan las elecciones se adoptan. Los contenidos y los procesos de enseñanza-aprendizaje que generan en las diferentes zonas geográficas se acaban convirtiendo en el "humus" de un curriculum que será el nutriente de las civilizaciones a las que se orienta en momento histórico (Álvarez-Arregui, 2017).

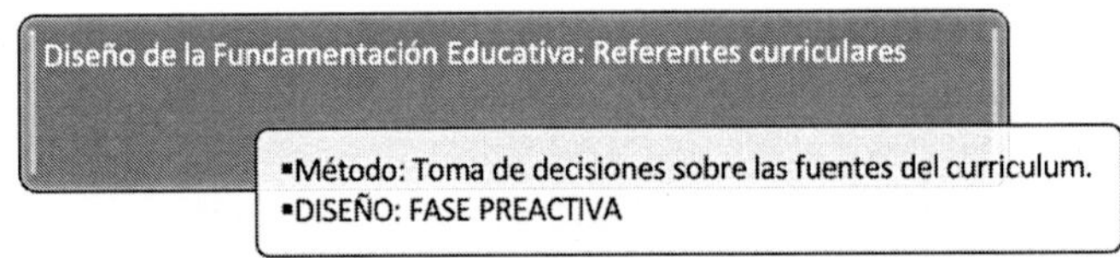

Figura 6.11. Diseño Educativo como primera fase de la Planificación. Fuente Propia

Este enfoque será tamizado por las necesidades, expectativas y demandas de las personas físicas y jurídicas ya que son muchos los intereses y los/as interesados/as que se mueven a su alrededor. Ante esta situación debe recordarse que en el curriculum hay que diferenciar entre: el oficial, el vivido – puesto en práctica -, el oculto – no reconocido oficialmente, y el nulo – el que no está diseñado y se demanda a título individual o social pero que no se atiende (Posner, 1998). Por tanto, es necesario valorar los perfiles de personas y equipos que lo desarrollan ya que su experiencia profesional previa, sus motivaciones, su forma de entender y abogar por el trabajo multidisciplinar o su propia historia vital son importantes ya que estas y otras cuestiones que podrían incorporarse generan diferentes interpretaciones, intuiciones y modelos asociados al curriculum.

A este respecto hemos visto como autores como Schwab (1978) ponen el foco de atención en el alumno/a; el profesor/a; el contexto; y las materias de aprendizaje cuando argumentan sobre el curriculum. Stenhouse (1984), en cambio, orienta su modelo desde la psicología del aprendizaje; el estudio del desarrollo infantil; la psicología social; la lógica de la materia; y la experiencia práctica acumulada por los/as profesores/as. Por otro lado, Coll (1987) indica como fuentes básicas aquellas que están asociadas a las formas culturales, cuya asimilación es necesaria para el crecimiento personal del niño; las que se refieren a los factores y procesos implicados en el crecimiento personal; las que se refieren a la naturaleza y estructura de los contenidos del aprendizaje; y las que se refieren a la metodología didáctica.

En nuestro caso nos parece necesario incorporar como fuentes del curriculum las siguientes: la concepción del hombre en el momento histórico en el que se plantea (fuente antropológica-filosófica); la visión sobre la sociedad en la que estamos viviendo y las presuposiciones que hay sobre el futuro (fuente sociocultural); el desarrollo evolutivo y competencial de las personas así como de los elementos asociados a los procesos de enseñanza y el aprendizaje individuales, en parejas, de equipo o de colectivos (fuente psicopedagógica); la gestión y supervisión del conocimiento en las organizaciones (fuente administrativa-organizativa); la consideración a la lógica del conocimiento, a su avance y a su estructura disciplinar o integrada cuando se seleccionan los contenidos (fuente epistemológica); el uso de las herramientas tecnológicas o los avances científicos, caso de la neurociencia o los entornos virtuales de trabajo en los procesos de enseñanza-aprendizaje (fuente científico-tecnológica); y la forma en que los/as administradores/as de lo educativo utilizan el curriculum como herramienta de distribución social del conocimiento.

Este hecho es relevante porque plantea una nueva fuente curricular asociada a los intereses de los grupos dominantes y que se define en términos de poder (fuente político-ideológica). Es importante tener en consideración estas fuentes ya que de su conocimiento se pueden hacer inferencias precisas sobre los/as administradores/as de lo educativo y sobre la validez de los proyectos que se promueven, puesto que de sus decisiones derivarán impactos diferenciales a corto, medio y largo plazo. Por otro lado, es importante recordar que cuando no se tiene una experiencia dilatada en el desarrollo de proyectos es recomendable utilizar pocos componentes inicialmente e ir incorporando, modificando o eliminando aquellos que no se consideren apropiados en base a los resultados obtenidos, el impacto generado, la experiencia adquirida, el grado de satisfacción y el aprovechamiento de las oportunidades (Álvarez-Arregui, 2017). Atendiendo a estas cuestiones comentaremos algunas de estas fuentes con el objeto de orientar a los/as profesionales sobre estas cuestiones

Fuente sociocultural

Las necesidades, expectativas y demandas socio-culturales hechas a las organizaciones educativas son el conjunto de conocimientos, valores, destrezas, actitudes y procedimientos que contribuyen a la socialización del alumnado dentro de las pautas culturales de las comunidades de referencia, por consiguiente, el curriculum se convierte en la instancia mediadora entre la organización y la sociedad para el logro de estos propósitos. La tarea no es fácil puesto que la convivencia necesita de equilibrios entre la conservación y el cambio. Éste debe ser lo más armónico y consensuado posibles para mantener sólida la estructura social de las instituciones educativas, así como de las alianzas y relaciones que se generan entre ésta y otras instituciones y organizaciones. En este caso que nos referiremos a centros de Educación Primaria, es conveniente disponer de datos del centro (nombre, código, domicilio, localidad y unidades) que nos permitan entender la realidad que concierne a las personas implicadas (profesorado, personal laboral, alumnado, familias...), en su contexto laboral y vital (infraestructuras, espacios, tiempos, recursos, metodologías, agrupamientos, sistemas de comunicación, tutorías, orientación, evaluación y registros).

La reflexión sobre el curriculum es importante porque exige posicionarse si se quieren clarificar las relaciones sociales existentes y mejorarlas para la formación de los/as futuros/as ciudadanos/as. Cada sociedad espera de la escuela la satisfacción de ciertas demandas que preparen a las personas para vivir como adultos/as responsables. Por tanto, la Educación sirve a fines sociales, y no sólo individuales. Se educa para una Sociedad plural, de ahí que resulte entendible que las demandas a las organizaciones varíen y que por tanto haya debates sobre la elección de centros en base al curriculum que se imparta. En nuestro caso abogamos por una estructura curricular flexible que permita procesos de adaptación en función de las necesidades, demandas y expectativas de la ciudadanía (ob. cit.).

Fuente epistemológica

La epistemología, como tratado de los métodos y fundamentos del conocimiento científico (Gairín, 1993: 47) nos indica que es fundamental tener presente la estructura de la ciencia que se va a enseñar, u orden natural establecido por la realidad, el orden lógico-formal resultante de la sistematización de los saberes, y la revisión crítica de los mismos, así como la naturaleza del conocimiento y la metodología a seguir en la secuenciación de los contenidos siguiendo la lógica de causa-efecto, o según los planteamientos problemáticos que pueden definir y estructurar la materia.

A este respecto, se sugiere cómo se debe preparar al alumnado para que sean capaces de manejar las técnicas, los protocolos y las metodologías creativas que los/as científicos/as y profesionales prefieren para las materias que son objeto de enseñanza, aprendizaje e investigación. También se plantea cómo la organización lógica de esos saberes se debe conjugar con los procesos psicológicos y sociológicos del acto de aprender.

En este contexto las Ciencias de la Educación nos remiten al estudio de la complejidad lo que requiere adoptar múltiples miradas para encontrar justificaciones, fundamentos y argumentaciones para incorporar contenidos a través de proyectos y generar las mejores condiciones para que los procesos de enseñanza-aprendizaje, se produzcan en las circunstancias óptimas para las personas y el entorno.

En este sentido, también debe tenerse presente que desde entre la Teoría de la Organización y desde las Ciencias de la Educación se han ido produciendo trasvases y adecuaciones de modelos y saberes donde ha concurrido las visiones empresariales y educativas de diferentes formas que se han interpretado diferencialmente por los/as administradores/as de lo educativo cuando se han establecido las normas y cuando se han implementado en la práctica. Esta circunstancia no hace fácil establecer la cientificidad de los saberes y la superioridad, subordinación o dependencia de unos sobre otros. En el caso de las instituciones educativas no puede obviarse que han sido muchos los saberes que han pasado a formar parte de las plataformas conceptuales desde las que se da un mayor o menor protagonismo a los enfoques racionalista, funcionalista, humanista, socio-ecológico, psicosociológico o aquellos otros que se orientan desde un planteamiento sistémico.

Estas argumentaciones dejan entrever la complejidad de las fuentes. Por esta razón, nos centraremos en la estructura curricular que se plantea en la legislación y que se plasma en los Proyectos Educativos y Curriculares de los Centros Educativos donde se dispone de una estructura curricular interna en las diferentes etapas educativas (infantil, primaria, secundaria, bachillerato, grados y postgrados).

Este planteamiento conlleva un proceso de toma de decisiones por parte de la comunidad educativa sobre los contenidos (conceptos, procedimiento, valores y actitudes) que supone un posicionamiento sobre el saber, el saber hacer, el saber ser y el saber convivir. Será, por tanto, en esta estructura institucional en la que incorporaremos los contenidos vinculados al proyecto “Despertando vocaciones”.

Fuente psicopedagógica

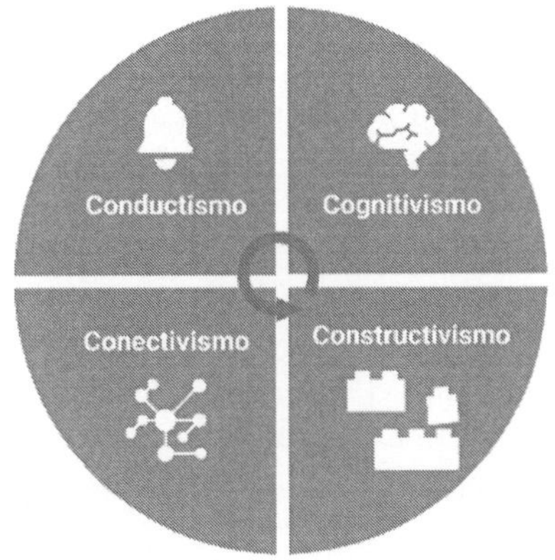

Figura 6.12. Referentes de la fuente psicopedagógica. A partir de Álvarez-Arregui y Rodríguez-Fernandez (2023).

En esta fuente tenemos en cuenta las teorías derivadas de la investigación de distintos autores sobre el desarrollo psicológico y del aprendizaje. Los paradigmas más relevantes que han emergido desde el siglo pasado son las siguientes:

Conductismo (el aprendizaje cambia el comportamiento, la realidad es externa y objetivo y la enseñanza se basa en estímulos y respuestas);

Cognitivismo (el aprendizaje genera construcciones mentales que son consignadas diferencialmente en la memoria, la realidad es objetiva pero reinterpretada desde la experiencia y el pensamiento. De ahí que se enfatice en la forma en que se procesa la información que se asocie con el modelo computacional y se preste atención a los procesos que se generan en la memoria a corto y largo plazo así como a la motivación en los procesos de entrada, almacenamiento y recuperación de la información);

Constructivismo (el aprendizaje es un proceso activo en el que los aprendices construyen nuevas ideas o conceptos basados en su conocimiento actual o pasado la realidad es interna y el conocimiento es construido a nivel personal, generado socialmente y dependiente del contexto. La enseñanza es indirecta está enfocada en el acompañamiento, la dirige el aprendiz y tiene carga experiencial);

Conectivismo (focaliza la atención en las habilidades y tareas que necesitan los aprendices en la era digital y se fundamenta en tres grandes corrientes de pensamiento: la teoría del caos, la de la complejidad y la de la de redes/autoorganización).

Estos paradigmas se extienden al aprendizaje, al conocimiento y a la comprensión a partir de la red personal que teje cada persona. Así se deduce que el aprendizaje son conocimientos (contenidos) útiles situacionalmente y que por tanto pueden estar almacenados (soportados) en dispositivos y que la persona debe contar con una competencia básica para su manejo (debe disponer de competencias, habilidades, para utilizar esa información).

El aprendizaje, como conocimiento aplicable, puede residir fuera de la persona lo que quiebra el consenso anterior dado que se presenta resultado y no como un proceso por lo que emergen otros peligros. Un ejemplo de ello lo encontramos cuando las personas obtienen información de una red que se retroalimenta constantemente con nuevos datos, en este proceso se acaban generando opiniones y creencias que se distribuyen en la vida cotidiana de los colectivos sociales llegando a extenderse al ámbito académico, científico y profesional sin el suficiente contraste.

El aprendizaje se convierte así en un proceso que ocurre en ambientes difusos que no están por completo bajo el control de las personas o de los responsables de lo educativo. En nuestro caso, abogamos por adoptar una perspectiva amplia y situacional de los procesos de enseñanza-aprendizaje dado que los contenidos, sentimientos, actitudes, valores y habilidades necesarias demandan nuevas formas de pensar, de sentir, y de abordar situaciones de autogestión personal, de sintonía con los/as otros/as y de relación con el mundo lo que hace necesario tener presentes las aportaciones de los diferentes paradigmas (Álvarez-Arregui, 2017).

A los/as agentes educativos/as y a los/as administradores/as debe informárseles de la importancia que tiene el desarrollo de una interpretación sistémica del aprendizaje por los beneficios en el alumnado, las familias y el desarrollo profesional ya que conlleva considerar situacionalmente las oportunidades y límites que ofrecen el conductismo, el cognitivismo, el constructivismo y el conectivismo cuando se presentan de manera individual, excluyente o complementaria. En nuestro caso nos identificamos con aquellas posiciones que consideran la educación como resultado de complejas interacciones entre las capacidades de las personas como especie y la estimulación física y social que recibe del entorno, sea físico o virtual. Por tanto, lo biológico, lo social, lo cultural y lo tecnológico están integrados situacionalmente con el proceso educativo.

Fuente antropológica

A lo largo de la historia, la conceptualización del hombre ha ido cambiando en base a las situaciones coyunturales y a las corrientes de opinión del momento. En función de estas conceptualizaciones se establecen, por parte de los gobiernos y los grupos de poder vinculados al currículum que se consideran apropiados en cada momento histórico. A este respecto se debe reflexionar sobre lo que se está pidiendo a las personas que no es otra cosa que interrogarse a nivel personal, social y laboral sobre su contexto vital. Las personas que administran lo educativo tienen sus propias concepciones, muchas veces insuficientes y en no pocas ocasiones erróneas o no fundamentadas. Como es lógico no vamos a profundizar en una cuestión tan polémica, pero si prestaremos atención a diferentes informes desde los que se demandan nuevas competencias para las personas en las próximas décadas. En ellos, se pone de relieve los desajustes que hay entre el currículum formal y la realidad sociolaboral. Resulta importante reseñar la ineficacia de unas reformas educativas que se suceden en periodos de tiempo cada vez más cortos por la falta de coherencia entre lo que se dice que hay que hacer, lo que se hace, lo que se quiere hacer y lo que se puede hacer. Esta situación reduce la credibilidad en el currículum que promueven los/as promotores/as y acaba agotando al sistema (Álvarez-Arregui, 2017).

El Informe del Futuro del Empleo 2018 del Foro Económico Mundial (2018: 12) enumera nuevas habilidades que serán necesarias, como el «aprendizaje activo y las estrategias de formación», «la creatividad, la originalidad y la iniciativa», «la resolución de problemas complejos», o «el análisis de sistemas». El sociólogo y filósofo francés Edgar Morin nos da las categorías principales, y afirma que el sistema educativo actual ya no es adecuado, porque no aborda los problemas fundamentales a los que nos tenemos que enfrentar, por ejemplo, cómo conseguir una vida equilibrada, cómo lograr una autonomía intelectual, emocional y decisional, cómo enfrentar la inseguridad, las ilusiones, los prejuicios o los errores, y cómo lidiar con la incomprensión de los/as demás o de uno mismo (Lafay, 2016).

En este contexto venimos trabajando diferentes profesionales (Arreguit y Hugues, 2019; Álvarez-Arregui y Arreguit, 2019, 2020, 2021, 2022, 2023) en el desarrollo de un modelo de empleado/ciudadano/estudiante tipo OTA que es una extensión del concepto de estudiante tipo T desarrollado por Demirkan y Spohrer (2015). Parra ello mantenemos el concepto de T y añadimos dos nuevos elementos: el pensamiento y enfoque sistémico y (O) y la actuación consciente (A). Este ciudadano tipo OTA ideal, necesita tener una visión local/global respaldada por un enfoque sistémico La persona debe ser consciente no solamente de su entorno, sino de todo el sistema, de su lugar dentro de él, de sus relaciones, posiciones, vínculos, dependencias, tensiones o resoluciones con los otros elementos del sistema, así como aquellas entre los elementos centrales del sistema (la complejidad del sistema).

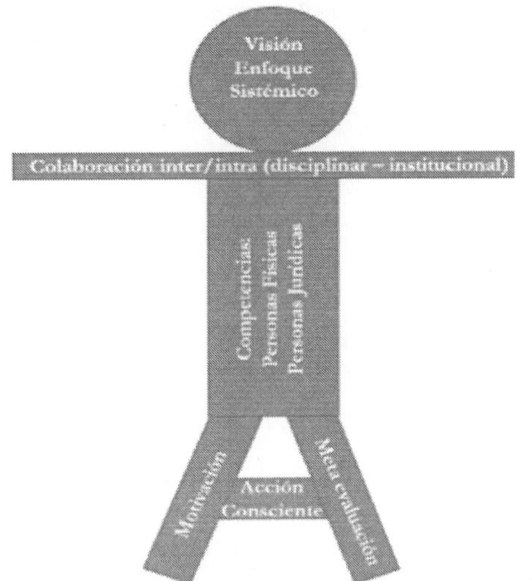

Figura 6.13. Modelo OTA. A partir de Arreguit y Hugues, 2019

De este modo, puede comprender los principales problemas que interactúan con sus desafíos y objetivos, y puede comprender y definir todo aquello sobre lo que puede tener influencia, lo que genera decisiones y actuaciones más relevantes para todas las partes interesadas, en la definición de unos objetivos más realistas y alcanzables dentro del sistema, así como en estrategias más eficientes para lograr los objetivos.

Finalmente, un enfoque sistémico proporciona todos los medios para evitar perseguir objetivos inalcanzables (luchar contra molinos de viento) alineando los objetivos con las posibilidades. Esto permite definir mejor las responsabilidades de uno mismo, lo que reduce el estrés, al mismo tiempo que se alimenta y se desarrolla la motivación. Todas estas competencias están simbolizadas por la «O», el símbolo de un sistema (Arreguit y Hugues, 2019).

Por otro lado, también necesita tener un conocimiento y experiencia profundos de al menos dos disciplinas (normalmente una técnica / científica y otra de negocios / administración / finanzas), como se representa en la barra vertical de la T. La competencia profunda y el conocimiento (técnico, empresarial, financiero y de administración) es la razón principal por la que una compañía contrata a una persona. Esta competencia multidisciplinar, en general, se desarrolla correctamente en la mayoría de las instituciones de educación superior.

Además, necesitará poder colaborar en todas las disciplinas: esto hace referencia a la capacidad de comprender otras disciplinas y de ser entendido por aquellos/as que están especializados/as en ellas. Normalmente, encontramos dos capacidades aquí: la primera consiste en adaptarse fácilmente a diferentes contextos socioculturales, técnicos o profesionales; la segunda consiste en poder adquirir rápidamente el conocimiento y la comprensión de una nueva disciplina. Esto está representado por la barra horizontal de la «T». Estas competencias normalmente no están tan bien desarrolladas en la mayoría de las instituciones de educación superior y deben adquirirse a través de la práctica y de la educación continuada (ob. cit.).

Las competencias profundas en una disciplina y la competencia para colaborar son, obviamente, necesarias en la mayoría de las profesiones, pero no suficientes. El pensamiento sistémico y la visión permiten al profesional conocer cuándo y dónde utilizarlas. Pero para ponerlas en macha, hay que tomar medidas. En las organizaciones, nos hemos encontrado con gente con una variedad de competencias que están abiertos/as a otras disciplinas y entienden los sistemas, pero que permanecen completamente pasivos, incluso cuando se enfrentan a problemas, que se esfuerzan por resolver.

- Hemos identificado dos grandes motivos que limitan su actuación y por los cuales la formación y la práctica les podría ayudar a crecer como profesionales:

- El desarrollo de conocimiento y experiencia de un metaproceso permite la Actuación, una pata de la «A».
- La creación de procesos para avanzar, evolucionar o cambiar requiere un trabajo y un esfuerzo específicos y cualificados lo consideramos un metaproceso.
- Un proceso que nos permite gestionar un modo de comunicación es un metaproceso: no abordamos los contenidos de la comunicación, sino la forma de comunicarnos.
- Un proceso que nos permite gestionar un enfoque creativo es, en este sentido, un metaproceso: no abordamos los resultados de la creatividad tanto como el proceso que permitirá a una persona o más expresar su creatividad, relajarse y lograr los resultados.

La motivación para adoptar la novedad es el combustible/la energía para la Actuación, la segunda "pata" de la "A". La motivación es clave para la actuación. Sin embargo, la motivación puede verse comprometida rápidamente; por ejemplo, tras experimentar uno o muchos fracasos. En tal caso, necesitamos trabajar en la actitud hacia el fracaso. Por ejemplo, podemos hacerlo dejando que la persona experimente, al menos al principio de un proyecto, que es menos importante encontrar la «solución correcta» que explorar soluciones parciales o imperfectas para lograr resultados más rápidos, para aprender, corregir y adaptarnos mejor.

Por lo tanto, recomendamos aprender a formarnos y entender cómo y cuándo aplicar procesos específicos basados en los principios de prueba y error como parte de la motivación de desarrollo para adoptar la novedad.

6.8. DISEÑO DEL PROCESO DE ENSEÑANZA-APRENDIZAJE

Este diseño se asocia con el nivel más cercano a la práctica y en él se concretan los principios que guían el proceso de toma de decisiones (método) recogidos en el Diseño Educativo.

Estructura de las actividades

Atendiendo a las propuestas legislativas vigentes (LOMLOE) hemos planificado unas actividades a las que se ha dotado de la misma estructura en cuanto a formato ya que consideramos que este planteamiento facilita la comprensión, la programación, la ejecución y la evaluación a los/as profesionales.

El objetivo es dar cabida a todos aquellos elementos que nos parecen necesarios para generar situaciones de enseñanza-aprendizaje desde el que se promuevan las competencias STEAM en un periodo educativo-escolar y vital para el alumnado de ahí que se considere la Educación Primaria como un momento clave en la desarrollo y orientación educativo, profesional y personal para caminar hacia un futuro posible y deseable.

Este enfoque se traduce en un diseño de las tareas de enseñanza-aprendizaje (E-A) singulares donde nos encontramos con unas secuencias de actividades, a saber

(1) motivadora, asociada a la detección de conocimientos previos;

(2) de construcción de aprendizajes;

(3) de síntesis;

(4) de comunicación; y

(5) combinadas.

Desde este enfoque abogamos igualmente por un enfoque educativo sistémico y multidisciplinar que aglutine los cuatro saberes (saber "saber", saber "hacer", saber "ser", y saber "convivir") y que tenga su reflejo en las competencias reales que se adquieren en el proceso de enseñanza-aprendizaje. La estrategia consiste en identificar/establecer distintos núcleos temáticos de referencia a los que se asocian las competencias, los contenidos, las metodologías, los recursos y la evaluación. En este escenario resulta fundamental estar previstos de un acompañamiento de equipos multidisciplinares de intervención que cooperan en el desarrollo de las acciones educativas y que a su vez aprenden cuando participan en el proceso (familias-docentes-profesionales externos y alumnado) en la etapa de Educación Primaria; en este proyecto se ha puesto el foco de atención en la Energía, la Economía Social, la Economía Circular y el Género desde/para el desarrollo de las competencias STEAM.

A continuación, se detallan los diferentes aportados que conlleva la planificación de las acciones educativas, se hace una pequeña explicación de lo que podría reflejarse en cada apartado si bien se pueden acomodar en base a la experiencia y necesidades de los profesionales participantes y adaptadas a la última legislación educativa.

PLANTILLA PLANIFICACIÓN	
Descripción de la actividad-Intención educativa	El taller de Electrociencia y energía Biofotovoltaica, introduce al alumnado en el mundo de la electricidad y la ciencia detrás de ella, así como su interacción en el proceso de la fotosíntesis de las plantas para la generación de energía. Se realizarán una serie de actividades prácticas y experimentos interactivos para que los participantes puedan explorar y comprender conceptos básicos de la generación eléctrica, la energía y su liberación en el proceso fotosintético. El propósito principal de este taller es brindar al alumnado una introducción accesible al concepto de electricidad, fomentando su interés por la ciencia y la tecnología desde una edad temprana, haciendo énfasis en la sostenibilidad y las energías renovables. Propósitos específicos: Exploración Científica: El taller busca fomentar la curiosidad natural del alumnado y estimular su deseo de explorar y comprender cómo funcionan las cosas en el mundo que les rodea, centrándose en los principios básicos de la electricidad y el proceso fotosintético de las plantas, dando lugar a nuevas fuentes generadoras de energía. Aprendizaje Práctico: A través de experimentos prácticos y actividades interactivas, el alumnado podrá ver en acción los conceptos teóricos de la electricidad y la generación de energía a través de la fotosíntesis en las plantas. Esto les permitirá comprender mejor los conceptos al relacionarlos con experiencias tangibles. Desarrollo de Habilidades Cognitivas: El taller promoverá el pensamiento lógico, la resolución de problemas y la capacidad de seguimiento de instrucciones, ya que el alumnado deberá seguir pasos precisos para realizar experimentos y obtener resultados. Estímulo de Vocaciones Futuras: Al introducir al alumnado conceptos científicos y tecnológicos desde una edad temprana, se busca despertar su interés en campos como la ingeniería, la física y la tecnología, alentándolos a considerar estas áreas como posibles vocaciones en el futuro.
Identificación	Programa: Despertando vocaciones Título de la tarea/módulo: Taller de electrociencia y energía biofotovoltaica
Relación con los elementos del curriculum	
Contribución a los objetivos de etapa de educación primaria	b) Desarrollar hábitos de trabajo individual y de equipo, de esfuerzo y de responsabilidad en el estudio, así como actitudes de confianza en sí mismo, sentido crítico, iniciativa personal, curiosidad, interés, creatividad en el aprendizaje y espíritu emprendedor g) Desarrollar las competencias matemáticas básicas e iniciarse en la resolución de problemas que requieran la realización de operaciones elementales de cálculo, conocimientos geométricos y estimaciones, así como ser capaces de aplicarlos a las situaciones de su vida cotidiana. h) Conocer los aspectos fundamentales de las Ciencias de la Naturaleza, las Ciencias Sociales, la Geografía, la Historia y la Cultura.
Contribución a las competencias clave-perfil de salida	Competencia matemática y competencia en ciencia, tecnología e ingeniería. STEM e) Competencia personal, social y de aprender a aprender g) Competencia emprendedora. CE
Vinculación con los ODS	3 SALUD Y BIENESTAR; 7 ENERGÍA ASEQUIBLE Y NO CONTAMINANTE; 9 INDUSTRIA, INNOVACIÓN E INFRAESTRUCTURA; 12 PRODUCCIÓN Y CONSUMO RESPONSABLES

Competencias específicas	Conocimiento del medio-ciencias sociales 2. Identificar las causas y consecuencias de la intervención humana en el entorno, desde los puntos de vista social, económico, cultural, tecnológico y ambiental, para mejorar la capacidad de afrontar problemas, buscar soluciones y actuar de manera individual y cooperativa en su resolución, y para poner en práctica estilos de vida sostenibles y consecuentes con el respeto, el cuidado y la protección de las personas y del planeta 3. Observar, comprender e interpretar continuidades y cambios del medio social y cultural, analizando relaciones de causalidad, simultaneidad y sucesión, para explicar y valorar las relaciones entre diferentes elementos y acontecimientos. Conocimiento del medio-ciencias naturales 2. Plantear y dar respuesta a cuestiones científicas sencillas, utilizando diferentes técnicas, instrumentos y modelos propios del pensamiento científico, para interpretar y explicar hechos y fenómenos que ocurren en el medio natural, social y cultural. 6. Identificar las causas y consecuencias de la intervención humana en el entorno, desde los puntos de vista social, económico, cultural, tecnológico y ambiental, para mejorar la capacidad de afrontar problemas, buscar soluciones y actuar de manera individual y cooperativa en su resolución, y para poner en práctica estilos de vida sostenibles y consecuentes con el respeto, el cuidado y la protección de las personas y del planeta.
Saberes básicos	Conocimiento del medio-ciencias sociales Responsabilidad ecosocial. Eco- dependencia, interdependencia e interrelación entre personas, sociedades y medio natural. El desarrollo sostenible. La actividad humana sobre el espacio y la explotación de los recursos. La actividad económica y la distribución de la riqueza: desigualdad social y regional en el mundo, en España y en el Principado de Asturias. Los Objetivos de Desarrollo Sostenible. Economía verde. La influencia de los mercados (de bienes, financiero y laboral) en la vida de la ciudadanía. Los agentes económicos y los derechos laborales desde una perspecl va de género. El valor social de los impuestos. Responsabilidad social y ambiental de las empresas. Publicidad, consumo responsable (necesidades y deseos) y derechos del consumidor. Estilos de vida sostenible: los límites del planeta y el agotamiento de recursos. La huella ecológica. Conocimiento del medio-ciencias naturales Iniciación a la actividad científica – Fases de la investigación científica (observación, formulación de preguntas y predicciones, planificación y realización de experimentos, recogida y análisis de información y datos, comunicación de resultados...). – Instrumentos y dispositivos apropiados para realizar observaciones y mediciones precisas de acuerdo con las necesidades de la investigación. – Vocabulario científico básico relacionado con las diferentes investigaciones. – Fomento de la curiosidad, la iniciativa, la constancia y el sentido de la responsabilidad en la realización de las diferentes investigaciones. – La relación entre los avances en matemáticas, ciencia, ingeniería y tecnología para comprender la evolución de la sociedad en el ámbito científico-tecnológico. Materia fuerzas y energía: La energía eléctrica. Fuentes, transformaciones, transferencia y uso en la vida cotidiana. Los circuitos eléctricos y las estructuras robotizadas. – Las formas de energía, las fuentes y las transformaciones. Las fuentes de energías renovables y no renovables y su influencia en la contribución al desarrollo sostenible de la sociedad
Metodología	Combinación de metodologías que faciliten la interacción social, el aprendizaje individual, el trabajo en equipo y que incentiven el espíritu crítico, para preparar al alumnado para resolver problemas o crear soluciones o productos en situaciones de la vida real y con el horizonte de su vida profesional, conectando con la metodología del Aprendizaje Basado en Proyectos (ABP), que permite al alumnado interiorizar los contenidos curriculares por medio de una metodología que desarrolla las capacidades de cada estudiante y fomenta el trabajo cooperativo.

Modalidad	B-learning	Presencial	A distancia (Autoaprendizaje)

		Duración	Agrupamientos	Recursos-Materiales
Actividades, recursos y materiales Agrupamientos	Actividades de detección de conocimientos previos/ Actividades de motivación /Actividades de discusión y debate: Conocimientos previos sobre la electricidad, fuentes de energía, fotosíntesis – Energía Biofotovoltaica	10 min	Gran grupo	Alumnado y moderador-a
	Actividades de información o transmisión de conocimiento: Experimentos a desarrollar en el aula para la utilización de energía biofotovoltaica en nuestro jardín vertical:			
	-Extracción de la clorofila y su luminiscencia en el proceso de la fotosíntesis como reflejo del estado de salud de las plantas en el proceso generador de energía (cómo las plantas generan energía y explicación de la reacción química que se produce cuando las plantas no consumen toda la energía generada para su alimentación)	35 minutos	Grupos de 4/5	Plantas/ vegetales, alcohol, morteros, vasos, filtros, gafas de protección, luz utravioleta
Actividades, recursos y materiales Agrupamientos	Experimento de la pila de volta. Cómo fue creada la primera batería, denominada pila de volta, para sentar las bases que aplicaremos posteriormente en la extracción de la energía Biofotovoltaica.	25 minutos	Grupos de 4/5	Cobre, zinc, cables, pinzas cocodrilo, caja soporte, electrolito, led
	Cómo podemos relacionar el primer experimento con el segundo. Hacerles reflexionar para pasar al tercer experimento:	5-10 minutos	Todo el alumnado	
	Experimento para la obtención de energía biofotovoltaica de la tierra.	40 minutos	Grupos máximo 10	16 vasos de yogurt por equipo, tierra vegetal, plantas, cobre, cables, tornillos zinc, pinzas cocodrilo, led.
	Actividades de evaluación Puesta en común de forma oral de la obtención de fuentes de energía alternativa e innovadoras que han conocido o sobre las que han ampliado conocimientos. Tormenta de ideas, para posibles ideas o aplicaciones alternativas que se les puedan ocurrir de cara a realizar su proyecto de emprendimiento. Elaboración de panel o mural colaborativo con las ideas.	10 minutos	Gran grupo	Pizarra, posit, fichas.
	Actividades de ampliación Podemos seguir trabajando este proyecto en el aula con diferentes electrolitos, y dejarlos investigar, por ejemplo, con patatas, con limones, probando con elementos conductores y no conductores de la corriente.	60-120 minutos	Grupos heterogéneos	Reutilización de los materiales, con otros catalizadores.
Temporalización	1 sesión de 1 h 25 minutos			
Evaluación Observaciones Anécdotas	Cuaderno de observación, anecdotario Encuesta de satisfacción a profesorado y alumnado, online			
Recomendaciones para la práctica	Se recomienda ir entregando los materiales al alumnado según se vayan necesitando de acuerdo a las explicaciones, para evitar la pérdida o extravío de piezas o elementos. Se recomienda tener un ordenador y un proyector encendido previamente y comprobado que lo que queramos proyectar funciona. Es preferible que el alumnado ya esté dispuesto en el aula y preparado para la sesión. El profesorado del aula deberá estar presente durante el desarrollo de la sesión.			

Criterios para desarrollar las actividades

Figura 6.4 Alumnado desarrollando un mural colectivamente.

Aconsejamos realizar actividades iniciales /de Base Competencial/ "Diagnóstico" para establecer líneas base sobre los conocimientos previos, sus experiencias, sus expectativas, sus necesidades y sus motivaciones. La intención es conectar los nuevos contenidos de aprendizaje con la situación real del alumnado, con sus intereses, con sus necesidades y con sus expectativas para fomentar un aprendizaje significativo que posteriormente será compartido en las redes de manera síncrona y asíncrona, lo que nos lleva al paradigma conectivista del aprendizaje. También nos parece importante utilizar datos del mundo real y virtual fiables a los que puede tener acceso los/as diferentes agentes implicados/as. A través de estas conexiones se pretenden establecer vías de colaboración y de encuentro para alcanzar los objetivos detallados en la actividad y alineados a las necesidades del mundo emergente más digital y conectado.

Cuando realicemos actividades más complejas e integrales se requiere secuenciar varias tareas con el fin de conseguir el/los objetivo/s marcado/s en la misma. Ejemplo de tarea:

Tarea: Motivación (por qué es importante tratar la actividad)

Tarea: Búsqueda de información de lo que significa el concepto STEAM

Tarea: Organización e identificación de componentes

Tarea: Análisis de contenido (descripción, comparación, inferencia, reflexión...)

Tarea: Presentación y debate de resultados

Tarea: Difusión pública, presencial o en red, de las conclusiones

Consejos fruto de la experiencia:

- El aprendizaje entre pares e intercentros motivan al alumnado, al profesorado y a las familias, cuando se plantean como metodologías de aprendizaje que favorecen el desarrollo de competencias necesarias en el futuro.
- El interés espontáneo se potencia a través de las tareas de experimentación e investigación vinculadas a la actividad planteada o a los intereses y expectativas de los participantes.
- Las actividades se enriquecen cuando se exploran las posibilidades que ofrece el espacio presencial y virtual de manera secuencial o simultánea. En diferentes ocasiones hemos sido testigos de las oportunidades que ofrece la digitalización para conectarnos con cualquier parte del mundo para conocer lo que se opina por parte de otras personas, instituciones y comunidades sobre los contenidos que se plantean en las programaciones.
- El trabajo multidisciplinar enriquece el conocimiento entre los agentes educativos (amplía las perspectivas y abre vías de colaboración entre múltiples
- agentes educativos como docentes, orientadores/as, familias, ayuntamiento, asociaciones, etc.).
- Las motivaciones propias del alumnado en estas edades les permiten aproximarse a los conocimientos científicos y profesiones del futuro, fomentando su interés y curiosidad hacia los fenómenos sociales

y medioambientales que contribuyen para aproximarles a la mentalidad científica y sus métodos, así como visualizar las diferencias de género que se han ido estableciendo en el tiempo y que deben corregirse.

- Las actividades sistemáticas (observaciones sobre el clima, temperaturas, tiempos...) a través de su registro en gráficas les aproxima a distintas profesiones y les hace conscientes del cambio climático y sobre la necesidad de actuar.

- Las actividades en equipo (murales, puzles, bola de nieve, cerámica, barro, etc.) mejoran colaboración y los equipos se fortalecen cuando se distribuyen tareas y responsabilidades de manera creativa, coherente y educativa.

- La metodología de las actividades fortalece las competencias que hay coherencia entre lo que se dice y lo que se hace. La observación, el análisis, la interpretación, la indagación, la crítica, el compromiso o las emociones deben estar presentes en las diferentes actividades.

- Las historias de vida de personas de diferentes edades (adultos/as, jóvenes estudiantes de universidad, alumnado de formación profesional, padres, madres, abuelos, abuelas, profesionales...) son inspiradoras y abren múltiples posibilidades para despertar el interés y para desarrollar actividades intergeneracionales.

- Los análisis documentales sobre temas de interés en prensa, radio, televisión, en redes sociales... con proyección institucional, comunitaria, local, nacional o internacional incrementan la motivación y el interés para el desarrollo de actividades.

- Los juegos y videojuegos relacionándolo con la materia de estudio (videojuego del mundo circular donde el alumnado se adentra en los retos de la economía circular; videojuego que explica las diferentes energías verdes que se pueden generar; videojuego de creación de cooperativas; videojuego relacionado con el autoconocimiento-mundo talento, o la exploración de las posibilidades que ofrece el Metaverso...) despiertan el interés, la motivación y la creatividad de las personas participantes.

- La evaluación continua aporta datos e información de interés en todas las fases del proceso y permite compartir información con los diferentes equipos y grupos participantes. También permite gestionar el tipo de ayudas según sus competencias específicas, transversales y sistémicas.

- La metaevaluación final permite relacionar los diagnósticos, los procesos, los resultados y el impacto por lo que es una fuente de aprendizaje para incorporar mejoras en futuros proyectos. Nota: La taxonomía de Bloom digital es un recurso de ayuda para describir correctamente objetivos, competencias y criterios de evaluación.

Figura 6.15. Imágenes del video juego Mundo Circular

6.9. DISEÑO DEL PROCESO DE IMPLEMENTACIÓN E INVESTIGACIÓN ACCIÓN

A través del "Diseño de Investigación" se intenta establecer una relación entre la fase pre-activa en su conjunto (Diseño Educativo y Diseño de Instrucción) y los efectos que ha tenido en el aula o en los espacios presenciales y virtuales en los que se han desarrollado las actividades. Las personas que hayan participado en los diseños previos, así como los que han participado en el proceso de implementación pueden recorrer constantemente el camino entre la teoría, la práctica y su impacto. Comprender e interpretar la compleja realidad educativa no es sencilla de ahí que en este caso también se tienen que tomar decisiones sobre los elementos que se van a utilizar ya que son muchos y variados.

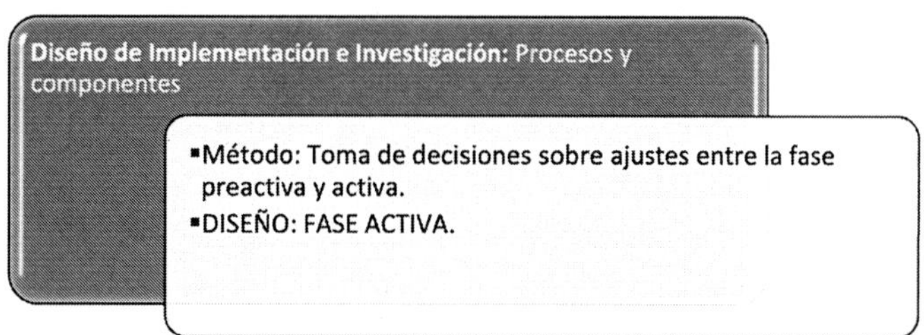

Figura 6.16. Diseño de investigación en el proceso de planificación.

A este respecto y como punto de partida aconsejamos hacer un diagnóstico que nos permita establecer una línea base que nos pueda servir de comparación posterior.

El análisis se puede hacer sobre:

- los elementos físicos (instalaciones, herramientas, conocimientos previos, saber hacer...),
- los elementos humanos (perfiles de profesores/as, de estudiantes, de profesionales, de asesores/as, de usuarios...),
- la tecnología (proyectos educativos, proyectos curriculares, memorias...),
- la financiación, los recursos disponibles, las visiones, las estrategias, las expectativas de los promotores y las actitudes de confianza y colaboración necesarias para integrar las distintas culturas...

Otras herramientas que pueden utilizarse en esta fase se presentan a continuación.

- Registro de observaciones. En cada una de las actividades se deben realizar comentarios a partir de lo que se haya observado en la práctica. Esta interpretación personal de lo que ha ocurrido positivo y negativo, así como de incidentes no previstas nos permitirán ir ajustando y mejorando los diseños educativos e instructivos, así como determinar el grado de coherencia entre lo planificado y lo implementado.
- Cuestionarios. Se utilizarán para recoger información sobre los diseños educativos, de instrucción, de investigación y de transferencia. Se aplican a las clases, a la institución, a la comunidad, a los/as profesionales...
- Entrevistas. Se utilizarán cuando se quieran recoger informaciones en profundidad sobre cuestiones específicas a profesionales, alumnado, familias...
- Grupos de discusión. Se utiliza este recurso para contrastar opiniones sobre temas que se consideren de interés o para poner en común los resultados obtenidos.
- Grabaciones y fotografías. Las que se hayan considerado oportunas, se pueden utilizar como ejemplo de procedimientos a seguir, para detectar nuevas oportunidades, para corregir errores, para disponer de evidencias, ...

- Informe personal individual. Lo realiza cada profesional participante en base las observaciones que haya realizado y a los datos que haya recogido en las tutorías, en la evaluación de las diferentes actividades...
- Informe de síntesis. Se realiza en una puesta en común con las personas y profesionales que se decida. En esta reunión se ponen en común los informes personales individuales y se hace un informe donde se recojan todas aquellas iniciativas y propuestas que se determinen para tener en cuenta en los siguientes proyectos.

6.10 DISEÑO DEL PROCESO DE MEJORA CONTINUA Y DE LA COMUNICACIÓN

La forma en que diseñamos las propuestas de mejora lo relacionamos con la forma en que entendemos la generación de conocimiento y la forma en que lo comunicamos. A este respecto entendemos que dentro del proceso de planificación tenemos que tener prevista una fase post-activa donde desarrollamos propuestas de mejora a partir de todas las aportaciones recogidas a los informes personales que se han elaborado en el desarrollo de las diferentes actividades, de los datos generados por las entrevistas, los cuestionarios, las entrevistas, los grupos de investigación, las actividades elaboradoras, las competencias recogidas en los criterios de evaluación, las actividades de acción tutorial desarrolladas, ... (Álvarez-Arregui, 2017).

Estas informaciones serán presentadas de manera individual por las personas participantes en las reuniones (presenciales y virtuales) que se determinen. Estas aportaciones servirán como memoria y como metaevaluación que podrá ser compartida de manera parcial o total en las redes, así como con aquellas evidencias que se consideren oportunas. Desde esta apertura a la comunidad se mostrará la transparencia en los procesos y se animará a las personas de la comunidad y de manera abierta si se considera pertinente para recoger las aportaciones finales. Este procedimiento tiene como objeto incorporar mejoras, implicar a la comunidad, animar a otras instituciones educativas a trabajar en otra dirección, hacer públicas formas de trabajar en colaboración que sirvan de estímulo a otros/as profesionales e instituciones.

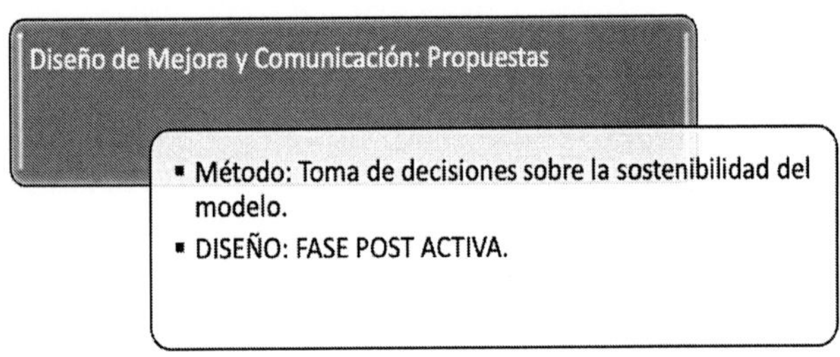

Figura 6.17. Diseño de Mejora y Comunicación.

En definitiva, nuestro planteamiento es hacer visible a la comunidad educativa global evidencias de como abordamos temas educativos relevantes que están asociados a problemas globales y locales caso del deterioro del medio ambiente, el cambio climático, el desarrollo sostenible, la escasez de fuentes de energía clásicas, los problemas derivados de la sequía, la violencia o las brechas de género. Este modelo de colaboración abierta nos permitirá abrir nuevas alianzas y seguir mejorando en el día a día.

Hemos querido hacer esta aclaración porque tradicionalmente se identificaba con la comunicación y la transferencia educativa, instructiva, afectiva y emocional que se daba entre el profesor y el alumnado o entre el alumnado. Esta posición nos parece adecuada pero el actual desarrollo tecnológico nos permite ampliar exponencialmente este proceso de comunicación ya que tenemos la oportunidad de amplificar el valor educativo y formativo de nuestros proyectos además de abrir oportunidades para adaptarnos a nuevas situaciones lo que puede beneficiar a muchas más personas e instituciones.

Somos conscientes de que, en el campo educativo, la transferencia puede ser nula, positiva o negativa, según que el ejercicio de una función no tenga repercusión sobre otras, su influjo sea favorable o le sea perjudicial. Como es lógico nuestra intención es generar nuevas visiones que promuevan proyectos y aprendizajes utilizando estos u otros componentes y procesos. Estamos convencidos/as de que el aprendizaje educativo está fuertemente influido por este fenómeno porque desde su universalización se enriquecen los modelos, los métodos, las capacidades y las actitudes de los/as educadores/as.

Con relación a este bloque en particular y a los proyectos que desarrollamos actualmente tanto desde la Economía Social, como desde la Universidad, como de los Centros Públicos y Centros Concertados - Cooperativas con las que trabajamos lo que intentamos es eliminar cualquier sospecha negativa de nuestros intereses y lo que ponemos en valor en todo momento la necesidad que tenemos de aprender a colaborar si queremos mejorar la educación, la calidad de vida de las personas y participar en la mejora del medio ambiente.

Estamos convencidos/as de que los cambios educativos efectivos se producen cuando diversos grupos o redes de profesionales se unen para afrontar las situaciones problemáticas les dan respuestas en la práctica y se comparte este impacto a través de evidencias y abriendo vías para la colaboración y el trabajo conjunto. A este respecto somos conscientes de la alta competitividad que se ha ido integrando en nuestra sociedad lo que ha incrementado los recelos sobre los/as "otros/as" lo que a la larga nos hace menos competentes porque limitamos las posibilidades de desarrollo y nos encerramos cada vez más en nuestro espacio. En nuestro caso, la tendencia es la contraria y como promotores de una Economía y una Educación Social nos postulamos a favor de crear estructuras de aprendizaje cooperativo generalizadas.

6.11 DECÁLOGO DE PROPUESTAS A MANERA DE CONCLUSIONES

Los procesos de toma de decisiones asociados a este ecosistema que hemos ido presentado en su fundamentación, componentes, elementos y desarrollos prácticos están impregnados por valores. En el modelo que se ha presentado hacemos múltiples referencias a estas cuestiones, ese es el caso de las ciudades educadoras, el Índice para la Inclusión, la Economía Circular, la Energía Circula o los Objetivos de la Agenda 2030 para el Desarrollo Sostenible. En este contexto queremos desarrollar un decálogo de propuestas para cerrar esta guía que no son más que los PRINCIPIOS ORGANIZATIVOS que orientan los Ecosistemas Educativos, Creativos, Emprendedores y Sostenibles (ECOECES) (Álvarez-Arregui, 2021), a saber:

- PRIMER PUNTO. Una visión y unos valores compartidos. En un ECOECES se tiene que consensuar y compartir una visión que integre las diferentes subculturas profesionales y que sea coherente con unos objetivos comunes, beneficiosos para todas las personas.

- SEGUNDO PUNTO. Un liderazgo distribuido. En un ECOECES las personas concurrentes deben tener oportunidades de desarrollo personal y profesional por lo que debe potenciarse su capacidad de liderazgo y de autogestión, de trabajo en equipos multidisciplinares, de desarrollo de proyectos creativos, de comunicación de iniciativas orientadas a la mejora del aprendizaje y de un mejor desempeño de las funciones asignadas a su puesto de trabajo.

- TERCER PUNTO. Un aprendizaje individual, colectivo, organizativo y abierto. En un ECOECES se deben identificar las potencialidades de las personas, de los equipos y de la organización para ampliar las sinergias internas y externas. Es importante detectar qué necesitan, qué quieren aprender, en qué tienen que formarse y cómo deben de hacerlo para generar, compartir y gestionar conocimiento. El conductismo, el cognitivismo, el constructivismo y el conectivismo se consideran visiones complementarias del aprendizaje de ahí que se utilicen unas u otras en función de los objetivos de los proyectos que se promuevan.

- CUARTO PUNTO. Una orientación de los procesos hacia los Objetivos de Desarrollo Sostenible (ODS). En un ECOECES la práctica profesional deja de ser privada para pasar a ser de dominio público. Las observaciones, los registros, los grupos de discusión, los foros, los documentos, los protocolos y la experiencia serán algunos elementos que se utilizarán para compartir, para reflexionar y para mejorar la práctica, lo que avala un aprendizaje colaborativo, motivador, abierto y transformador.

- QUINTO PUNTO. Una promoción de la confianza, el respeto, la negociación y el apoyo mutuo como base de los sistemas de relaciones. En un ECOECES todas las personas deben sentirse apoyadas, valoradas e integradas, ya que se genera confianza y se asumen compromisos con los proyectos y los procesos de mejora que se promuevan.

- SEXTO PUNTO. Una proyección exterior a través de redes y alianzas interinstitucionales para compartir e intercambiar información y conocimientos. En un ECOECES se favorece la intra, la inter y la transdisciplinariedad, promoviendo sistemas de relaciones que transcienden los límites de los equipos, de los proyectos y de la organización.

- SÉPTIMO PUNTO. Un compromiso y una corresponsabilidad personal y social con el entorno. En un ECOECES se asumen compromisos con las personas (físicas y jurídicas) y el entorno. Se valora que se afronten riesgos cuando se promueven iniciativas y se diluye el temor a sufrir críticas ante los errores, ya que se convierten en fuente de aprendizaje.

- OCTAVO PUNTO. Un currículum pluridisciplinar que tenga en cuenta las aportaciones derivadas de la Neurociencia, el Diseño Universidad de Aprendizaje (DUA), las Ciudades Educadoras, la Economía Circular, la Economía Social, la Energía Sostenible y las Brechas de Género. En un ECOECES se favorecerá un aprendizaje accesible y abierto para todas las personas, a cualquier edad y en cualquier lugar prestando especial atención a los colectivos más vulnerables.

- NOVENO PUNTO. Una colaboración abierta entre las personas e instituciones participantes en el entorno que se determine. En un ECOECES se alinean los componentes físicos/tecnológicos - estructurales, económicos, espaciales, temporales y materiales – y humanos – conceptuales, procedimentales, actitudinales, emocionales y culturales - para desarrollar un sistema de aprendizaje fundamentado que beneficie a todas las personas.

- DÉCIMO PUNTO. Una propuesta de aprendizaje que aboga por una metodología híbrida. En un ECOECES se favorecen las posiciones sistémicas por lo que se huye de posiciones reduccionistas cuando tomamos decisiones sobre el diseño educativo y curricular de ahí que nos posicionemos ante los peligros que se detectan en algunos ecosistemas que se acaban desviando en exceso hacia e-learning. Este enfoque nos sitúa en una posición híbrida donde aprovechamos las potencialidades que nos brinda la presencialidad y la semipresencialidad en sus múltiples combinaciones (estableciendo equipos de arriba-abajo, de abajo-arriba, lateral, transversal y sistémicamente) y el potencial del mundo virtual estimulado por un desarrollo tecnológico que no tiene precedentes.

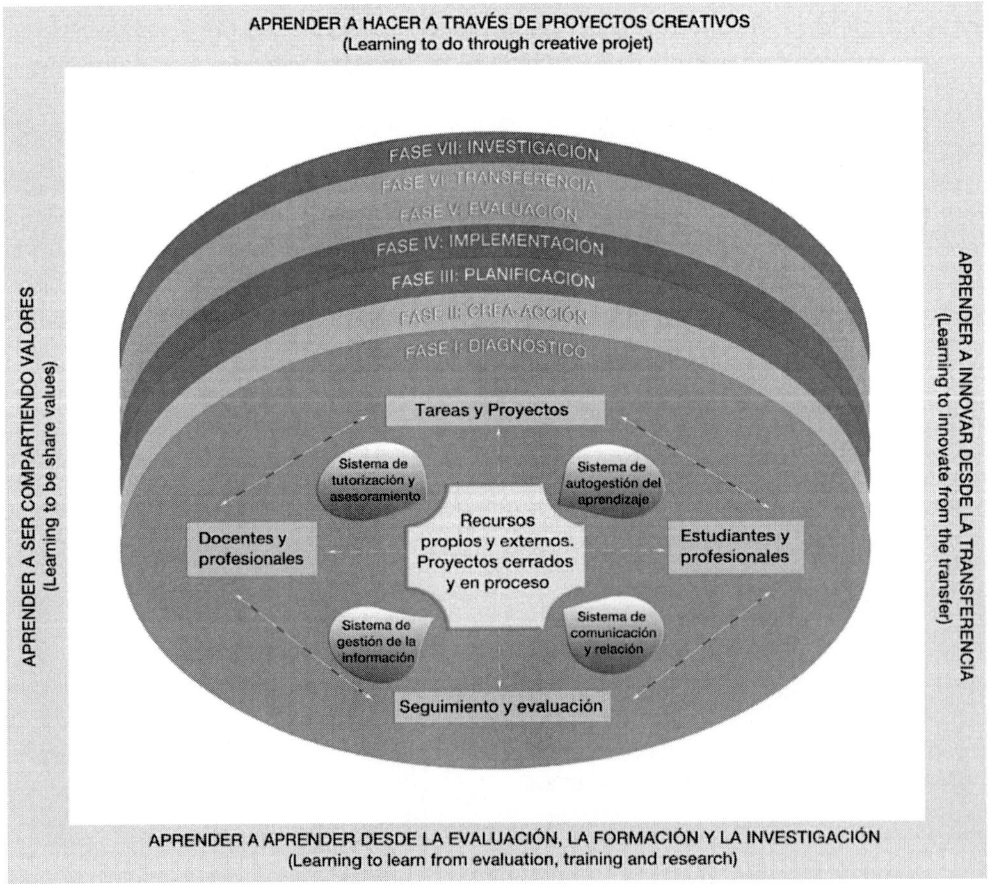

Figura 6.18. Fases y contexto de aprendizaje de un EDUECES

Atendiendo a este decálogo de principios incorporamos en los procesos de planificación sistemas versátiles (de orientación, de tutorización, de asesoramiento, de autogestión del aprendizaje, de gestión de datos, información, conocimiento y saber...), así como paquetes de actividades que tienen diferentes niveles de dificultad que desarrollamos con recursos propios y ajenos promocionando una Formación Dual donde participan y colaboran la academia (universidad, centros de investigación, centros educativos, centros de formación profesional...) la empresa (corporaciones, cooperativas, spin-off, start-ups, empresas clientes...), el entorno político social (administraciones internacionales, nacionales, autonómicas y locales, sindicatos...) y el sector plural (organismos internacionales, fundaciones, asociaciones, organizaciones no gubernamentales...).

En este contexto aprendemos a conocernos, a generar sintonías y a alinear contenidos curriculares (conceptos, procesos y actitudes) desde una visión dual lo que nos permite ir diversificando y diferenciando (Álvarez-Arregui y Arreguit, 2018; 2019; 2020, 2021, 2022; Álvarez-Arregui y Rodríguez-Fernández, 2023). En cualquier caso el positivo impacto que estamos teniendo a través del Proyecto Despertando Vocaciones es importante porque además de los objetivos que se plantean en los proyectos se ratifica sistemáticamente que aprendemos a conocernos comunicándonos y colaborando; que aprendemos a hacer explorando, imitando y protocolizando; que aprendemos a innovar cuando cubrimos necesidades, demandas y expectativas reales de los/las usuarios/as; que aprendemos a aprender cuando incorporamos metodologías adaptadas a nuestras formas de hacer como la clase invertida, el aprendizaje basado en retos, el aprendizaje basado en problemas o el aprendizaje por servicio; que aprendemos a transferir cuando utilizamos estrategias de gamificación para difundir los diseños y los resultados; y que aprendemos a evolucionar cuando vamos entendiendo el cambio, lo asumimos y lo aceptamos como una constante de nuestra realidad cotidiana (Álvarez-Arregui y otros, 2020, 2021, 2022).

En último término, cuando co-construimos un EDUECES se toman las decisiones atendiendo a las oportunidades de aprendizaje compartido que se generan en todas las fases de ahí que hablemos de co-diagnóstico, co-cre-acción, co-planificación, co-implementación, co-evaluación, co-transferencia, co-investigación y co-responsabilidad. Su potencial se incrementa continuamente porque el sistema que sustenta el modelo es capaz de descubrir nuevas ideas, de integrarlas y de transformarlas situacionalmente en función de los objetivos que se pretendan conseguir. Este enfoque es muy relevante porque conlleva un aprendizaje personal, profesional, institucional y comunitario continuado lo que le permite ir superando las limitaciones de otras modelos organizativas más rígidos, reduccionistas y burocráticos.

La alineación de recursos científicos, tecnológicos, humanos y medioambientales unido a la motivación que se ha ido generando entre las personas participantes ha agregado un valor añadido que se traduce en un alto grado de satisfacción de los diferentes colectivos participantes que se traduce en continuos apoyos para seguir desarrollando y generalizando el Proyecto Despertar Vocaciones en un mayor número de comunidades educativas.

6.12. REFLEXIONES Y RECOMENDACIONES QUE ABREN VÍAS DE FUTURO

Europa se enfrenta a un momento de transformación que no tiene precedentes. La crisis socioeconómica ha puesto de relieve las debilidades políticas, estructurales y culturales en la UE y esto debe servirnos de aprendizaje para poder afrontar el futuro con garantías de éxito si actuamos colectivamente.

Las estrategias de futuro que se están planteando pueden ayudarnos a salir fortalecidos si conseguimos generar una economía inteligente, sostenible e integradora que nos haga recuperar niveles de empleo, de productividad y de cohesión social. Los grandes retos en materia de investigación, educación, innovación y empleo en Europa pasan por favorecer la creatividad, la colaboración y el espíritu emprendedor para convertirlos en pilares básicos de nuestra sociedad. En este contexto, nuestras instituciones educativas deben crear y atraer talento buscando la excelencia, adaptándose a un entorno complejo.

Los políticos y los gestores de las universidades tienen que ser conscientes que las leyes, los reglamentos, los convenios, las directrices europeas... no van a producir el cambio por si solos. El marco normativo hace tiempo que contempla los valores e ideales necesarios para adoptar el cambio de enfoque pero, sin embargo, no se ha producido. El problema es que los países en la UE acomodan sus legislaciones en base a los referentes marco y las instituciones educativas se adaptan a ellos promoviendo unos planes estratégicos que no cristalizan dada la alta desafección de los profesionales encargados de promoverlos y la baja identificación de los docentes con las propuestas institucionales.

Los discursos demagógicos sobre la bondad de las Estrategias que se quieren y/o se deben desplegar en las instituciones educativas deben traducirse en proyectos de intervención viables, compartidos y sostenibles atentos a las demandas de la sociedad y del medio ambiente. No se puede seguir hablando sobre lo que tienen que hacer los demás, exigir a los profesores, exigir al personal de servicios, exigir a los alumnos... y desplazar la responsabilidad de las decisiones que se adoptan desde los entornos políticos.

Los administradores de lo educativo no pueden seguir esperando a ver lo que ocurre o posicionarse constantemente en contra ante las propuestas reformistas que van emergiendo por parte de otros colectivos. La parálisis o la crítica generalizada puede ser demoledora, deben tomarse decisiones comprometidas, corresponsables y fundamentadas; de no ser así, las problemáticas irán en aumento, más si el discurso sobre el cambio sigue siendo uniforme, débil, impuesto o descontextualizado.

El momento actual, aunque difícil, puede ser interesante para ayudarnos a mejorar si somos capaces de aprovechar las sinergias ecosistémicas que se están produciendo dentro y fuera de las instituciones educativas. A este respecto consideramos clave dar los primeros pasos en el desarrollo de estrategias y proyectos que vayan más allá de las propuestas académicas e investigadoras habituales y orientar los esfuerzos en la promoción de organizaciones que aprenden, emprenden y tienen vocación de excelencia, ya que está metáfora refleja la posibilidad de transformar los problemas en oportunidades para el crecimiento de las personas, de las instituciones, de las comunidades, del entorno próximo, de la Union Europea y por extensión a todo el Planeta.

Atendiendo a este enfoque planteamos algunas recomendaciones finales para *las instituciones educativas que quieran transitar hacia las organizaciones que aprenden y emprenden con vocación de excelencia, a saber:*

- *Las organizaciones deben adoptar una perspectiva sistémica, hacer partícipes a las personas en la construcción de la estrategia (strategizing) y tener presentes las aportaciones de autores que ya exploraron estos campos* (Doyle, 1977; Bronfenbrenner, 1987; Tikunoff, 1979; Bunge, 1980; Bertalanffy, 1982; Gimeno Sacristán, 1988; De la Torre, 1998; Habermas, 1987; Álvarez-Arregui, 2002, 2008, 2010, 2017, 2018, 2019, 2020, 2021, 2022, 2023; y Álvarez-Arregui y Rodríguez-Martín, 2011, 2012, 2013, 2014, 2015).

- *Las organizaciones deben valorar la gobernanza como un referente fundamental por lo que la gestión de estas instituciones pasa por reconocer que la información y el conocimiento que generan se mueve en la complejidad; de ahí que las personas que ejercen tareas de dirección, liderazgo y coordinación deben ser capaces de relacionar, contextualizar y globalizar de manera secuencial y simultánea en distintos planos.*

- *Las organizaciones deben saber que, bajo este enfoque, cada institución es en sí misma es un contexto de innovación y cualquier persona que participe en la misma puede convertirse en un agente de cambio.*

- *Las organizaciones deben prever que, cuando los agentes educativos encargados de desarrollar las estrategias no visualizan que participan de la misma, serán ellos mismos los que demandarán los cambios en la gestión institucional, en la participación de la gestación de la estructura, en la búsqueda de la financiación necesaria, en los modelos de contratación o en las metodologías a utilizar...*

- *Las organizaciones deben recordar a los gestores y a sus equipos que tienen unas funciones definidas en el marco legislativo que están claramente vinculadas al desarrollo de sus instituciones y del personal desde las políticas que promueven y el liderazgo que ejercen.*

- *Las organizaciones deben ser conscientes que su capacidad de influencia está asociada a la utilización de los recursos (dinero, información, materiales, espacios, tiempos...); su posición en los organigramas funcionales; su carisma (rasgos físicos, relacionales o comunicativos); los valores que transmiten (credibilidad, qué dicen y qué hacen); su capacitación (trayectoria en gestión, docencia e investigación); la ocasión de intervenir (sobre la base de los respaldos obtenidos en su acceso a los cargos); los factores asociados al liderazgo educativo transformacional delegado (consideración individual, estimulación intelectual, delegación de liderazgo, proyección institucional y orientación comunitaria) y la ética (mejorar la calidad de vida de las personas implicadas).*

- *Las organizaciones deben aprovechar los recursos que proporciona el liderazgo institucional para establecer estrategias, indicar prioridades y aglutinar esfuerzos en torno a metas orientadas por valores donde se procure la satisfacción y el crecimiento personal, académico y profesional de las personas.*

- *Las organizaciones deben asociar el conocimiento organizativo con la evaluación (diagnóstico, de procesos, de resultados, del impacto) y su repercusión será mayor si se presentan informes e informaciones periódicamente a la sociedad y a las autoridades, pero también si se redistribuye en la organización y se orienta hacia la mejora de las disfunciones detectadas, al fortalecimiento de sus puntos fuertes y al apoyo de nuevas iniciativas. Adoptar esta actitud generará confianza en las personas y en los procesos lo que favorecerá la comunicación, la extensión del liderazgo, la coordinación y la construcción de una visión conjunta que irá asentando una cultura organizativa institucional favorable el aprendizaje continuado, el cambio y la mejora.*

- *Las organizaciones si adoptan los procesos descritos abren la posibilidad de gestionar el cambio desde un proceso de aprendizaje continuo, donde los implicados participan en el desarrollo de las estrategias de forma que la acción cultural de los promotores se oriente hacia la integración de las diferentes subculturas para que no se produzcan quiebras irrecuperables entre ellas, generando enfrentamientos en vez de colaboración. Este enfoque debe comunicarse en diferentes momentos para sensibilizar a la comunidad de arriba-abajo, de abajo–arriba y horizontalmente si se quieren aunar esfuerzos y fortalecer las iniciativas de cambio.*

- *Las organizaciones deben de saber que bajo este enfoque irán superando la estructura celular de sus instituciones, se fortalecerán las líneas intermedias de coordinación, se potenciará un liderazgo más pedagógico, transformacional y delegado, y se establecerán puentes más sólidos para caminar hacia la intradisciplinariedad, la interdisciplinariedad, la transdisciplinariedad, la interdepartamentalidad y la interinstitucionalidad.*

La experiencia nos indica que, ante una realidad compleja por multidimensional, las soluciones simples, excluyentes o generalizables ya no son viables (Hargreaves y Shirley, 2009). Estamos de acuerdo con los postulados que se apoyan desde la Unión Europea a través de la Estrategia Europa 2030, así como de las distintas iniciativas que se están desarrollando para implementar los principios que la orientan ya que estamos convencidos que, a través de ellos, se irán generando nuevas visiones, nuevas misiones y nuevas estrategias en las que cada vez participarán un mayor número de ciudadanos y desde las que iremos superando muchas de las limitaciones actuales y nos proyectaremos al futuro con mayores garantías de éxito.

Compartimos aquellas iniciativas que aconsejan profundizar en el pluralismo estructural superando las limitaciones derivadas de los modelos burocráticos, competitivos y estandarizados e ir integrando lo mejor de lo público, lo privado y el voluntariado a través de una mirada ecoformadora, transdisciplinar, emprendedora e inclusiva. La excelencia tendremos que construirla entre todos y para todas las personas creando vínculos interactivos desde las instituciones socioeducativas entre el entorno natural, social, empresarial, político, tecnológico y académico.

6.13 TRANSFERENCIA

Actividad 1.1 Entrevista con una persona experta.

En esta actividad, se selecciona un experto en educación, gestión educativa o innovación en el ámbito socioeducativo para llevar a cabo una entrevista de audio.

Pasos:

Selección del Experto: El alumnado identificará y seleccionará a un experto en educación, preferiblemente alguien con experiencia en la adaptación de instituciones socioeducativas a las demandas cambiantes de la sociedad; no será un profesor universitario.

Preparación de Preguntas: El alumnado preparará una lista de preguntas relacionadas con temas tratados en el módulo como la adaptación de instituciones, desafíos y oportunidades actuales en la educación, y la influencia de los cambios en el entorno en la educación.

Entrevista de Audio: Realizarán una entrevista de audio con el experto, grabando las respuestas a sus preguntas.

Presentación en Grupos: Los estudiantes se dividirán en grupos pequeños, y cada grupo presentará su entrevista de audio a sus compañeros.

Discusión y Reflexión: Después de cada presentación, se llevará a cabo una discusión en grupo sobre los aspectos destacados de la entrevista y las reflexiones que surgen a partir de la conversación con el experto.

Actividad 1.2. Entrevista a un Miembro de la Comunidad Educativa:

En lugar de entrevistar a un profesional de la educación, selecciona a un miembro de la comunidad educativa, como un padre, madre, o incluso un estudiantado.

La entrevista debe centrarse en su perspectiva sobre cómo han experimentado los cambios en las aulas, la gestión escolar, las relaciones con la comunidad, los conflictos, la formación del profesorado, los recursos disponibles, la evaluación, la acción tutorial y el impacto de las redes sociales en el contexto educativo.

Los estudiantes pueden preparar preguntas relevantes y grabar la entrevista en formato de audio.

Luego, pueden presentar el audio en clase, seguido de una discusión sobre las perspectivas y experiencias compartidas por el miembro de la comunidad educativa entrevistado.

Actividad 2: Podcast sobre Innovación en Educación

En esta actividad, el alumnado se dividirá en grupos para crear episodios de podcast relacionados con la innovación en la organización y gestión de organizaciones socioeducativas.

Pasos:

División en Grupos: Los estudiantes se dividirán en grupos pequeños.

Selección del Tema: Cada grupo elegirá un aspecto específico del módulo para enfocarse, como la adaptación de las instituciones; el modelo EDUACES o el impacto de la inteligencia artificial, las aulas, la gestión escolar y social, las relaciones con las familias, la resolución de conflictos, la formación del profesorado, los recursos, la evaluación, la acción tutorial o el impacto de las redes sociales.

Grabación del Episodio de Podcast: Cada grupo grabará su episodio de podcast, discutiendo ejemplos, experiencias y reflexiones relacionadas con el tema que eligieron.

Presentación de los Podcasts: Al finalizar, se organizará una sesión donde se presentarán los podcasts a todo el grupo.

Discusión en Grupo: Después de cada presentación, se llevará a cabo una discusión en grupo sobre los diferentes enfoques y conclusiones presentados en cada episodio de podcast.

Al integrar estas dos actividades, los estudiantes pueden obtener una comprensión más completa de la gestión educativa y la adaptación de las instituciones socioeducativas a través de perspectivas de expertos y experiencias relacionadas con la innovación en la educación. Además, la discusión posterior aportará una oportunidad valiosa para compartir ideas y reflexiones en un entorno colaborativo.

6.14 REFERENCIAS BIBLIOGRÁFICAS

ÁLVAREZ-ARREGUI, E. (2002). *Acción directiva y cultura escolar. Influencia del liderazgo en el desarrollo institucional de los centros educativos.* Servicio de Publicaciones de la Universidad de Oviedo.

ÁLVAREZ-ARREGUI, E. (2008). *El EEES desde una perspectiva de cambio. Nuevas bases para el diseño de los Planes de Estudio en el EEES y su incidencia en el Sistema Educativo. Ecoformación, Transdisciplinariedad e Interculturalidad.* Universidad Complutense.

ÁLVAREZ-ARREGUI, E. (2010). La Universidad desde una perspectiva de cambio: En busca de la excelencia. *I Congresso Ibero-Brasileiro*. Elvás.

ÁLVAREZ-ARREGUI, E. (2010a). La universidad ante la excelencia: Posibilidades y límites en períodos de incertidumbre. *XI Congreso Internacional de Instituciones Educativas*. Universidad de Castilla-La Mancha.

ÁLVAREZ-ARREGUI, E. (2010b). La Universidad desde una perspectiva de cambio: En busca de la excelencia. *I Congresso Ibero-Brasileiro*. Elvas, Mérida, España.

ÁLVAREZ-ARREGUI, E. (2010c). La universidad desde una perspectiva de cambio: Reconstruyendo espacios de desarrollo profesional en momentos de incertidumbre. *I Congreso Internacional: reinventar la profesión docente*. Málaga: España.

ÁLVAREZ-ARREGUI, E. (2017). *Proyecto Docente de Organización Escolar*. Inédito.

ÁLVAREZ-ARREGUI, E. (2019). Evolución de la Universidad en la Sociedad del Aprendizaje y la Enseñanza. El valor de las competencias en el desarrollo profesional y personal (The evolution of the University in the Learning and Teaching Society. The value of skills in professional and personal development). *Aula Abierta 48 (4)* 249-353

ÁLVAREZ-ARREGUI, E. (2021). Ecosistemas para la gestión del conocimiento en las organizaciones: alianzas multidisciplinares interinstitucionales. En Adriana Regina Vettorazzi Schmitt y Jacinta Lúcia Rizzi Marcom (Organizadoras) Educaçao: *Diálogos convergentes e ariculaçao* interdisciplinar. *Atena Editora*. 362- 377

ÁLVAREZ-ARREGUI, E. (2021a). Sociedad, conocimiento y educación en evolución. Ecosistemas de I+D+i como alternativa viable en momentos de cambio. En Juan F. Gijaba, Margarita Fernández-Mier y Miriam Cubas (coords.) *Si te dedicas a la ciencia idivúlgalai la transferencia de conocimiento en el marco de las humanidades*. Ediciones Trea. 117 – 132

ÁLVAREZ-ARREGUI, E. (2022). Avances en investigación transdisciplinar. *Revista RIAICES, Volumen 4,* número 1, 1-4.

ÁLVAREZ-ARREGUI, E. (Coord.) (2017). *Universidad, Investigación y Conocimiento: Avances y Retos*. Servicio de Publicaciones de la Universidad de Oviedo.

ÁLVAREZ-ARREGUI, E. (Coord.) (2018). *Universidad, Investigación y Conocimiento: Comprensión e intervención en una sociedad compleja*. Servicio de Publicaciones de la Universidad de Oviedo.

ÁLVAREZ-ARREGUI, E. (Coord.) (2019). *Universidad, Investigación y Conocimiento: La Transversalidad como referente del desarrollo profesional y personal*. Servicio de Publicaciones de la Universidad de Oviedo.

ÁLVAREZ-ARREGUI, E. (Coord.) (2020). *Universidad, Investigación y Conocimiento: El valor de la I+D+i para evolucionar hacia una sociedad sostenible y responsable*. Servicio de Publicaciones de la Universidad de Oviedo.

ÁLVAREZ-ARREGUI, E. (Coord.) (2021). *Programa Internacional de Formación Transversal de Doctorado*. Universidad de Oviedo.

ÁLVAREZ-ARREGUI, E. y ARREGUIT, X. (2019). El futuro de la Universidad y la Universidad del futuro. Ecosistemas de formación continua para una sociedad de aprendizaje y enseñanza sostenible y responsable (The future of the University and the University of the future. Ecosystems of continuous training for a learning and teaching Society sustainable and responsible). *Aula Abierta 48* (4) octubre-diciembre.

ÁLVAREZ-ARREGUI, E. y ARREGUIT, X. (2020). *¿Hacia dónde apunta la brújula en Educación? Ecosistemas de formación continua y dual para el desarrollo sostenible de competencias en la Universidad*. Servicio de Publicaciones de la Universidad.

ÁLVAREZ-ARREGUI, E. y ARREGUIT X. (2021). La Universidad en evolución. Caminando hacia un futuro sostenible y responsable de manera fundamentada. *Revista Riaices. Volumen 3,* 1, 5-14

ÁLVAREZ-ARREGUI, E. y ARREGUIT X. (2022). La Universidad en evolución. Construyendo alianzas interinstitucionales y multidisciplinares a través de proyectos sostenibles y responsables. *International Journal of Human Sciences Research, v. 2,* n. 1. 1-17

ÁLVAREZ-ARREGUI, E. y ARREGUIT, X. (Coords.) (2019). Sociedad, Educación e Innovación acelerada: Pertinencia de los Enfoques Sistémicos y Transdisciplinares. Society, Education and accelerating Innovation: The Relevance of Systemic and Transdisciplinary Approach). *Aula Abierta 48* (4) 447-480

ÁLVAREZ-ARREGUI, E. y RODRÍGUEZ-FERNÁNDEZ, C. (2023). *Desarrollo de competencias STEAM en centros educativos de Economía Social: Guía de buenas prácticas para reforzar la presencia de la mujer en la ciencia y la innovación.* ASATA

ÁLVAREZ-ARREGUI, E. y RODRÍGUEZ-FERNÁNDEZ, C. (2023a). Integridad de la investigación en tiempos de incertidumbre. En Antonio Medina Rivilla and Günter L. Huber, *Migrant Identities and Teacher Training. Educational research for cross-cultural encounters.* 91 - 108. Editorial Universitas.

ÁLVAREZ-ARREGUI, E. y RODRÍGUEZ-MARTÍN, A. (2015). Ecosistemas de formación para aprender a emprender a través de proyectos transdisciplinares. *Revista de Organización y Gestión Educativa, Nº 2 marzo – abril 8-11.*

ÁLVAREZ-ARREGUI, E., MENÉNDEZ-MENÉNDEZ, L., ÁLVAREZ MARTÍNEZ-CUE, M.M. y ARREGUIT, X. (2022). Continuing Education as a Universal Right to Adapt to a Working Environment in Accelerated Change. *Revista Derechos Humanos y Educación. Número 5,* 45-68

ÁLVAREZ-ARREGUI, E., PÉREZ-NAVÍO, E., GONZÁLEZ-FERNÁNDEZ, R., & RODRÍGUEZ-MARTÍN, A. (2021). Pedagogical Leaders and the Teaching—Learning Processes in COVID-19 Times. *International Journal of Environmental Research and Public Health. 2021; 18*(15):7731.

ÁLVAREZ-ARREGUI, E.; ARREGUIT, X. FRANÇOIS HUGUES; J; ARREGUIT O'NEILL, S. y RODRÍGUEZ-MARTÍN, A. (2021). Ecosistemas de formación continua y dual en competencias transdisciplinares y sistémicas para evolucionar en un mundo complejo. En M. C. Domínguez Garrido.; E. López-Gómez, E. y M.L. Cacheiro-González, *Investigación e internacionalización en la formación basada en competencias.* Dykinson. 43-69

ÁLVAREZ-ARREGUI, E.; RODRÍGUEZ-FERNÁNDEZ, C.; DE LA FUENTE GONZÁLEZ, S.; y RODRÍGUEZ-MARTÍN, A. (2022). ecosistemas de investigación, desarrollo e innovación educativa para el desarrollo de proyectos de aprendizaje por servicio sostenibles. En Americo Junior Nunes Da Silva (Organizador). *A Educaçao Enquanto Fenômeno Social: Gestao e Práticas Pedagógicas 2.* 9. 95-115

ÁLVAREZ-ARREGUI, E.; RODRÍGUEZ-MARTÍN, A.; BELVER MENÉNDEZ, J. L. y RODRÍGUEZ-DÍAZ, J. (2023). Clima profesional en los institutos de educación secundaria. *Revista Bordón. Volumen 75 Número 1,* 15-33.

ÁLVAREZ-ARREGUI, E.; RODRÍGUEZ-MARTÍN, A.; MADRIGAL MALDONADO, R.; GROSSI-SAMPEDRO, B.G.; & ARREGUIT, X. (2017). Ecosystems of Media Training and Competence. International Assessment of Its Implementation in Higher Education. *Comunicar. 1,* 105-114.

ÁLVAREZ-ARREGUI, E.; RODRÍGUEZ-MARTÍN, A.; y PÉREZ-BUSTAMENTE ILANDER, G. O. (2013). Ecosistemas de formación transdisciplinares en la Universidad. Diseño, implementación y evaluación. *Revista Iberoamericana de Sistemas, Cibernética e Informática. 10,* 1, 38- 44

ÁLVAREZ-ARREGUI, E.; RODRÍGUEZ-MARTÍN, A.; y PÉREZ-BUSTAMENTE ILLANDER, G.O. (2014). *Ecosistemas de Formación Emprendedores y desarrollo profesional. Guía para la Gestión de Centros Educativos.* Ediciones Wolster Kluver.

ÁLVAREZ-ARREGUI, E.; y RODRÍGUEZ-MARTÍN, A. (2012). Ecosistemas de Formación Emprendedores. Organización y Gestión Educativa. *Revista del Fórum Europeo de Administradores de la Educación. 20,* 1, 31-33

ÁLVAREZ-ARREGUI, E.; y RODRÍGUEZ-MARTÍN, A. (2013). La cultura emprenedora com a motor del canvi. Un nou repte per a les institucions educatives del segle XXI. *Guix. Elements d'acció educativa. 393,* 51-56

ÁLVAREZ-ARREGUI, E.; y RODRÍGUEZ-MARTÍN, A. (2015a). Inspirando el cambio en Educación. Ecosistemas de formación para aprender a emprender en la Universidad de Oviedo. *Estudios Pedagógicos, 41,* 9-29.

ÁLVAREZ-ARREGUI, E; PÉREZ, R.; y RODRÍGUEZ-MARTÍN, A. (2015b). *Innovación en la Educación Superior desafíos y propuestas. Innovación en la Educación Superior desafíos y propuestas.* Ediuno.

ÁLVAREZ-ARREGUI, E; y RODRÍGUEZ-MARTÍN, A. (2015c). *Aprender a mirar las organizaciones desde una visión inclusiva. Avanzando desde la práctica hacia un modelo ecosistémico de formación y gestión.* Ediuno.

ÁLVAREZ-HEVIA, D. M.; RODRÍGUEZ-MARTÍN, A.; y ÁLVAREZ-ARREGUI, E. (2023). An international insight into education studies. En Mark Pulsfor, Rebecca Morris and Ross Purves. Understanding Education Studies. Group. Routledge Taylor & Francis

BELL, D. (1991). *El advenimiento de la sociedad post-industrial.* Morata.

BERTALANFFY, L. (1982). *Teoría general de sistemas.* FCE.

BÖHME, G. y STEHR, N. (Eds.) (1986). *The Knowledge society. The growing impact o Scientific knowledge on social relations.* Teide Publishing.

BRENNAN, M. (2004). *Blended Learning and Business Change.* Chief Learning Officer Magazine.

BRODO, J. A. (2006). Today's Ecosystem of e-learning. *Trainer Talk, Professional Society for Sales y Marketing Training, Vol. 3,* No 4.

BRONFENBRENNER, U. (1987). *La Ecología del desarrollo humano.* Paidos.

BUCKLAND, R. (2009). Private and Public Sector Models for Strategies in Universities. *British Journal of Management, 20*(4), 524-536.

BUNGE, M. (1980). *Epistemología.* Ariel.

CACHIA R.; FERRARI, A.; ALA-MUTKA K. y PUNIE Y. (2010). *Creative Learning and Innovate Teaching in Education in the EU Member States.* Publications Office of the European Union.

CASTELLS, M. (1999). *La era de la información. Fin de milenio.* Alianza.

CHANG, V. y UDEN, L. (2008). *Governance for E-learning Ecosystem. Second IEEE International Conference on Digital Ecosystems and Technologies.* IEEE. Phitsanulok.

CINDA (2012). *Educación Superior en Iberoamérica. Informe 2012.* CINDA – Centro Interuniversitario de Desarrollo

CLARK, B. R. (1998). *Creating Entrepreneurial Universities: Organizational Pathways of Transformation.* IAU Press by Pergamon.

COMISIÓN EUROPEA (2004). *Informe final del Grupo de Expertos. Educación del espíritu empresarial durante la enseñanza primaria y secundaria.*

COMISIÓN EUROPEA (2005). *Informe final del Grupo de Expertos. Mini compañías en Educación Secundaria.*

COMISIÓN EUROPEA (2006). *Fomentar la mentalidad empresarial mediante la educación y la formación.* Bruselas, 13.2.2006 COM (2006) 33.

COMISIÓN EUROPEA (2008). *Informe final del Grupo de Expertos. La iniciativa emprendedora en la enseñanza superior, especialmente en estudios no empresariales.*

COMISIÓN EUROPEA (2011). *Annual Report on EU Small and Medium sized Enterprises 2010/2011.*

COMISIÓN EUROPEA (2012 diciembre). *Entrepreneurship 2020 Action Plan Reigniting the entrepreneurial spirit in Europe Brussels.* COM (2012) 795 /2.

COMISIÓN EUROPEA (2012, marzo). *Entrepreneurship Education at School in Europe. National Strategies, Curricula and Learning Outcomes.* (EACEA P9 Eurydice and Policy Support).

CONSEJO EUROPEO (2000). *Decisión del Consejo de 20 de diciembre de 2000 relativa al Programa plurianual en favor de la empresa y el espíritu empresarial, en particular para las pequeñas y medianas empresas (PYME)* (2001/2005), 2000/819/CE, DOCE 29/12/2000, Luxemburgo.

CONSEJO EUROPEO EXTRAORDINARIO DE LISBOA (2000). *Hacia la Europa de la innovación y el conocimiento.*

DARKING, M. (2006). *Digital Ecosystem Governance.* Workshop Packages 32 Internal Report M32.4.

DELORS, J. (1994). Los cuatro pilares de la educación, en La Educación encierra un tesoro. *El Correo de la UNESCO,* 91-103.

DIMITROV, V. (2001). *Learning Ecology for Human and Machine Intelligence.* Consultado el día 14 de diciembre de 2011. Disponible en: http://www.zulenet.com/vladimirdimitrov/pages/LearnEcologyHuman.html

DOSI, G., FREEMAN, C., RICHARD, N., SILVERBERG, G y SOETE, L. (Eds.) (1990). *Technical Change and Economic Theory.* Pinter.

DOYLE, W. (1977). Learning the Classroom Environment: An Ecological Analysis. *Journal of Teacher Education, 28*(6), 51-55.

DRUCKER, P. (1969). *The Age of Discontinuity: Guidelines to Our Changing Society.* Harper & Row.

ENTWISTLE, N. y TAIT, H. (1990). Approaches to learning, evaluations of teaching, and preferences for contrasting academic environments. *Higer Education, 19,* 169-194.

ETZKOWITZ, H. & LEYDESDORFF, L. (1997). *University and the Global Knowledge Economy. A triple 13 Helix of University – Industry – Government Relations.* Pinter Publishers.

FERNÁNDEZ-COSTALES, A.; ÁLVAREZ-ARREGUI, E.; y RODRÍGUEZ-MARTÍN, A. (2013). Learning to initiate in the Twenty-first Century University with Blended Learning *Training Ecosystems. The International Journal of Learning in Higher Education. Volumen 19,* 3, 91-105

FULLAN, M. (1991). *The Meaning of Educational Change.* Teachers College Press.

GARCÍA RUIZ, R., GUERRA LIAÑO, S., GONZÁLEZ FDEZ. N. y ÁLVAREZ-ARREGUI, E. (2010). Estudio exploratorio de las percepciones del profesorado universitario respecto a la gestión de la docencia (An exploratory study of Faculty perceptions regarding the management of university teaching). *Educación XX1. (2),* 163-184

GARCÍA-ZAPICO, P. y ÁLVAREZ-ARREGUI, E. (2021). Gijón-in ciudad innovadora, inteligente e integradora. En Luis Ortiz Jiménez, José Antonio Torres González, José Juan Carrión Martínez, Susana Fernández Larragueta, María Ángeles Peña Hita y Eufrasio Pérez Navío, (Coordinadores), *Organización educativa para todas las personas.* Wolster-Kluver.

GIMENO SACRISTÁN, J. (1988). *El curriculum, una reflexión sobre la práctica.* Morata.

GIMENO SACRISTÁN, J. (2001). *Educar y convivir en la cultura global.* Morata.

GIMENO SACRISTÁN, J. (2008). *Educar por competencias. ¿Qué hay de nuevo?.* Morata.

GIROTTO, M., MUNDET, J. y LLINÁS, X. (2013). Estrategia en la Universidad: ¿Cuestión de calidad, gerencialismo y relaciones político-financieras? *Revista de Educación, (361)* mayo – agosto.

GÜTL, C. y CHANG, V. (2009). Ecosystem-based Theorical Models for Learning in Environments of th 21st Century. *Ijet International Journal of Emerging Technologies in Learning.* 7, 1-11.

HABERMAS, J. (1987). *Teoría de la acción comunicativa. I. Racionalidad de acción y racionalización social. II. Crítica de la acción funcionalista.* Taurus.

HARGREAVES, A. y SHIRLEY, D. (2009). *The Fourth way. The Inspiring Future for Educational Change.* Corwin.

HINOJO, F.J; AZNAR, I. y CÁCERES, M.P. (2009). Percepciones del alumno sobre el blended-learning en la Universidad. *Comunicar, 33;* 165-174.

ISMAIL, J. (2001). The design of an e-learning system Beyond the hype. *Internet And Higher Education,* 4(3-4), 329-336.

MARCHESSOU, F. (2006). Abrir las ventanas de la torre de marfil universitaria para conseguir credibilidad social. En I. Lafuente Guantes (coord.) *¿Hacia dónde va la educación universitaria americana y europea? Historia, temas y problemas de la Universidad.* Universidad.

MARTÍN, C. J. (2000). La misión de la universidad en el S. XXI: ¿Torre de marfil, parque de diversión, oficina comercial o pensar o pensar lo impensable? *Estudios del Hombre* 12, 43-59.

MORIN, E. (1990). *Introduction à le pensé complexe.* ESF.

MORIN, E. (1998). Sobre la reforma de la universidad. En J. Porta & M. Lladonosa (Coords.). *La universidad en el cambio de siglo.* Alianza. (pp. 19-28)

OCDE (1999). *University research in transition.* OCDE.

ORGANIZACIÓN INTERNACIONAL DEL TRABAJO (OIT) (2013). Tendencias mundiales de empleo 2013. Para recuperarse de una segunda caída del empleo. *Informe Ejecutivo del 21 de enero del 2013.*

PÉREZ-BUSTAMENTE ILANDER, G. O.; ÁLVAREZ-ARREGUI, E.; y RODRÍGUEZ-MARTÍN, A. (2013). *New Teachers for New Competences. Universidad de Oviedo.* Servicio de publicaciones. Traducido en seis idiomas (alemán, danés, español, griego, inglés e italiano).

RAMSDEN, P., MARTIN, E. y BOWDEN, J. (1989). School environment and sixth form pupils' approaches to learning. *British Journal of Educational Psychology. Vol 59* (2), 129-142.

RODRÍGUEZ-MARTÍN, A. y ÁLVAREZ-ARREGUI, E. (2021). Alianzas para la transferencia de conocimiento. Una experiencia de colaboración entre empresa y universidad para la formación virtual. Currículo, Orientación Educativa y Desarrollo Profesional: Despertando vocaciones STEAM. En Luis Ortiz Jiménez, José Antonio Torres González, José Juan Carrión Martínez, Susana Fernández Larragueta, María Ángeles Peña Hita y Eufrasio Pérez Navío, (Coordinadores), *Organización educativa para todas las personas.* Wolster-Kluver.

RODRÍGUEZ-MARTÍN, A. y ESCANDELL, Mª. O. (2005). Convergencia europea y profesorado. Hacia un nuevo perfil para el aprendizaje flexible. *Revista Interuniversitaria de Formación del Profesorado. 20, Vol. 8* (5).

RODRÍGUEZ-MARTÍN, A.; ÁLVAREZ-ARREGUI, E., CALVO, S. VERDEJA MUÑIZ, M. y GARCÍA RODRÍGUEZ M.S. (2022). Convivencia escolar y participación inclusiva: la voz de la comunidad educativa. En *International Handbook of Innovation and Assessment of the Quality of Higher Education and Research (Vol. 1)*, 1ª ed., junio 2022

SABATO, E. (1975). *La cultura en la encrucijada nacional. Internet Archive.*

SÁNCHEZ GÓMEZ, Mª. C. y GARCÍA-VALCÁRCEL MUÑOZ-REPISO, A. (2002). Formación y profesionalización docente del profesorado universitario. *Revista de Investigación Educativa*, Vol. 20, 1, 153-171.

SENGE, P. M. (1990). *The Fifth Discipline. The Art and Practice of the Learning Organization.* Dobuleday.

SHANE, S. (2004). *Academic Entrepreneurship. University Spinoffs and Walth Creation.* Cheltenham. Edward Elgar Pub.

SHATTOCK, M. (2003). Managing Successful Universities. *Open University Press.* Society for Research in Higher Education.

SHIMAA, O.; NASR, M. y HELMY Y. (2011). An Enhanced E-Learning Ecosystem Based on an Integration between Cloud Computing and Web 2.0. *International Conference on Digital Ecosystems and Technologies.* Dejeon.

SHRIVASTAVA, P. (1998). *Knowledge Ecology: Knowledge Ecosystems for Business Education and Training.* Bucknell University Press.

TIKUNOFF, W. Y. (1979). Context variables of a Tezhing-Learning Event. En D. BENNET AND D. MCNAMARA, *Focus on Teaching. Readings in the observation and conceptualization of Teaching.* Longman.

TIRADO-MORUETA, R., AGUADED-GÓMEZ, J, M., ORTÍZ-SOBRINO, M.A., RODRÍGUEZ-MARTÍN, A. y ÁLVAREZ-ARREGUI, E. (2020). Determinants of social gratifications obtained by older adults moderated by public supports for Internet access in Spain. *Telematics and Informatics.* Available online 1 February 2020, 101363. https://doi.org/10.1016/j.tele.2020.101363

TIRADO-MORUETA, R., RODRÍGUEZ-MARTÍN, A., ÁLVAREZ-ARREGUI, E., ORTÍZ-SOBRINO, M., & AGUADED-GÓMEZ, J. (2021). The digital inclusion of older people in Spain: Technological support services for seniors as predictor. *Ageing & Society*, 1-27.

UDEN, L.; WANGSA, I.T. y DAMIANI, E. (2007). The future of Elearning: E-learning ecosystem. *Digital EcoSystems and Technologies Conference* (DEST), pp. 113-117.

VISSER, J. (1999). Overcoming the underdevelopment of learning: A transdisciplinary view. *Annual Meeting of the American Educational Research Association.*

WEICK, K. (1976). Educational organizations as loosely coupled systems. *Administrative Science Quarterly*, 21, 1-9

WILKINSON, D. (2002). The Intersection of Learning Architecture and Instructional Design in e-Learning. *Conference on e-Technologies in Engineering Education: Learning Outcomes Providing Future Possibilities*, 213-221.

WITHERSPOON, J. (2006). Building the Academic EcoSystem. *Implications of E-Learning, 3* (3). http://www.itdl.org/Journal/Mar_06/article01.htm.

ZABALZA, M. A. (2002). *La enseñanza universitaria. El escenario y sus protagonistas.* Narcea

ZONTA, C. (2000). *La historia de las universidades europeas: generalidad y antecedentes, en Legado y patrimonio de las universidades europeas.* CENEVAL.

6.15 VIDEOTECA DE APOYO

- **Explorando el Mundo Circular: Videojuego Educativo y el Talento Vinculado al Proyecto 'Despertando Vocaciones**

  https://despertandovocaciones.es/juego/

- **Transformando la Dirección de un Centro Educativo: Integración del Modelo de Gestión en el Currículo y Conexión con Agentes Externos.**

  https://www.youtube.com/watch?v=Q0VlITHKXgY

- **Desarrollo del proyecto Despertar Vocaciones (I+D+Ie)**

  https://youtu.be/_s2p-TwsHA8?si=iv2_jaRGUU-ujA1L

- **Descubriendo el Metaverso a través de los Ojos de una Niña de 11 años: Aprendizaje entre Pares.**

  https://youtu.be/c0OwVaH_rus?si=xChc4l47bHAo3XCo

- **Embajadores juniores**

  https://youtu.be/do0CK_fKbMI?si=lg5L3Az9a11uk1gM

  https://youtu.be/16DLjQBeevY?si=gCCIkCQPAsOQpld9

  https://youtu.be/E5dOaUz8jak?si=Q0DDLafJxvZym9m3

  https://youtu.be/L57mjtcnQDo?si=vMdnnGJpAU8o6nak

  https://www.youtube.com/watch?v=YaaVOPbpptM

- **Embajadores senior en la Universidad: Unión de varias culturas.**

  https://www.youtube.com/watch?v=6yb9IyzhNOA

- **Explorando el Espacio Virtual del Proyecto Despertar Vocaciones en el Metaverso**

  https://youtu.be/kAuBTEJN4I0

6.16 RECORDATORIO BÁSICO

Algunas cuestiones que deberías de recordar sin problema una vez que hayas trabajado este módulo son las siguientes.

1. ¿Cómo se define un ecosistema?
2. ¿Qué es ECOECES?
3. Indica las fases de ECOECES
4. Escribe al menos cinco principios derivados de las acciones prácticas desarrolladas desde ECOECES
5. Escribe cinco técnicas/metodologías de presentación y comenta una.
6. Escribe cinco técnicas/metodologías de diagnóstico y planificación y comenta una.
7. Escribe cinco técnicas/metodologías de desarrollo y participación y comenta una.
8. Escribe cinco técnicas/metodologías de evaluación y comenta una.
9. Escribe cinco técnicas/metodologías de satisfacción y comenta una.
10. ¿Qué es un edusistema emprendedor?

11. ¿Qué implica el concepto de "aprendizaje eco formador" y cómo puede contribuir a una educación más efectiva?

12. ¿Cuál es la importancia de la adaptación de las organizaciones educativas a las condiciones cambiantes de la sociedad?

13. ¿Cómo ha cambiado tu comprensión sobre la adaptación de las instituciones socioeducativas a las demandas cambiantes de la sociedad después de leer este módulo? ¿Qué aspectos te parecieron más relevantes o sorprendentes?

14. ¿En qué medida crees que el modelo de organización y gestión dinámico EDUACES puede contribuir a abordar los desafíos actuales y futuros en la educación? ¿Cuáles son sus aspectos más destacados?

15. ¿Qué reflexiones puedes compartir sobre el papel de la inteligencia artificial y el metaverso en la educación, según lo discutido en el módulo? ¿Cuáles son las oportunidades y desafíos que visualizas en relación con estas tecnologías en el ámbito educativo?

Adenda

Anexos

Proyecto Educativo de Centro (PEC)

Apartados posibles: (Modelo A)

1. Marco legal.
2. Identidad del centro.
   2.1. Identidad socio-cultural del entorno.
   2.2. Identidad educativa.
   2.3. Oferta educativa.
3. Órganos de gobierno y de coordinación docente.
   3.1. Criterios de funcionamiento generales.
   3.2. Consejo escolar.
   3.3. Claustro de profesores.
4. Organización pedagógica.
   4.1. Principios, criterios, decisiones.
   4.2. Comisión de Coordinación Pedagógica.
   4.3. Departamentos, Etapas y Niveles .
5. Elementos personales.
   5.1. Alumnado.
   5.2. Profesorado.
   5.3. Personal no docente.
   5.4. Otro personal/otros servicios concurrentes.
6. Elementos materiales.
   6.1. Espacios del centro.
   6.2. Espacios ajenos al centro .
   6.3. Gestión económica.
7. Elementos funcionales.
   7.1. Horarios.
   7.2. Evaluación del centro.
   7.3. Sustituciones.
   7.4. Asistencia de profesores.
   7.5. Asistencia del alumnado.
   7.6. Documentos.
8. Programas y proyectos institucionales.
9. Proyectos abiertos.
   9.1. A la participación de las familias.
   9.2. Al entorno en general.
      A) actividades complementarias.
      B) actividades extraescolares.
   9.3. A las Administraciones e instituciones.

Apartados posibles: (Modelo B)

1. Nuestro proyecto educativo de centro.
   1.1. Marco Legal.
   1.1. Definición del PEC.
   1.2. Funciones del PEC.
2. Análisis del contexto.
   2.1. Conocimiento del Entorno.
      2.1.1. Contexto físico y situación del centro.
      2.1.2. Situación del barrio.
      2.1.3. Infraestructura de servicios sociales.
   2.2. Características del centro.
      2.2.1. Tipología escolar.
      2.2.2. Infraestructura y Equipamiento.
   2.3. Características de la Comunidad Educativa.
      2.3.1. Características de las familias.
      2.3.2. Características del alumnado.
      2.3.3. Características del profesorado.
   2.4. Ofertas del Centro.
      2.4.1. Áreas Curriculares.
      2.4.2. Proyectos.
      2.4.3. Servicios.
      2.4.4. Actividades Complementarias y extraescolares.
   2.5. Horario General del centro.
3. Rasgos de identidad del centro.
   3.1. Definición de Principios.
   3.2. Estilo de enseñanza-aprendizaje. Línea Metodológica.
   3.3. Modalidad de gestión.
   3.4. Acción Tutorial.
   3.5. Medidas de atención a la diversidad y apoyo.
   3.6. Sistema de relación, comunicación y control.
   3.7. Aprovechamiento de los recursos y materiales.
4. Objetivos específicos del centro.
   4.1. Objetivos para el alumnado.
   4.2. Objetivos para el profesorado.
   4.3. Objetivos para las familias.
   4.4. Objetivos de Convivencia del Centro.
5. Estructura organizativa del centro.
   5.1. Esquema organizativo.
   5.2. Organigrama.
   5.3. Competencias de los órganos del centro. Funciones.
      5.3.1. Órganos de Gobierno. Colegiados.
      5.3.2. Órganos de Gobierno. Unipersonales.
      5.3.3. Cargos de coordinación y otros equipos.
      5.3.4. Comisiones.
      5.3.5. Personal no docente.
      5.3.6. Servicios.
6. Reglamento de régimen interno.
7. Gestión económica y administrativa.
   7.1. Articulación de las actividades de gestión económica.
   7.2. Esquema del Régimen Administrativo.
   7.3. Admisión del alumnado.
8. Concreciones curriculares.
9. Desarrollo y evaluación del proyecto.
10. Proceso de elaboración y difusión.

Proyecto de Dirección

Apartados posibles en un proyecto de dirección (Modelo A. Centro bilingüe)

1. Introducción y justificación del proyecto.
2. Estilo de dirección.
3. Características del centro educativo y su contexto.
4. Organización y gestión del Equipo Directivo.
5. Objetivos a alcanzar durante nuestro período de gestión.
   - 5.1. Objetivos referentes a los órganos colegiados y de coordinación docente.
   - 5.2. Objetivos referentes al centro: nuestra apuesta por el bilingüismo.
   - 5.3. Objetivos referentes al profesorado.
   - 5.4. Objetivos referentes al alumnado.
   - 5.5. Objetivos referentes a las familias.
   - 5.6. Objetivos referentes al personal no docente y externos al centro.
6. Líneas de actuación.
   - 6.1. Actualización del Proyecto Educativo de un Centro Bilingüe.
   - 6.2. Mejora de la convivencia y educación en valores.
   - 6.3. Atención a la diversidad, calidad y mejora del rendimiento.
   - 6.4. Estrategias de información y comunicación.
   - 6.5. Formación del profesorado.
   - 6.6. Coordinación de las actividades del centro.
   - 6.7. Actividades complementarias y extraescolares.
   - 6.8. Compromisos con la comunidad y el Plan de Participación Familiar.
   - 6.9. Recursos humanos y materiales.
7. Plan de Difusión del Proyecto.
8. Seguimiento y evaluación del Proyecto de dirección.
9. Propuesta del equipo directivo.
10. Fuentes consultadas.

Apartados posibles en un proyecto de dirección (Modelo B)

1. Introducción.
   - 1.1. Concepción personal de la educación.
   - 1.2. Concepción personal de la dirección de un centro público.
   - 1.3. Razones que se tienen para la presentación de la candidatura.
2. Análisis de la situación actual del centro.
   - 2.1. Contexto del centro.
   - 2.2. Infraestructura.
   - 2.3. Recursos materiales, humanos y funcionales.
   - 2.4. Organización.
     - 2.4.1. Del profesorado.
     - 2.4.2. Del alumnado.
   - 2.5. Funcionamiento de los órganos de gobierno.
   - 2.6. Elementos de interés de los documentos institucionales (PEC, PCC, RRI).
   - 2.7. Los procesos educativos que se desarrollan en el centro.
   - 2.8. Relaciones del centro con el entorno y con las instituciones.
   - 2.9. La participación de las familias en el centro.
3. Propuesta de actuación.
   - 3.1. Objetivos.
     - 3.1.1. En relación con la infraestructura y los recursos del centro.
     - 3.1.2. De organización.
       - 3.1.2.1. Del profesorado.
       - 3.1.2.2. Del alumnado.
       - 3.1.2.3. Del funcionamiento de los órganos de gobierno.
       - 3.1.2.4. De los documentos institucionales.
     - 3.1.3. Sobre los procesos educativos.
     - 3.1.4. Sobre las relaciones de la comunidad escolar con el entorno y las instituciones.
     - 3.1.5. Sobre la participación de los distintos sectores.
     - 3.1.6. Respecto a la formación y actualización profesional.
     - 3.1.7. De las actividades extraescolares y complementarias.
     - 3.1.8. De mejora en los resultados instructivos y formativos.
   - 3.2. Acciones para la consecución de los objetivos.
   - 3.3. Recursos.
   - 3.4. Temporalización.
4. Seguimiento y evaluación del proyecto.

Decálogo de una organización que aprende

[Adaptado de Grisaleña, J. y Campo, A. (2010). Dossier de Herramientas. *Revista Organización y Gestión Educativa, 3,* III-IV.]

Los centros que aprenden se caracterizan por potenciar y desarrollar una serie de aspectos:

1. Presentan un equilibro entre mejora del desarrollo profesional y mantenimiento de las buenas prácticas, a diferencia de los centros autocomplacientes (no se plantean cambios) y de los centros hiperactivos (suman experiencia tras experiencia sin evaluar su impacto).

2. Desarrollan una revisión sistemática de las prácticas que realiza, cuestionándose la propia actuación lo que promueve la ruptura de la rutina, el inmovilismo y la autocomplacencia.

3. Realizan investigación educativa con la finalidad de mejorar la actividad docente y no para acumular conocimiento o incrementar el currículo profesional del profesorado.

4. Asumen la innovación y experimentación educativa con los riesgos que implica la posibilidad de equivocarse, entendiendo que el error también es fuente de aprendizaje y una oportunidad para la mejora.

5. Consideran la reflexión, la discusión conjunta y el debate profesional como una forma de comprometerse con el centro para transformar su realidad educativa y aportar por la mejora continua y no como un simple ejercicio dialéctico entre profesorado.

6. Predomina el aprendizaje colectivo frente al individual, creando estructuras organizativas que lo favorezcan. Se trata, por tanto, de aprenden de los colegas, compartir información y estrategias y, también, observar la práctica de otros para mejorar las propias.

7. Valora la implicación, la disponibilidad de tiempo, las ilusiones por la tarea de los profesionales constituyen, sin duda, buenos puntos de partida. En otras palabras, analizar las propias energías.

8. Son capaces de distinguir y priorizar los cambios que tienen vocación de permanencia de los que no la tienen. El cambio *per se* no es sinónimo de mejora y ello implica el despliegue de recursos y la demanda de esfuerzos que no se corresponden con la utilidad y viabilidad necesarias. Por tanto, la orientación debe ser hacia las mejoras que tengan garantías de éxito y de incorporación al normal funcionamiento del centro.

9. Mantienen una buena cohesión en la que los roles y tareas están claramente definidas y asumidas por todos sus miembros. El éxito o el fracaso educativo es una cuestión de corresponsabilidad y resultado de la acción coordinada y coherente de la organización educativa del centro. En este contexto la dirección tiene la función de ser líder y garante de los procesos de mejora y la vertebración del conjunto del centro.

10. Entienden que en educación no hay verdades absolutas y, por tanto, es normal que surja la inseguridad y la incertidumbre en todo proceso de toma de decisiones orientadas a la mejora. Aprender a gestionar adecuadamente estas situaciones generan tensiones que se deben asumir y controlar.

Diagnóstico-Evaluación de una Institución Educativa

[Adaptado de Campo, 2010). *Revista Organización y Gestión Educativa,* 2, X-XI.]

<table>
<tr><td colspan="11">Esta herramienta permite comparar la situación actual y la deseable de una institución. En la columna de la izquierda se contesta con las siguientes valoraciones</td></tr>
<tr><td colspan="5">1: muy en desacuerdo;
2: en desacuerdo;
3: no lo tengo claro;
4: de acuerdo;
5: muy de acuerdo;</td><td colspan="6">5: crucial;
4: importante;
3: bastante importante;
2: no muy importante;
1: nada importante;</td></tr>
<tr><td colspan="5">Situación actual</td><td>Cuestiones</td><td colspan="5">Situación deseable</td></tr>
<tr><td>1</td><td>2</td><td>3</td><td>4</td><td>5</td><td>El profesorado y el resto del personal comparten el mismo conjunto de valores en relación con los aprendizajes del alumnado</td><td>1</td><td>2</td><td>3</td><td>4</td><td>5</td></tr>
<tr><td>1</td><td>2</td><td>3</td><td>4</td><td>5</td><td>Todo el personal se responsabiliza del aprendizaje del alunado</td><td>1</td><td>2</td><td>3</td><td>4</td><td>5</td></tr>
<tr><td>1</td><td>2</td><td>3</td><td>4</td><td>5</td><td>El profesorado colabora para promover una enseñanza y aprendizaje de gran calidad</td><td>1</td><td>2</td><td>3</td><td>4</td><td>5</td></tr>
<tr><td>1</td><td>2</td><td>3</td><td>4</td><td>5</td><td>Aquí no solo aprende el alumnado, sino todas las personas adultas</td><td>1</td><td>2</td><td>3</td><td>4</td><td>5</td></tr>
<tr><td>1</td><td>2</td><td>3</td><td>4</td><td>5</td><td>El personal usa la investigación y las evidencias para mejorar la enseñanza y el aprendizaje</td><td>1</td><td>2</td><td>3</td><td>4</td><td>5</td></tr>
<tr><td>1</td><td>2</td><td>3</td><td>4</td><td>5</td><td>El profesorado busca y valora las ideas externas, las redes y las alianzas</td><td>1</td><td>2</td><td>3</td><td>4</td><td>5</td></tr>
<tr><td>1</td><td>2</td><td>3</td><td>4</td><td>5</td><td>Se valora por igual a todo el personal como miembros de una comunidad profesional de aprendizaje</td><td>1</td><td>2</td><td>3</td><td>4</td><td>5</td></tr>
<tr><td>1</td><td>2</td><td>3</td><td>4</td><td>5</td><td>Existen niveles altos de confianza y respeto mutuo</td><td>1</td><td>2</td><td>3</td><td>4</td><td>5</td></tr>
<tr><td>1</td><td>2</td><td>3</td><td>4</td><td>5</td><td>Las estructuras (tiempos y espacios...) se organizan para facilitar la colaboración</td><td>1</td><td>2</td><td>3</td><td>4</td><td>5</td></tr>
<tr><td>1</td><td>2</td><td>3</td><td>4</td><td>5</td><td>La promoción y la coordinación del desarrollo profesional y del aprendizaje son una prioridad</td><td>1</td><td>2</td><td>3</td><td>4</td><td>5</td></tr>
<tr><td>1</td><td>2</td><td>3</td><td>4</td><td>5</td><td>Se hace un seguimiento y se evalúa con regularidad el progreso en el desarrollo profesional</td><td>1</td><td>2</td><td>3</td><td>4</td><td>5</td></tr>
<tr><td>1</td><td>2</td><td>3</td><td>4</td><td>5</td><td>Los directivos en todos los niveles están implicados en la consolidación de una comunidad de aprendizaje</td><td>1</td><td>2</td><td>3</td><td>4</td><td>5</td></tr>
<tr><td colspan="11">Preguntas sobre los resultados</td></tr>
<tr><td colspan="11">¿Cuáles son vuestras fortalezas?</td></tr>
<tr><td colspan="11">¿Qué significa una valoración alta en importancia y una puntuación baja en la situación actual?</td></tr>
<tr><td colspan="11">¿Qué significa que muchas personas elijan “No lo tengo claro”? ¿Qué puede indicar?</td></tr>
<tr><td colspan="11">¿Qué supone un alto grado de desacuerdo?</td></tr>
<tr><td colspan="11">¿Qué se puede hacer con estos resultados?</td></tr>
</table>

Diagnóstico-Evaluación de la Gestión del Tiempo

[Adaptado de Campo, A. (2010). Pamplona: *Herramientas para directivos escolares I.* Madrid: Wolters Kluwer Educación (pp. 214-215 y 225-226).]

La Matriz del tiempo fue diseñada por Covey (1990)[1] y recoge cuatro tipos de actividades, ordenadas en función de dos variables que se manifiestan por su presencia o ausencia:

- Urgencia con la que se presenta la actividad
- Importancia de la actividad

Matriz de la administración del tiempo

	Urgente	No urgente
Importante	**I. Actividades** • Crisis • Problemas apremiantes • Proyectos cuyas fechas vencen	**II. Actividades** • Prevenir, actividades de mantenimiento • Construir relaciones • Reconocer nuevas oportunidades • Planificación, recreación
No importante	**III. Actividades** • Interrupciones, algunas llamadas • Correo, algunos informes • Algunas reuniones • Cuestiones inmediatas, acuciantes • Actividades populares	**IV. Actividades** • Trivialidades, ajetreo inútil • Algunas cartas • Algunas llamadas telefónica • Pérdidas de tiempo • Actividades agradables

El/la directivo/a completará los porcentajes correspondientes a los cuatro cuadrantes del ejercicio:

	Urgente	No urgente
Importante	**Cuadrante I: ____%** ***Urgente e importante***	**Cuadrante II: ____%** ***No urgente, pero importante***
No importante	**Cuadrante III: ____%** ***Urgente, pero no importante***	**Cuadrante IV: ____%** ***No urgente y no importante***

Las actividades de los cuadrantes II y I –en este orden- son las que deberían requerir la mayor parte de nuestra dedicación temporal.

1 Covey, S. (1990). *Los siete hábitos de la gente altamente efectiva.* Madrid: Simon & Shuster.

Reglas de oro para una buena gestión del tiempo: ladrones y policías

[Adaptado de Campo, A. (2010). *Herramientas para directivos escolares I.* Madrid: Wolters Kluwer Educación (pp. 225-226).]

1. Establece una rutina diaria. Fija tiempos definidos para cada cosa.
2. Haz lo que requiera máxima lucidez en tus mejores momentos.
3. Fija límites para tus trabajos y cúmplelos.
4. No pospongas los asuntos importantes, aunque sean desagradables.
5. Muchos “problemas” tienden a resolverse por sí mismos.
6. Analiza las interrupciones y limita su efecto.
7. Establece tiempos en los que no estás disponible. Comunícalo.
8. Intenta hacer una cosa en cada momento.
9. Planifica tus llamadas telefónicas.
10. Apunta tus ideas.
11. Cuando empieces algo, acábalo si es posible.
12. Utiliza el tiempo establecido para la planificación con el resto del equipo directivo.
13. Selecciona. Aprende a decir no.
14. Revisa regularmente tu uso del tiempo.
15. Evita llevar trabajo pendiente a casa.

Ladrones del tiempo

1. Desorganización personal
2. Objetivos confusos/improvisación
3. No tomar decisiones / aplazar tareas
4. No saber decir NO / reuniones improductivas
5. Falta de concentración / interrupciones (TV, teléfono, correo, redes sociales y mensajería instantánea)
6. Incapacidad de delegar / crisis o estados de emergencia

Policías del tiempo

7. Aprender a decir no
8. Comunicar eficazmente / aprender a delegar
9. Evitar distracciones
10. Realizar un buen uso del correo electrónico, teléfono, Internet y redes sociales
11. Ser ordenado
12. Ser puntual y exigir puntualidad
13. Gestionar bien las reuniones
14. Gestionar sentimientos inútiles
15. Reutilizar los tiempos muertos para volverlos productivos
16. Gestionar conflictos
17. Evitar caer en el perfeccionismo

Investigación-Evaluación. Escala de Calidad

[Adaptado de Grisaleña, J. y Campo, A. (2010). Dossier de Herramientas. *Revista Organización y Gestión Educativa, 3,* V-VIII donde hacen referencia a una adaptación de *Mapping change in schools: The Cambridge manual of research techniques.* Cambridge University, 1994.]

FINALIDAD

Es una herramienta de reflexión colectiva.
Se hace un análisis de los referentes de calidad de un centro escolar de manera individual y colectiva.
La escala tiene 24 afirmaciones desde las que se pretende conocer la opinión sobre la visión que se tiene del centro. No hay respuestas correctas, cualquier percepción es válida.
Las afirmaciones se puntúan desde 1 (casi nunca), 2 (a veces), 3 (a menudo) hasta 4 (casi siempre)
Puesto en el centro____________ Género: ☐ hombre ☐ mujer

Formulación de preguntas y reflexión: En este centro...				
Dialogamos acerca de la calidad de nuestra enseñanza	1	2	3	4
Hacemos el seguimiento de los progresos y los cambios que introducimos	1	2	3	4
El profesorado dedica tiempo a revisar las clases	1	2	3	4
Se tiene especial cuidado en mantener la confidencialidad	1	2	3	4
Planificación: En este centro...				
Nuestros proyectos a largo plazo quedan reflejados en la planificación escolar	1	2	3	4
Se considera más importante el proceso de planificar que el plan escrito	1	2	3	4
Cada persona conoce perfectamente las prioridades del centro	1	2	3	4
Revisamos y modificamos nuestra planificación	1	2	3	4
Participación: En este centro...				
Pedimos la opinión del alumnado antes de introducir cambios	1	2	3	4
Tenemos en cuenta la opinión de las familias cuando introducimos cambios en el currículo	1	2	3	4
Toda la comunidad educativa trabaja conjuntamente para decidir el futuro del centro	1	2	3	4
En nuestro trabajo, utilizamos los servicios externos de apoyo, las asesorías, etc.	1	2	3	4
Formación permanente: En este centro...				
Se valora la formación permanente del profesorado	1	2	3	4
La formación se ha tenido en cuenta en la elaboración del Proyecto Educativo	1	2	3	4
La formación permanente del profesorado está centrada en el aula	1	2	3	4
La organización permite dedicar tiempo a la formación permanente	1	2	3	4
Coordinación docente: En este centro...				
El profesorado que ejerce funciones de coordinación tiene plena capacidad y poder para ello	1	2	3	4
Normalmente trabajamos en equipo	1	2	3	4
El claustro está informado de las decisiones importantes	1	2	3	4
Compartimos experiencias de mejora de la práctica docente en el aula	1	2	3	4
Liderazgo: En este centro...				
El claustro tiene una visión clara de hacia dónde nos dirigimos	1	2	3	4
Los miembros con mayor responsabilidad del claustro delegan tareas difíciles que suponen un reto	1	2	3	4
La dirección lidera las prioridades de mejora	1	2	3	4
El profesorado tiene oportunidades de ejercer funciones de liderazgo	1	2	3	4

RESULTADOS

Se aconseja plantear este análisis desde una perspectiva institucional.

El análisis debería hacerse por subescalas.

Los datos deberían de expresarse en porcentajes.

Convendría distinguir entre equipo directivo, profesorado y personal de apoyo.

ASPECTOS	Casi nunca	A veces	A menudo	Casi siempre
FORMULACIÓN DE PREGUNTAS Y REFLEXIÓN				
PLANIFICACIÓN				
PARTICIPACIÓN				
FORMACIÓN PERMANENTE				
COORDINACIÓN				
LIDERAZGO				

Investigación y Observación: Liderazgo Institucional

[Adaptado de Campo, A. (Coord.) (2012). *Herramientas para directivos escolares II.* Madrid: Wolters Kluwer (pp. 104-105).]

FINALIDAD

El cuestionario está diseñado para aportar un *feedback* sobre el nivel de preferencia con las características y destrezas de la dirección. Esta lista sirve para indicar áreas de mejora en su actuación profesional y mejorar la competencia en las áreas débiles. Género: ☐ hombre ☐ mujer – Años de experiencia docente:____

PROCEDIMIENTO

Señalar el número de la escala el que considere adecuado a su destreza o capacidad. Sea sincero en su elección.

No hay respuestas correctas o incorrectas, sencillamente una valoración personal. La escala es la siguiente:

1: Muy poco; **2**: Poco; **3**: Algo; **4**: Bastante; **5**: Mucho

1. Disfruto con el trato y la comunicación con los demás	1	2	3	4	5
2. Soy honesto y justo	1	2	3	4	5
3. Tomo mis decisiones valorando la opinión de los demás	1	2	3	4	5
4. Soy consciente en mi actuación profesional	1	2	3	4	5
5. Proporciono la información que otros necesitan para hacer su trabajo	1	2	3	4	5
6. Conservo la orientación hacia la práctica	1	2	3	4	5
7. Escucho las sugerencias y pregunto	1	2	3	4	5
8. Soy fiel al centro y a mis compañeros de equipo	1	2	3	4	5
9. Creo un clima propicio para el desarrollo	1	2	3	4	5
10. Me dejo ver por todos los sitios del centro	1	2	3	4	5
11. Reconozco y alabo el trabajo bien hecho	1	2	3	4	5
12. Hago críticas razonadas y me enfrento a los problemas	1	2	3	4	5
13. Hago planes	1	2	3	4	5
14. Sé adónde vamos y planteo objetivos a largo plazo	1	2	3	4	5
15. Persigo los objetivos hasta que se cumplen	1	2	3	4	5
16. Soy tolerante y flexible	1	2	3	4	5
17. Puedo ser asertivo cuando es necesario	1	2	3	4	5
18. No me dan miedo los cambios	1	2	3	4	5
19. Soy accesible y estoy disponible	1	2	3	4	5
20. Me gusta asumir la responsabilidad	1	2	3	4	5
21. Asumo la responsabilidad de las decisiones de equipo	1	2	3	4	5
22. Marco las pautas para establecer relaciones productivas	1	2	3	4	5
23. Estoy disponible en las circunstancias críticas	1	2	3	4	5
24. Me preocupo por los aprendizajes del alumnado	1	2	3	4	5
25. Ayudo a incrementar la competencia del profesorado	1	2	3	4	5
26. Indico las necesidades de plantilla de i centro y negocio los perfiles profesionales necesarios	1	2	3	4	5
27. Ayudo a que seleccionen los mejores candidatos para cada puesto	1	2	3	4	5
28. Tengo un protocolo de acogida para el nuevo personal que promueva su socialización	1	2	3	4	5
29. Estoy dispuesto a aconsejar al personal que tiene problemas	1	2	3	4	5
30. No admito la falta de profesionalidad del profesorado	1	2	3	4	5
31. Dispones de incentivos para quieres hacen más de lo que requiere su contrato	1	2	3	4	5
32. Estoy dispuesto a aconsejar a todo el mundo	1	2	3	4	5
33. Me aseguro de que el profesorado cumple con sus tareas de modo profesional	1	2	3	4	5
34. La dirección está contemplada como una labor colectiva, de equipo	1	2	3	4	5
35. Me dejo aconsejar por quien tiene criterio	1	2	3	4	5
Puntuación: suma cada una de las columnas y obtendrás la puntuación final. La máxima es 175 y la mínima 35. Puntuación final y total de las 5 columnas ______					

Utiliza la puntuación final y total como indicador general de la competencia:

- 115-175 puntos: posees un buen nivel de competencia directiva.
- 60-115 puntos: puedes mejorar tu competencia directiva.
- Hasta 60 puntos: trabaja en el desarrollo de tu competencia directiva.

Investigación y Observación del Aula: Guía y plantilla

[Adaptado de Campo, A. y Grisaleña, J. (2019). Dossier de Herramientas. *Revista de Organización y Gestión Educativa, 5,* V-VI.]

Finalidad: La finalidad de emplear la técnica de observación en el aula sirve para describir de manera precisa las actividades que se llevan a cabo en este espacio, así como las interacciones que se producen.

Objetivos. Se pueden estableces cuatro objetivos generales:

- Proporcionar una descripción representativa de la clase.
- Medir la efectividad de las metodologías empleadas y su impacto en el aprendizaje del alumnado.
- Evaluar y supervisar innovaciones educativas implementadas en el contexto del aula.
- Emplear la observación como método de formación del profesorado por su utilidad para mejorar la práctica docente.

Para realizar una observación es necesario definir previamente el objetivo que se persigue o el(los) aspecto(s) a evaluar. Para ello, se emplea una guía de observación de clases como instrumento que debe ayudar para orientar las observaciones. No pretende ser una lista exhaustiva, sino un recordatorio de distintos ítems o áreas que son susceptibles de ser observadas. Además, no implica que todas las áreas indicadas deban observarse en todos los momentos.

Proceso: La guía está dividida en cinco secciones. Se aportan palabras-clave para recordar y orientar el área de observación.

a) Preparación y ambiente de aprendizaje

- *Documentación*: la forma de planificación y la relación con la planificación global.
- *Recursos*: el uso, la aplicación y organización de los recursos disponibles.
- *Equipamiento*: disponibilidad y uso de equipo didáctico.
- *Mobiliario*: disposición del mobiliario disponible.
- *Exposición de los trabajos*: organización y exposición del trabajo del alumnado.
- *Entorno*: uso de espacios compartidos. Limitaciones aparentes.

b) Gestión del aula

- *Relaciones: calidad de las relaciones de clase.*
- *Control: métodos y nivel de control de la clase para un aprendizaje efectivo.*
- *Organización: forma de organizar el trabajo: individual, parejas, grupos, etc.*
- *Estructura: gestión del tiempo del profesorado y del alumnado.*
- *Métodos: estilos y estrategias de enseñanza.*

c) Calidad del aprendizaje

- Continuidad: relación de la sesión con aprendizajes previos.

- Progresión: avances desde aprendizajes previos, adquisición de nuevos conocimientos, procedimientos y actitudes.
- Relevancia: relevancia de la sesión en relación con los programas de estudio y las necesidades del alumnado.
- Ambiente: ambiente medio en términos de implicación, disfrute, finalidad...
- Cobertura: requerimientos curriculares y necesidades en sentido amplio del alumnado.
- Diferenciación: trabajo apropiado a las habilidades y necesidades individuales.

a) ***Evaluación y recogida de evidencias***

- *Técnicas: Tipos de técnicas de evaluación (formativa, diagnóstica, etc.).*
- *Evidencia: evidencia de los logros del alumnado (sistema de recogida de evidencias).*

b) ***Comentarios generales***

Se pueden facilitar en la reunión posterior a la evaluación e incluiría:

- Impresiones generales.
- Característica que merecen especial aprobación.
- Aspectos que pueden requerir mejora.

<table>
<tr><th colspan="4">Ficha de observación del aula</th></tr>
<tr><td colspan="2">Centro educativo:</td><td colspan="2">Fecha:</td></tr>
<tr><td colspan="2">Profesor/a:</td><td colspan="2">Clase:</td></tr>
<tr><td colspan="2">Alumnos/as</td><td>Edad:</td><td>Duración:</td></tr>
<tr><td colspan="2">Lugar:</td><td colspan="2">Tópico/Actividad:</td></tr>
<tr><td>Preparación y ambiente de aprendizaje</td><td>• Documentación
• Recursos
• Equipamiento</td><td colspan="2">• Mobiliario
• Exposición de los trabajos
• Entorno</td></tr>
<tr><td>Gestión del aula</td><td>• Relaciones
• Control
• Organización</td><td colspan="2">• Estructura
• Métodos</td></tr>
<tr><td>Calidad del aprendizaje</td><td>• Continuidad
• Progresión
• Relevancia</td><td colspan="2">• Ambiente
• Cobertura
• Diferenciación</td></tr>
<tr><td>Evaluación y recogida de evidencias</td><td>• Técnicas</td><td colspan="2">• Evidencia</td></tr>
<tr><td colspan="4">Comentarios generales para la reunión posterior a la observación</td></tr>
</table>

OBSERVACIÓN					
Fechas	___/___/___	___/___/___	___/___/___	___/___/___	___/___/___
Aspecto a observar					
Alumnos/as					
ANDRÉS					
JUAN					
SILVIA					
ANA					
JORGE					

Investigación-Observación: Lista de control

[Adaptado de Campo, A. (1997). Dosier de Herramientas. *Revista Organización y Gestión Educativa*, 4, 7.]

LISTA DE CONTROL	
La Innovación	
1. ¿Es relevante para el centro? ¿Para quién?; ¿Con qué finalidad?	
2. ¿Traerá algún beneficio? ¿Al alumnado? ¿Al profesorado? ¿A otros?	
1. ***¿El cambio será sustantivo en relación a*** el comportamiento del profesor/estilo de enseñanza? el comportamiento del alumnado/estilo de aprendizaje? el resto del personal del centro?	
3. ¿Es simple y flexible? ¿Entiende el profesorado lo que tiene que hacer? ¿Se puede subdividir en partes? ¿Todas las partes son importantes? ¿Se puede adaptar?	
4. ¿Los valores son congruentes con los de los implicados? ¿El personal docente? ¿El alumnado? ¿Otros participantes?	
5. ¿Es viable? ¿Qué recursos adicionales requiere? ¿Supondrá una amenaza para el profesorado? ¿Requerirá mucho tiempo adicional?	
La Estrategia de Implementación	
6. ¿La planificación se adaptará de un modo constante? ¿Quién participará? ¿Se podrán adaptar los contenidos y los objetivos? ¿Habrá realimentación sobre el progreso?	
7. ¿Habrá formación específica de modo continuado? ¿Específica y práctica? ¿Aportada por gente con experiencia práctica? ¿Centrada en la clase/escuela?	
8. ¿Habrá oportunidades para elaborar materiales? ¿De aprender haciendo? ¿De apropiarse de la innovación?	
9. ¿Se creará un grupo como masa crítica? ¿Un equipo de gente implicada? ¿A través de la discusión con no participantes?	
El contexto. La situación	
10. ¿Los agentes de cambio tienen crédito personal y profesional? ¿Estatus/autoridad? ¿Estilo de liderazgo? ¿Historia previa innovadora?	
11. ¿La organización es receptiva? ¿Moral alta? ¿Apoyo activo de la dirección? ¿Apoyo de la Inspección? ¿Disposición docente a esforzarse?	
12. ¿La organización se adapta? ¿Disposición a cambiar comportamientos? ¿Disposición a cambiar horarios? ¿Disposición a cambiar estructuras? ¿Disposición a asumir nuevas tareas?	

Técnica de Investigación-Observación: Dirección y aprendizaje

[Adaptado de Campo, A. (Coord.) (2012). *Herramientas para directivos escolares II*. Madrid: Wolters Kluwer. (pp. 280-281).]

FINALIDAD		
El cuestionario está diseñado para analizar la influencia e impacto de los directivos escolares sobre los aprendizajes del alumnado. Género: ☐ hombre ☐ mujer – Años de experiencia docente:____		
PROCEDIMIENTO Indicar si los aspectos señalados se realizan o no en el centro educativo SI / NO		
LAS VISITAS A LAS AULAS		
Los directivos recorren las aulas y promueven altas expectativas de aprendizaje para todos.	SÍ	NO
Predican con el ejemplo y el ejemplo se considera una práctica eficaz de liderazgo.	SÍ	NO
Todos los directivos tienen contacto directo con el alumnado y se promueve el diálogo activo sobre el proceso de enseñanza-aprendizaje.	SÍ	NO
En las reuniones se celebran los éxitos de aprendizaje como estrategia de desarrollo y de mejora.	SÍ	NO
Los directivos saben cómo hacer un buen uso de las visitas de clase, promoviendo el diálogo sobre el aprendizaje.	SÍ	NO
Todo el profesorado sabe que se hace un buen uso de las visitas de clase asumiendo los restos y aportando coherencia.	SÍ	NO
El personal es capaz de articular su visión sobre el aprendizaje eficaz y sobre el valor de las expectativas exigentes de todos y cada uno de los/las alumnos/as.	SÍ	NO
LIDERAZGO DISTRIBUÍDO EN TODOS LOS NIVELES		
Se considera que el liderazgo es una actividad exclusiva del director/a.	SÍ	NO
Todo el mundo ejerce funciones de liderazgo en las aulas, en los ciclos, en los Departamentos…	SÍ	NO
La planificación estratégica se dirige a mejorar los procesos de enseñanza-aprendizaje.	SÍ	NO
Se anima a que todos asuman tareas y roles de liderazgo.	SÍ	NO
Todo el profesorado asume la responsabilidad sobre los aprendizajes.	SÍ	NO
El/la directora/a es el líder del aprendizaje en todo el centro.	SÍ	NO
RECURSOS		
Se protege al máximo el tiempo de aprendizaje y se apoya con recursos adecuados y actualizados.	SÍ	NO
Los directivos mantienen equilibrio entre las actividades de mantenimiento y de innovación.	SÍ	NO
Los recursos para el aprendizaje son una prioridad porque ayudan a lograr los objetivos.	SÍ	NO
Se emplean las TIC en el aprendizaje del alumnado.	SÍ	NO
El liderazgo se dirige al desarrollo y la mejora continua.	SÍ	NO
Los recursos se emplean con carácter flexible e imaginativo.	SÍ	NO
Las familias son conscientes del valor educativo de los recursos.	SÍ	NO
Se contrata personal técnico y administrativo específico para trabajar con determinados recursos.	SÍ	NO
Preguntas • ¿Dónde se encuentra nuestro centro en relación con estos indicadores? • ¿Cuáles son nuestras aspiraciones para el próximo curso? • ¿Qué tenemos que hacer para lograr realizar ese recorrido?		

Adaptado del Cuestionario de Competencias Directivas

(Programa de formación de Equipos Directivos de Euskadi y elaborado por Alejandro Campo)

Este cuestionario tiene la finalidad de facilitar el proceso de selección de los directivos escolares y también se puede emplear para la valoración de su actuación profesional.

Valora la competencia que tienes en las siguientes destrezas, tanto de manera individual, como globalmente, usando la escala numérica (1-51) y añadiendo los comentarios que desees.

*Nombre del participante*______________________ *Centro educativo*_______________

1.CUALIDADES PERSONALES	**Mayor Menor valoración valoración**				
Flexibilidad. Habilidad para responder de modo positivo a circunstancias, personales, tareas y recursos cambiantes.	5	4	3	2	1
Constancia. Capacidad de continuar con una tarea hasta su finalización o hasta que el esfuerzo realizado sea productivo.	5	4	3	2	1
Autonomía. Capacidad para tomar decisiones personales y aceptar sus consecuencias sin culpar a los demás por ello.	5	4	3	2	1
Fiabilidad. Capacidad para el desempeño de las tareas asignadas y para producir resultados en el tiempo previsto.	5	4	3	2	1
Integridad. La aceptación de un conjunto de valores y creencias aceptables dentro de la institución.	5	4	3	2	1
Equilibrio. El mantenimiento de una conducta racional y un comportamiento aceptable, aún en condiciones complejas y estrés.	5	4	3	2	1
Valoración general	**5**	**4**	**3**	**2**	**1**
Comentarios					

2.DESTREZAS INTERPERSONALES	**Mayor Menor valoración valoración**				
Empatía. Habilidad para entender los valores, las opiniones y las cualidades de los demás.	5	4	3	2	1
Preocupación por los otros. Capacidad de prestar apoyo a los demás en sus tareas y trabajos. Tener sensibilidad ante las dificultades de los demás.	5	4	3	2	1
Asertividad. Habilidad para expresar las propias opiniones y para que nos sean respetados nuestros derechos mientras hacemos lo mismo.	5	4	3	2	1
Escucha activa. Habilidad para escuchar atentamente a los demás y para prestarles atención plena sin interrumpir ni monopolizar la conversación.	5	4	3	2	1
Claridad en la expresión. Habilidad para expresar hechos y opiniones con rigor tanto de forma oral como escrita.	5	4	3	2	1
Trabajo en equipo. Capacidad para actuar juntamente con otros en la consecución de tareas compartidas.	5	4	3	2	1
Valoración general	**5**	**4**	**3**	**2**	**1**
Comentarios					

3. CAPACIDAD DE DIRECCIÓN Y LIDERAZGO	**Mayor Menor valoración valoración**				
Delegar. Capacidad para elegir personas adecuadas en quien delegar, para definir tareas y responsabilidad otorgando autoridad y recursos adecuados.	5	4	3	2	1
Motivación. Capacidad para entusiasmar a los demás con alguna tarea y para mantener su dedicación.	5	4	3	2	1
Control de calidad. Habilidad para establecer estándares deseados-aceptables y para asegurar su consecución.	5	4	3	2	1
Desarrollo del personal. Deseo de ayudar al personal para conseguir sus objetivos y los de la organización.	5	4	3	2	1
Apertura al exterior. Conciencia y comprensión de desarrollos externos significativos y habilidad para establecer relaciones con ellos.	5	4	3	2	1
Liderazgo. Capacidad para formar equipos eficaces; para proporcionar dirección a la organización y para inspirar a los demás en líneas de acción.	5	4	3	2	1
Valoración general	**5**	**4**	**3**	**2**	**1**
Comentarios					

4. DESTREZAS TÉCNICAS DE GESTIÓN	**Mayor Menor valoración valoración**				
Planificación de proyectos. La habilidad para anticipar resultados deseables y poner los medios necesarios para su consecución.	5	4	3	2	1
Negociación. Habilidad para negociar con instancias internas y externas procedimientos y recursos para el éxito de los proyectos.	5	4	3	2	1
Organización de los recursos. El conocimiento y las destrezas para identificar, obtener y organizar los recursos adecuados para asegurar el éxito de los proyectos.	5	4	3	2	1
Comprensión del contexto. Uso del pensamiento lógico e intuitivo para contar con claves certeras al interpretar la realidad.	5	4	3	2	1
Evaluación. Capacidad para sentir el clima y para evaluar las actuaciones y habilidad para establecer los mecanismos apropiados para hacer un seguimiento sistemático de la situación.	5	4	3	2	1
Valoración general	**5**	**4**	**3**	**2**	**1**
Comentarios					

Investigación y Observación: Innovación en el centro

[Adaptado del Grupo ICE de la UAB (2000). *Revista OGE* 3, 2000, 21-28.]

Instrumento de Autoevaluación de la Capacidad Innovadora de un Centro Escolar (IACICE)

Los ítems que conforman el cuestionario se agrupan en 8 ámbitos:

Diagnóstico de necesidades. Capacidad para conocer y dar a conocer las necesidades de cambio y de innovación en las concepciones y prácticas que se vienen realizando.

Definición de problemas. Capacidad para definir los problemas que surgen del análisis de necesidades.

Búsqueda de información. Capacidad para buscar soluciones bien sean divergentes, creativas o convergentes.

Planificación de actuaciones. Posibilidades que presenta la institución para la planificación.

Realización de planes. Puesta en marcha de planes de intervención.

Evaluación de resultados. Valoración de las estrategias, los procesos y los resultados.

Integración de la innovación. Internalización de las estrategias, procesos y resultados.

Proyección externa. Proyección a la comunidad y la sociedad de la intervención.

El procedimiento para completar el cuestionario consiste en leer los ítems, valorar cada cuestión con una escala de 1 a 4 (1 desacuerdo máximo y 4 acuerdo máximo).

A partir de la valoración individual se pone en común, en situación grupal según de dónde provenga el interés por analizar este potencial innovador.

La valoración grupal será sintetizada y expuesta públicamente.

Sexo:

Cargo de la persona que contesta:

Localidad de ubicación del centro:

Número de grupos-clase del centro:

Composición de las etapas del centro:

	DIAGNÓSTICO				
1.	El profesorado tiene conocimientos en materia de autoevaluación y evaluación institucional.	1	2	3	4
2.	El profesorado tiene capacidad para contrastar, compartir y criticar su centro.	1	2	3	4
3.	El centro destina tiempo a la autoevaluación diagnóstica.	1	2	3	4
4.	El centro dispone de documentación para la evaluación diagnóstica.	1	2	3	4
5.	El profesorado tiene capacidad para intercambiarse información para la autoevaluación.	1	2	3	4
6.	El profesorado tiene capacidad para intervenir en los órganos de funcionamiento del centro.	1	2	3	4
7.	El profesorado toma parte en situaciones de reflexión.	1	2	3	4
	DEFINIR PROBLEMAS				
8.	El Centro tiene estructuras organizativas que favorecen el estudio y definición de problemas.	1	2	3	4
9.	Los equipos del centro dedican tiempo a la definición de problemas.	1	2	3	4
10.	El profesorado escoge la alternativa óptima para definir un problema.	1	2	3	4
11.	El profesorado concreta situaciones problemáticas compartiendo procesos de trabajo.	1	2	3	4
12.	El profesorado escoge la alternativa óptima a la hora de definir un problema.	1	2	3	4
13.	El profesorado plantea los problemas y da soluciones.	1	2	3	4
	BUSCAR SOLUCIONES				
14.	Los equipos se reúnen para dar soluciones a los problemas cuando se platean.	1	2	3	4
15.	El profesorado dedica tiempo a buscar soluciones a los problemas que se detectan.	1	2	3	4
16.	El centro dispone de canales para traspasar información sobre la búsqueda de soluciones	1	2	3	4
17.	El profesorado busca alternativas de forma colectiva.	1	2	3	4
18.	El profesorado busca alternativas en situaciones de conflicto.	1	2	3	4
	PLANIFICAR ACTUACIONES				
19.	El profesorado analiza la situación en que se encuentra el centro.	1	2	3	4
20.	Los equipos docentes disponen de horas para la planificación.	1	2	3	4
21.	El profesorado toma decisiones respecto a futuras realizaciones.	1	2	3	4

REALIZAR LOS PLANES					
22.	Los equipos llegan a resultados según los planes trazados.	1	2	3	4
23.	En el centro se rentabiliza el tiempo escolar.	1	2	3	4
24.	En el centro se aprovechan los recursos materiales para la consecución de los resultados.	1	2	3	4
25.	El profesorado interactúa para implicar, motivar y ejecutar objetivos.	1	2	3	4
26.	Los miembros de la comunidad educativa se implican en la ejecución de las mejoras.	1	2	3	4
27.	En el centro se ejecutan los acuerdos tomados.	1	2	3	4
28.	En el centro se resuelven diligentemente los conflictos que surgen al aplicar los acuerdos.	1	2	3	4
EVALUACIÓN DE RESULTADOS					
29.	El profesorado sabe autoevaluarse y evaluar los resultados institucionales.	1	2	3	4
30.	El centro destina tiempo a la evaluación de los resultados.	1	2	3	4
31.	El centro dispone de documentación para la evaluación de resultados.	1	2	3	4
32.	El profesorado sabe decidir cualitativamente sobre la evaluación de resultados.	1	2	3	4
INTEGRAR LA INNOVACIÓN					
33.	El centro organiza de manera periódica y planificada dinámicas para introducir mejoras.	1	2	3	4
34.	El profesorado comparte e implementa experiencias y resultados.	1	2	3	4
35.	El profesorado trabaja de forma conjunta en la implementación de innovaciones.	1	2	3	4
PROYECCIÓN EXTERNA					
36.	El centro dispone de medios materiales para difundir las experiencias que se realizan.	1	2	3	4
37.	El profesorado da a conocer las experiencias que se están realizando y aplicando.	1	2	3	4

Aclaraciones:

Las puntuaciones obtenidas no conviene utilizarlas como valores absolutos y determinantes de la capacidad innovadora de un centro. Tampoco está diseñado para comparar los niveles entre diversos centros. Al contrario, la bondad del instrumento reside en la expresión de las tendencias sobre los aspectos analizados, de tal manera que se puede recoger información sobre los aspectos favorables y desfavorables que facilitan y dificultan , respectivamente, los procesos innovadores de una institución.

Se pueden calcular las medias, hacer inferencias sobre los resultados obtenidos, plantear propuestas, ejecutarlas y evaluarlas.

Número de respuestas:

Media global:

Media del grupo de ítems de ***diagnóstico de necesidades***:

Media del grupo de ítems de ***definición de problemas***:

Media del grupo de ítems de ***buscar soluciones***:

Media del grupo de ítems ***planificar:***

Media del grupo de ítems ***realizar planificaciones:***

Media del grupo de ítems ***evaluaciones de resultados:***

Media del grupo de ítems ***integrar la innovación:***

Media del grupo de ítems ***difundir la innovación:***

Comentarios:

Investigación y Evaluación del Clima de aprendizaje del centro.

[Adaptado de Grisaleña, J. y Campo, A. (2010). Dossier de Herramientas. *OGE, 3,* V-VI.]

<table>
<tr><td colspan="9">FINALIDAD
Una de las características de la educación que aprende es que se convierte en un lugar de aprendizaje para todos. Es la escuela que estimula la reflexión, el ajuste a la realidad y la implantación de nuevas actuaciones.
A continuación, se presenta un cuestionario que permite medir el clima de aprendizaje de un centro escolar y su cultura organizativa.
Puesto en el centro_____________ Género: ☐hombre ☐mujer
Señala el número que crees que mejor representa el clima de aprendizaje de tu centro.</td></tr>
<tr><td colspan="9">1. ENTORNO FÍSICO. La cantidad y la calidad de espacio y la privacidad de que gozan las personas. La temperatura, el ruido, el nivel de ventilación y el nivel de comodidad.</td></tr>
<tr><td>La gente está amontonada, con poca privacidad y en malas condiciones.</td><td>1</td><td>2</td><td>3</td><td>4</td><td>5</td><td>6</td><td>7</td><td>La gente dispone de espacios amplios, privacidad y un entorno agradable.</td></tr>
<tr><td colspan="9">2. RECURSOS PARA EL APRENDIZAJE. Cantidad, calidad y disponibilidad de personal dedicado a la formación. Libros, información, equipamiento y posibilidades de formación.</td></tr>
<tr><td>Poca gente experimentada para la formación.
Recursos y equipamientos pobres.</td><td>1</td><td>2</td><td>3</td><td>4</td><td>5</td><td>6</td><td>7</td><td>Mucha gente experimentada.
Recursos y posibilidades.</td></tr>
<tr><td colspan="9">3. ESTÍMULOS PARA EL APRENDIZAJE. La medida en que la gente se siente estimulada a generar nuevas ideas, aceptar riesgos y a experimentar nuevos modos de hacer viajes tareas.</td></tr>
<tr><td>Pocos estímulos para aprender.
Expectativas limitadas sobre el desarrollo de nuevas destrezas y habilidades.</td><td>1</td><td>2</td><td>3</td><td>4</td><td>5</td><td>6</td><td>7</td><td>Se estimula a la gente a aprender continuamente y a desarrollarse personal y profesionalmente.</td></tr>
<tr><td colspan="9">4. COMUNICACIÓN. La información es amplia y la accesibilidad buena. La gente expresa sus ideas y opiniones con facilidad y con franqueza.</td></tr>
<tr><td>Los sentimientos no se manifiestan.
Secretismo. La información se dificultad.</td><td>1</td><td>2</td><td>3</td><td>4</td><td>5</td><td>6</td><td>7</td><td>Las personas están dispuestas a expresar sus opiniones y a pasar abiertamente la información disponible.</td></tr>
<tr><td colspan="9">5. RECOMPENSAS. ¿En qué medida se reconoce el esfuerzo de las personas? ¿existe reconocimiento o por el contrario se penaliza y se echan las culpas unos a otros?</td></tr>
<tr><td>Se ignora a la gente, pero luego se les echa la culpa cuando las cosas salen mal.</td><td>1</td><td>2</td><td>3</td><td>4</td><td>5</td><td>6</td><td>7</td><td>Se reconoce el trabajo bien hecho y se recompensa el esfuerzo y el aprendizaje.</td></tr>
<tr><td colspan="9">6. CONFORMIDAD CON LAS NORMAS. ¿En qué medida se espera que la gente actúe en conformidad con las normas y regulaciones o se espera que piensen por si mismo y tengan iniciativas?</td></tr>
<tr><td>Hay conformidad pasiva con las reglas y estándares siempre.
No se dan ni se toman responsabilidades.</td><td>1</td><td>2</td><td>3</td><td>4</td><td>5</td><td>6</td><td>7</td><td>La gente se organiza con autonomía y realiza el trabajo con criterios propios.
Énfasis en asumir responsabilidades.</td></tr>
<tr><td colspan="9">7. VALOR QUE SE OTORGA A LAS IDEAS. Se estimulan las ideas, opiniones y sugerencias y, éstas, son valoradas adecuadamente.</td></tr>
<tr><td>Mo se “paga” a la gente por pensar.
Sus ideas no son valoradas.</td><td>1</td><td>2</td><td>3</td><td>4</td><td>5</td><td>6</td><td>7</td><td>Se estimulan las ideas de la gente. Existe la convicción de que el futuro está en las ideas de las personas.</td></tr>
<tr><td colspan="9">8. DISPONIBILIDAD DE AYUDA PRÁCTICA. La medida en que la gente se presta ayuda, echa una mano, ofrece y comparte conocimientos, destrezas y apoyos.</td></tr>
<tr><td>No hay ayuda mutua. Falta voluntad para compartir recursos y conocimientos.</td><td>1</td><td>2</td><td>3</td><td>4</td><td>5</td><td>6</td><td>7</td><td>La gente ofrece voluntariamente su ayuda. Se ve con agrado el éxito de los demás.</td></tr>
<tr><td colspan="9">9. BUENAS RELACIONES Y APOYO MUTUO. Existe confianza, apoyo, amistad y buen entendimiento.</td></tr>
<tr><td>Poca empatía y confianza.
Personas frías y distantes.</td><td>1</td><td>2</td><td>3</td><td>4</td><td>5</td><td>6</td><td>7</td><td>Lugar agradable y amistoso.
A la gente le gusta venir a trabajar.
Buenas relaciones = Buen trabajo.</td></tr>
<tr><td colspan="9">10. ESTÁNDARES DE CALIDAD. Énfasis en la calidad para todo y todo y para todos. Se marcan retos ambiciosos para uno mismo y para los demás.</td></tr>
<tr><td>Niveles de calidad bajos.
Realmente no tienen importancia.</td><td>1</td><td>2</td><td>3</td><td>4</td><td>5</td><td>6</td><td>7</td><td>Niveles de calidad altos.
Todo el mundo se preocupa
y hay un compromiso serio por la calidad.</td></tr>
</table>

Investigación y Observación de las creencias (cultura del centro)

[Adaptado, Armengol Asparó, C. (2001). Dossier de herramientas. Cuestionario para el estudio de la cultura organizacional del centro educativo. *Revista Organización y Gestión Educativa, 6*, 5-7.]

Valora las manifestaciones presentados de 1 (desacuerdo) a 4 (acuerdo) según criterio y en base a la realidad del centro. Incluye, siempre que se pueda, un ejemplo que explique la realidad del centro en relación con la afirmación presentada. Como ejemplo puede servir una frase o una expresión, una situación concreta o un acontecimiento que permita captar mejor tu criterio.				
En el centro se realizan actuaciones rutinarias que con el tiempo se han convertido en rituales. Ejemplo:	1	2	3	4
El centro se mantiene en perfecto estado, limpio y ordenado. Se da mucha importancia a su conservación y aspecto. Ejemplo:	1	2	3	4
Se fomenta la celebración de fiestas tradicionales y propias de cada curso escolar. Ejemplo:	1	2	3	4
Se revisa colectivamente la correlación existente entre los objetivos que se pretenden y las actividades que se desarrollan para alcanzarlos. Ejemplo:	1	2	3	4
Se recuerda con orgullo que, a lo largo de la historia, en centro ha contado con profesionales muy destacados y/o alumnos que después han destacado en su vida profesional. Ejemplo:	1	2	3	4
Considero que en mi trabajo no hay oportunidades de promoción. Ejemplo:	1	2	3	4
En el centro hay profesores emblemáticos cuya opinión es muy respetada. Ejemplo:	1	2	3	4
El material didáctico de uso común está clasificado y sujeto a normas claras y específicas para permitir su correcta utilización. Ejemplo:	1	2	3	4
Existe una colaboración total entre los responsables sociales para abordar problemas concretos. Ejemplo:	1	2	3	4
Considero que los miembros de la organización no se sienten recompensados por el buen trabajo, sino más bien sancionados o cuestionados cuando algo va mal. Ejemplo:	1	2	3	4
Al terminar el curso y/o la etapa se realiza una entrega protocolaria de notas. Ejemplo:	1	2	3	4
El espacio común (sala de profesores) no acoge encuentros informales de profesores. Ejemplo:	1	2	3	4
Se confeccionan publicaciones periódicas por parte de alumnos y/o exalumnos y/o padres. Ejemplo:	1	2	3	4
El rendimiento que se obtiene de las instalaciones es pésimo. Ejemplo:	1	2	3	4
Los materiales curriculares los confecciona y distribuye el propio centro. Ejemplo:	1	2	3	4
Existen mecanismos suficientes para que los padres puedan contactar con el personal docente. Ejemplo:	1	2	3	4
No se acostumbran a utilizar los símbolos del centro. Ejemplo:	1	2	3	4

Las decisiones se toman en función de las necesidades institucionales. Ejemplo:	1	2	3	4
Se promueve que los alumnos tengan un uniforme que los identifica como miembros del centro. Ejemplo:	1	2	3	4
Se fomenta la asistencia a clase y el debate sobre normas básicas de disciplina entre los alumnos. Ejemplo:	1	2	3	4
Se conmemoran bajo un programa común actuaciones tales como el inicio de curso, el final del trimestre y el final de curso. Ejemplo:	1	2	3	4
Las metodologías aplicadas en las distintas áreas se han consensuado colectivamente. Ejemplo:	1	2	3	4
Las personas que se recuerdan como ejemplo lo son debido a su dedicación al trabajo individual y no colectivo. Ejemplo:	1	2	3	4
No se acostumbra a debatir la relación existente entre los aprendizajes y el espacio/tiempo asignado para llevarlos a cabo. Ejemplo:	1	2	3	4
Entre los miembros de la comunidad educativa se recuerdan hechos y anécdotas que han sucedido a lo largo de los años. Ejemplo:	1	2	3	4
El rendimiento que se obtiene de las instalaciones está sometido a una evaluación sistemática. Ejemplo:	1	2	3	4
A menudo se utilizan metáforas y/o comparaciones para designar hechos, situaciones o espacios concretos del centro. Ejemplo:	1	2	3	4
El profesorado soluciona los problemas colectivamente. Ejemplo:	1	2	3	4
Siempre puedo hablar con algún compañero del centro cuando tengo algún problema relacionado con temas de la institución. Ejemplo:	1	2	3	4
No existe una implicación ni una colaboración real del centro en los actos que se realizan en el municipio y/o barrio. Ejemplo:	1	2	3	4
La escuela tiene un anagrama y/o un emblema y/o estandartes representativos de la institución que se usan habitualmente dentro y fuera del centro. Ejemplo:	1	2	3	4
No existen mecanismos para que los padres puedan participar activamente de la vida comunitaria del centro. Ejemplo:	1	2	3	4
El colectivo de los profesores no proporciona apoyo ni ayuda a los problemas individuales de los compañeros. Ejemplo:	1	2	3	4
Las decisiones no se toman de forma colaborativa. Ejemplo:	1	2	3	4
Existen espacios dedicados a recopilar materiales de antiguos alumnos y/o antiguos profesores. Ejemplo:	1	2	3	4

Investigación y Evaluación. Galería de espejos: E / 360º

[Adaptado de Campo, A. (2010). *Herramientas para directivos escolares I.* Madrid: Wolters Kluwer Educación (pp. 85-98).]

La evaluación 360º es una herramienta generalizada la gestión de instituciones empresariales pero no en las del ámbito socioeducativo. Sin embargo, la información que se recoge aporta una información muy importante y completa permiten a los directivos de una institución comparar sus percepciones sobre las propias destrezas, actitudes y conocimientos, con las percepciones de los que están a su alrededor. Es una poderosa herramienta para el desarrollo profesional y el cambio organizacional.

Para desarrollar esta técnica, mostramos a modo de ejemplo, la adaptación de dos instrumentos que se pueden emplear: el *Cuestionario de Destrezas interpersonales* y el *Cuestionario de Competencias directivas.*

Adaptado del Cuestionario de Destrezas interpersonales

(Programa de formación para la acreditación de directivos de Escocia y elaborado por la Universidad de Edimburgo)

Valora la competencia de tu colega en cada uno de los comportamientos indicados y que tienen carácter ilustrativo, usando la escala numérica (4, 3, 2 y 1) y añadiendo los comentarios que desees.

*Nombre del participante*_______________________________________

*Centro educativo*____

Destrezas	Siempre	Frecuentemente	Algunas veces	Nunca
1. Demuestra confianza y valor	4	3	2	1
Es consciente de sí mismo	4	3	2	1
Se autogestiona con eficacia	4	3	2	1
Muestra confianza	4	3	2	1
Es capaz de aguantar la ambigüedad	4	3	2	1
Es capaz de afrontar temas difíciles	4	3	2	1
Maneja de modo positivo la crítica	4	3	2	1
Se muestra asertivo	4	3	2	1
Mantiene la calma en la crisis	4	3	2	1
Comentarios				
2. Crea y mantiene una atmósfera positiva en el centro	**Siempre**	**Frecuentemente**	**Algunas veces**	**Nunca**
Actúa de modo consciente	4	3	2	1
Resalta lo positivo	4	3	2	1
Reconoce el trabajo bien hecho	4	3	2	1
Anima al personal	4	3	2	1
Es optimista	4	3	2	1
Presenta bien las iniciativas	4	3	2	1
Desactiva los problemas potenciales	4	3	2	1
Negocia con habilidad y maneja los conflictos	4	3	2	1
Comentarios				

3. Inspira y motiva a los demás en su trabajo	**Siempre**	**Frecuente-mente**	**Algunas veces**	**Nunca**
Se muestra interesado, implicado, entusiasmado	4	3	2	1
Da apoyo y anima	4	3	2	1
Está bien informado	4	3	2	1
Responde a las necesidades de los demás	4	3	2	1
Tiene sentido del humor	4	3	2	1
Promociona la creatividad y la participación	4	3	2	1
Desarrolla la confianza y las competencias del personal y del alumnado	4	3	2	1
Desarrolla la confianza y las competencias del alumnado	4	3	2	1
Comentarios				
4. Se comunica con eficacia	**Siempre**	**Frecuente-mente**	**Algunas veces**	**Nunca**
Escucha con atención	4	3	2	1
Está abierto a las opiniones	4	3	2	1
Agradece la critica	4	3	2	1
Expresa con claridad las ideas	4	3	2	1
Expresa con claridad los sentimientos	4	3	2	1
Proporciona buena información	4	3	2	1
Aporta información con la adecuada oportunidad	4	3	2	1
Comentarios				
5. Muestra empatía con los demás	**Siempre**	**Frecuente-mente**	**Algunas veces**	**Nunca**
Se pone en el punto de vista de los demás	4	3	2	1
Valora las consideraciones de los demás	4	3	2	1
Valora los sentimientos de los demás	4	3	2	1
Toma en cuenta los sentimientos de los demás	4	3	2	1
Es sensible a las necesidades de los otros	4	3	2	1
Se preocupa por lo que piensan los otros de la actuación propia	4	3	2	1
Comentarios				
6. Valora los equipos de trabajo y los utiliza	**Siempre**	**Frecuente-mente**	**Algunas veces**	**Nunca**
Consulta, delega, confía y da poder a los demás	4	3	2	1
Forma equipos de trabajo	4	3	2	1
Consolida los equipos de trabajo creados	4	3	2	1
Es capaz de trabajar con eficacia en un equipo	4	3	2	1
Reconoce y aprecia la diversidad de inteligencias	4	3	2	1
Valora los diferentes modos de resolver los problemas	4	3	2	1
Comentarios				

El Informe

[Adaptado de Gómez, G., López del Castillo, M.T., Soler, E. y Toboso, J. (1993). *Técnicas y procedimientos de inspección educativa.* Madrid: Escuela Española (pp. 88-104).]

¿Qué es?

Un informe es una comunicación elaborada o sometida a tratamiento riguroso, desde el punto de vista técnico. Aunque pueda improvisarse en algún caso, generalmente, el informe responde a una planificación previa y a un desarrollo sistemático en su elaboración.

El Informe debe estar basado en datos inequívocos y suficientemente contrastados consecuencia de la observación, análisis, reflexión y del estudio pormenorizado. Todo informe debe tener los apoyos legales pertinentes que permitan llegar a conclusiones congruentes y acertadas y a propuestas razonadas y razonables para que sean válidas y viables.

¿Qué elementos tiene?

En todo informe están presentes, aunque de manera implícita, una serie de elementos básicos:

- Una definición o delimitación de unos hechos o ideas determinados.
- Una comprensión lógica de esos hechos o ideas.
- Una intención de verificar esos datos y valorarlos con coherencia.

¿Cuáles son sus características?

- *Conciso:* debe recoger lo básico y necesario.
- *Completo:* sin omitir los datos relevantes.
- *Claro:* que pueda ser comprendido sin dificultades.
- *Técnico:* Objetivo y preciso en los datos aportados y fundamentado en la legislación.
- *Práctico:* Que sea formativo y aportes soluciones y vías de actuación viables.
- *Responsable:* Que plantee propuestas con prudencia y de forma responsable.
- *Rápido:* Que llego al receptor a su debido tiempo, en los plazos que se establezcan.
- *Ético:* Que se haga respetando las normas éticas fundamentales y con profesionalidad.
- *Coherente:* Que haya relación lógica entre los distintos apartados que lo integren.

¿Cuáles son las etapas de elaboración?

- Fijación de unos objetivos.
- Selección de las vías para recopilar la información.
- Ordenación y valoración de los datos obtenidos.
- Formulación de las opiniones sobre el tema y establece conclusiones.

¿Cómo se organiza?

- *Confección de un esquema*: Debemos hacer un esquema o mapa conceptual en que se enuncien las principales cuestiones/hechos/ideas que vamos a desarrollar.
- *Jerarquización de los datos*: Los datos obtenidos se deben ordenar por importancia o según el criterio más adecuado a los objetivos que se persiguen, distinguiendo entre lo principal y lo secundario.
- *Redacción*: Se debe poner especial cuidado al redactar y, sobre todo, en dos aspectos: el *estilo* y el lenguaje técnico.
- El estilo es la forma personal de escribir y que afecta a los aspectos lingüísticos y a la organización interna del texto.
- *El lenguaje técnico requiere el empleo el vocabulario propio vinculado a la naturaleza de la institución a la que se refiere el informe sin olvidar las cualidades que este documento debe tener.*

¿Cómo se estructura?

- *Identificación del asunto.*

  Situar al receptor del informe sobre quién informa, por qué se informa, sobre qué se informa, etc. También se pueden recoger, de manera ordenada, las fuentes empleadas y los instrumentos de recogida de información.

- Núcleo del informe.

  Se recogen las cuestiones sobre el caso objeto de estudio, el análisis de este y la presentación sistemática del problema planteado.

- Conclusiones.

  Deben formularse a partir de lo expresado en los apartados previos del informe y que tienen una importancia clave porque suponen las ideas claves que orientarán las decisiones a tomar posteriormente.

- Propuestas.

  Constituyen las sugerencias, recomendaciones y consejos que, sobre el objeto de estudio, realizan los autores del informe.

- Requisitos formales.

  El Informe debe contener, según cada caso, las cuestiones formales que sean necesarios: destinatario/os; órgano emisor; membrete oficial; fecha de emisión; firma de los autores; anexos necesarios; etc.